古典文獻研究輯刊

十 編

潘美月・杜潔祥 主編

第 16 冊

周達觀《眞臘風土記》研究
——十三世紀末中國華人的域外訪察與文化交流

何修仁 著

國家圖書館出版品預行編目資料

周達觀《真臘風土記》研究——十三世紀末中國華人的域外訪
察與文化交流／何修仁 著 — 初版 — 台北縣永和市：花木蘭
文化出版社，2010〔民99〕
目 4+254 面；19×26 公分
（古典文獻研究輯刊 十編：第16冊）
ISBN：978-986-254-154-8（精裝）
1.文化史　2.文化交流　3.遊記　4.元代　5.柬埔寨
738.421　　　　　　　　　　　　　　　　99001912

ISBN - 978-986-2541-54-8

9 789862 541548

古典文獻研究輯刊
十　編　第十六冊　　　　　　　　ISBN：978-986-254-154-8

周達觀《眞臘風土記》研究
——十三世紀末中國華人的域外訪察與文化交流

作　者　何修仁
主　編　潘美月　杜潔祥
總編輯　杜潔祥
企劃出版　北京大學文化資源研究中心
出　版　花木蘭文化出版社
發行所　花木蘭文化出版社
發行人　高小娟
聯絡地址　台北縣永和市中正路五九五號七樓之三
　　　　　電話：02-2923-1455／傳真：02-2923-1452
網　址　http://www.huamulan.tw 信箱 sut81518@ms59.hinet.net
印　刷　普羅文化出版廣告事業
初　版　2010年3月
定　價　十編20冊（精裝）新台幣31,000元　　版權所有・請勿翻印

周達觀《眞臘風土記》研究
——十三世紀末中國華人的域外訪察與文化交流

何修仁　著

作者簡介

何修仁，1964 年生，台灣屏東人，國立中央大學中國文學研究所畢，現任職國立聯合大學華語文學系。主要研究方向為：華人社會與文化、中國文學、中國藝術、多媒體與華語教學、寫作學。出版專書《美術鑑賞》、《旅遊與藝術欣賞》、《吳哥窟－叢林裡的眾神之城》、《中國藝術欣賞入門》，散文集《法雲》、《禪歌》、《九十九朵曇花》、《印象山城》等，並發表多篇學術論文。

提　　要

　　十三世紀末，亞洲的中國版圖主要由蒙古人執行實際統治權，這支具有外拓性格的游牧民族建立了中國歷史上的正統朝代：「大元」，並展開對海外征伐、探索與貿易活動。其中，征伐東亞及東南亞的行動均以失利告終，但在探索活動中，元朝則產出中國地理文獻的關鍵性報告，足以反映當時中國華人對域外的訪察與文化交流現象。

　　其中，周達觀的《真臘風土記》為關鍵代表作。周達觀在一次官訪的行動中抵達真臘，停留約一年時光，返國後撰成此書，保留當時中、真之間的交流情況。《真臘風土記》成書以來，在中國引起的迴響不大，因此《元史》不記錄周達觀本傳，但《真臘風土記》卻在近代歐洲引起重視，以其是柬埔寨古史唯一書面資料，法國考古學家並因之重新發現吳哥古文明遺跡，價值不言可諭。

　　《真臘風土記》全書計四十則，充分記錄真臘一地風土，並提及與中國的貿易關係，反映周達觀的思維觀點。經由梳理詮釋，得以釐清當時中國華人對異域的看法，並瞭解當時周達觀出訪使團的主要任務，乃在於貿易訪問考察。從中也得以理解貿易現象的本質觀察與活動，主要將以文化交流為主軸，這有助我們觀察、探究七百年前中國華人社會的思維模式，經由傳統文獻提供的檢索，更多層面地提供當代的反省。

目

次

第一章 緒 論

第一節 研究動機——中國華人的域外觀察與拓展

當我們觀察人類在地球上的活動時，顯而易見的現象是：文明或文化的發展始終不曾局限於一時一地。一旦人類擁有較為穩定的生活基礎，他們總會將探索的觸角延伸到每個可能的區域。當然，這個過程有時成功，有時失敗；人們有時以自己的文明影響及於異域，有時也不可避免受到異域的影響。在這樣的交流中，文化發展出多元與多樣，進而構成人類文明的豐富性。

文化的交流方式自然有各種可能，無疑也充滿各種變化，不過，歷史上最常見的方式則是透過軍事的征服，或是貿易的往來，最能構成不同種族或文化間的交流。這種情況，古今中外皆然。

中、西方的著例甚多。以軍事征服而言，著例如馬其頓人亞歷山大的東征，〔註1〕造成歐、亞、非三洲之間的影響互動；以貿易往來而言，著例如中國漢朝早已開闢的絲路，〔註2〕造成東、西方的貨品傳輸與交易。這些定然都對人類的文化交流產生重大影響，進而造成自身文化的質變現象。

〔註1〕 從古希臘阿里安所著的《亞歷山大遠征記》（臺北：臺灣商務印書館，2001年）一書大約可以整理得出：亞歷山大約於公元前336年即位，兩年後出征波斯，隨後一直沿地中海南下，攻占埃及。公元前331年往東征伐波斯本土，並一直攻打到印度的西北部。在回兵的路程中，於公元前323年病死於巴比倫。亞歷山大所締造的疆域之大，為歷史少有者。

〔註2〕 許多學者認為，中國在漢朝前已有絲路。例如楊建新先生《絲綢之路——歷史上的歐亞大陸橋》便認為：「在張騫通西域之前，中國的絲綢已經傳入西方。這在古希臘人的著作中已有所反映。」（臺南：復漢出版社，1993年），頁4。

　　本書探討的主題，正是發生在十三世紀末時中國人對域外的觀察及文化
交流活動。更細部的論述，集中在「周達觀」此一中國華人〔註3〕在今日東南
亞柬埔寨的觀察活動，討論的重心則置於當時兩個區域間的訪察及其得出的
文化交流現象。

　　選擇十三世紀末的中國作爲討論對象，大約有幾個原因：

　　首先，這段時期屬於中國朝代分期上的「元朝」，這個時代在中國歷史上
有極其特殊的性格及代表性。大致來說，元朝的基本性格是一種游牧的、外
拓的、較爲重武輕文的統治型態。從成吉思汗（公元1162年至1227年）開始
的蒙古國，便憑藉武力開疆拓土，拉近了不同區域間的距離，最後，元朝擁
有相當驚人的成績，疆土之大，實爲中國歷史之冠。宋濂等人編修的《元史》
卷五十八〈地理志〉提及的元朝疆域大約是：

> 北踰陰山，西極流沙，東盡遼左，南越海表。

> 元東、南所至不下漢、唐，而西、北則過之，有難以里數限者矣。

〔註4〕

由此來看，元朝版圖至少超越漢、唐不少。事實上，最大版圖時期的元朝疆
域應該還包括俄羅斯的西伯利亞、東南亞北部等地，不論就古今而言都是超
級的大國。

　　能夠形成如此廣袤的疆域，勢必與蒙古軍的強大軍力有關。以軍事的作
戰能力而言，蒙古軍的驍勇強大是無可懷疑的。然而，蒙古人從馬上得天下，
卻未能在馬上治天下，或無法維持長久的政權，卻也是歷史早有的定論，正
如黃仁宇先生在《中國大歷史》一書所說：

> 從成吉思汗率領蒙古騎兵東征西討，到忽必烈征服南宋，建立元朝，
> 蒙古軍隊幾乎戰無不勝，攻無不克。但是如何經營這個雄跨歐亞的
> 大帝國，忽必烈及其繼承者仍是以「馬上」得天下的精神治理這個

〔註3〕　「華人」一詞，泛稱義爲指中國華族，或是後來以漢族爲基礎的「漢人」，到
　　　　了唐朝以後，也常稱爲「唐人」。它們在意義上可能有較細微的分別，但整體
　　　　來說，華人、漢人、唐人在指涉上是近似的，指的是在中國這塊土地上，一
　　　　支傳承最久、最大的民族。其中，「華人」的指涉義最爲廣泛，所以本文統一
　　　　使用「華人」一詞，但在周達觀的《眞臘風土記》一書中，則通常使用「唐
　　　　人」一詞，其實意指相同。引述周達觀原文時，我們保留「唐人」一詞，但
　　　　在梳理時則通常使用「華人」一詞。另外，依文意需求，也使用「漢人」一
　　　　詞。

〔註4〕　〔明〕宋濂等撰：《元史》（北京：中華書局，1997年），頁360。

國家，重武功而輕文治，以至於制度無法上軌道，改革也無法落實。

九十年後，這個中國史上空前的大帝國被明朝取代。〔註5〕

值得留意的是，雖然元朝國祚不長，但因領土呈現較大範圍擴張情勢，其中必然牽涉、反映許多相關的層面及問題，例如當時中國與外國的關係消長，及其中可能產生的影響、變數等，這些都將直接或間接影響周邊國家，進而造成地理疆域更動，或是文化融匯等現象。由元朝的朝代性格，可以得出合理的假設，即以這麼大範圍的擴土行動，元朝理應企圖將今日的東南亞併為中國的國土。併為國土的方法，可能是透過最直接的軍事征服行動，也可能是經由貿易進而掌握、控制對方經濟等，在這點上，均和本文所討論的核心對象：周達觀《真臘風土記》的產生有直接或間接的關聯。

其次，十三世紀末時是中國航海科技的高峰期，經由宋朝的科技奠基，元朝已經繼承、發展出極優良的航海技術，這種技術，提供了與陸地征伐相異的交通型態。蒙古軍本由游牧起家，擅長草原奔馳，然而，當他們擁有中國之後，續而發現中國以外的東方及南方區域，那是一片必須橫越海域的另類國度，如果能征服這片海域，相對是國土的更遼闊進展，其中，扮演最關鍵的條件之一便是航海的技術。

事實上，蒙古軍消滅宋朝後，自然接收宋朝的政權，以及相對而來的所有一切資源，包含漢人長期以來在造船、航海技術上的成果。從資料顯示，十三世紀初的宋朝時期，中國已經是世界上擁有最好船舶的國家了。美國學者 Louise Levathes 在《當中國稱霸海上》一書中說：

> 13 世紀初，中國擁有印度洋上最好的船舶，所以從阿拉伯人手中奪走了大部分的海上貿易。遠洋商務帆船平均大約 100 英尺長，25 英尺寬，載重量 120 英噸，以及水手 60 名。最大的船可載 300 英噸的貨物加上 500 至 600 名人員，而且拖著救生艇。在設計上，船底變窄有如刀鋒一般，以便在海上船行時能夠乘風破浪；船首和船尾的空間都空下來，以增加航行的速度。〔註6〕

這樣的成就不可謂小，在載重量及設計上都已臻至成熟，而這時大約是在南宋時期便有的成就。不久後，元朝忽必略（公元 1215 年至 1294 年）攻滅南

〔註5〕黃仁宇：《中國大歷史》（臺北：聯經出版社，1994 年），頁 191。

〔註6〕〔美〕Louise Levathes 著，邱仲麟譯：《當中國稱霸海上》（桂林：廣西師範大學出版社，2004 年），頁 30～31。

宋，在政權改異之餘，也繼承了其它相關的製造技術。正因為忽必略擁有如此精良的航海技術，他的企圖心自然放眼海外，蠢蠢欲動。Louise Levathes接著提及：

> 忽必略大汗在征服宋朝之前，就已經有侵略日本的意圖。在至元十一年（1274），他組織了一支 900 艘船、4 萬名士兵以及 1.5 萬匹戰馬的大軍，發動對日本的侵略戰爭。〔註7〕

這次的侵略戰爭並沒有成功，但忽必略卻不死心，數年後又發動更大規模的海上行動：

> 經過 7 年的準備，忽必略組織了一支比上次更為龐大的新艦隊。這支武力擁有 4500 艘船和 15 萬名士兵，在當時是世界上空前的大部隊。〔註8〕

本文無意討論忽必略與日本的對仗及結果，但從中顯然已透露出一個訊息：既然元朝政府擁有良好的武力，包括陸上與海上的技術，加上「開疆拓土」的基本國策，他們勢必進行許多的域外探索與攻擊行動。然而，從忽必略對日本兩次海上征伐的行動均以失利告終的情況下，元朝政府勢必也會從中得出其它反省，即對一個異域國家的征伐，可能需要更全面的準備措施，例如對這個國家的更詳細瞭解等。由此不難想像，當初元朝政府必然也派遣許多類似「使者」、「間諜」的人物，對域外展開各種探索活動。

　　周達觀正是這些域外考察者之中的一個。

　　然而，今日從《元史》一書來看，並沒有周達觀的傳記，可以推知，周達觀只是當初眾多類似人物中的一個，並不具有絕對的重要性。有趣的是，周達觀因為當初一次執行出使訪察的任務，卻意外保留下來一部著作，即《真臘風土記》，此書間接影響後世的考古學，成為在這個領域的絕對參考著作，這恐怕不是周達觀當初所能預想。

　　從周達觀及當時更多的人物對中國域外的訪察行動，延伸而來的課題必然會牽涉更深一層的對文化的觀察。觀察過程中，他們也必然會進行一種中國文化對另一種非中國文化的比對探討，也必然會透露他們對自我文化及異域文化的認知與判準，這些，都有助我們對中國文化的解讀，提供更全面的資料。

〔註7〕〔美〕Louise Levathes 著，邱仲麟譯：《當中國稱霸海上》，頁39。
〔註8〕〔美〕Louise Levathes 著，邱仲麟譯：《當中國稱霸海上》，頁44。

　　因此，我們有必要對「文化」，尤其是中國文化的意涵稍作說明，它在許多層面影響周達觀的思維，而周達觀也將之運用於對待他人的思維。

　　文化的涵蓋層面無比廣泛，所有人類的活動歷史，及其在歷史進程中的各種實踐與表現，都可納入文化的範圍，所以「文化」一詞自然無法嚴格定義。但就普遍意義來說，文化至少指的是一種社會意識的呈現，它會表現在思想、文學、藝術、風尚、宗教等各個範疇，而不同種族也會產生不同的文化，彼此之間，他們或有關聯、或有相似，卻也不乏無關或相異之處。不同文化之間，往往產生比較、協調、對抗等種種現象，構成文化差異性的複雜難解，也出現多元文化的豐富性。

　　至於中國文化，以其發展歷史悠久，早就呈現與其它文化的差異性與獨特性。中國典籍中較早而有代表性的對文化的說明文字，可以《周易‧賁卦象傳》為代表：

> 賁亨。柔來而文剛，故亨；分剛上而文柔，故小利有攸往：天文也。
> 文明以止，人文也。觀乎天文以察時變，觀乎人文以化成天下。〔註9〕

強調文化的特色是：「人文以化成天下。」這裡，文化指的是一種特定的活動，並且應該與統治階級有關，從文義來看，《周易》的著作者已有一套既定的思維或規矩認定，屬於狹義的詮釋，這種狹義的文化詮釋與今日普遍性的、廣義性的文化定義略有差距。也就是說，當時人們並不認為任何層面都屬於文化的範疇，「文化」的概念只停留在政治階層的統治觀點中。

　　值得注意的是，這種以人文化成天下的概念，在中國後世持續不斷發揮影響，成為文化的主流定義。漢朝人劉向在《說苑‧指武》中說得更清楚：

> 聖人之治天下也，先文德而後武力。凡武之興為不服也。文化不改，
> 然後加誅。夫下愚不移，純德之所不能化，而後武力加焉。〔註10〕

認為人民如不遵守掌政者的「文化」規定，則必須以武力征服，令其遵守既定概念的文化，凡此說明中國古代對文化的定義，往往是藉以成為掌政者的統治工具，而非今日普遍意義的用法。這種長久通行於中國的文化概念，對本文所討論的十三世紀末文化現象，也有相應之處。

　　很明顯地，同樣的文化思維方式在十三世紀末依然存在中國，由此來看

〔註9〕〔周〕：《周易》（臺北：藝文印書館，1955年，重刊宋本十三經注疏），頁62。

〔註10〕〔漢〕劉向著，左松超譯：《說苑讀本》（臺北：三民書局，1996年），頁534。

蒙古軍的東征西討，除了是軍力的展現外，也可以看成是文化意義上的判斷與發揚；同樣地，當時的中國華人周達觀對東南亞異域民族的觀察，也存在具有「以己加諸他人」的概念存在。

　　這種出發點及觀點明顯可見其優越性格，相對也存在其危險性。以優越性格而言，當初周達觀隨團出使眞臘，心態上應覺得眞臘只是夷狄小國，不及中國天朝之優越。然而，及至抵達眞臘，所見又隱約發現事實並非如此，因此，周達觀在心態上可能產生矛盾心理，既佩服卻又不肯承認對方優越，於是只好在其它地方透露自己的優越感。例如周達觀《眞臘風土記》第一則「城郭」這麼記載吳哥宮室：

　　　　金塔之北可一里許，有銅塔一座，比金塔更高，望之鬱然……所以

　　　　舶商自來有"富貴眞臘"之褒者，想爲此也。〔註11〕

語中顯然帶有敬佩之意，並陳述了眞臘的富貴景象。然而，在第十五則「病癩」卻說：

　　　　亦有貨藥於市者，與中國之藥不類，不知其爲何物。更有一等師巫

　　　　之屬，與人行持，尤爲可笑。〔註12〕

這段話除反映周達觀在某種文化程度的不理解外，並有批評，且是負面意味的批評。其實，就今日的文化學角度來看，「一等師巫之屬，與人行持」的現象本就是文化的展現成果，不必然沒有價值，但至少在周達觀的年代，類似周達觀的心態、看法的中國人仍所在多有，也就是說，當時對文化定義的認知仍停留在較爲狹義的概念。

　　因此，當我們探討以周達觀爲對象的十三世紀末對中國域外的文化考察時，必須留意周達觀很有可能即是站在主觀性的「人文以化成天下」的角度從事對異域的觀察。以元朝的性格而言，這種觀點也有可能如劉向所說「凡武之興，爲不服也。文化不改，然後加誅。」這點是後文必須再次探討的地方。

　　文化的思維決定了周達觀的寫作角度，我們感興趣的地方在於，周達觀在《眞臘風土記》一書中，將會透露何種思維？這種思維又多大程度反映了十三世紀末的中國華人思維？以及，《眞臘風土記》一書又爲我們保留下多少

〔註11〕〔元〕周達觀著，夏鼐校注：《眞臘風土記校注》（北京：中華書局，2006年），頁44。

〔註12〕〔元〕周達觀著，夏鼐校注：《眞臘風土記校注》，頁132。

當時的文化現象？

　　不過，周達觀寫成《眞臘風土記》後，這本著作並沒有得到應有的重視，《元史》中並不記載周達觀的傳記，顯然周達觀在當時並非重要的人物。再以《眞臘風土記》一書而言，在傳統典籍的刊印流傳中，也絕非屬於重要的著作。夏鼐先生在《眞臘風土記校注》中曾對此書的版本流傳，有簡單扼要的說明：

　　　　這書的各種刊本，都有很多缺字誤字。……這書曾有元抄本，但現
　　　　存最早的本子是明抄本和明刊本。〔註13〕

「很多缺字誤字」已經足以說明《眞臘風土記》在刊印學上，頂多只具備普遍的重要性而非絕對的重要性，否則，它不應出現這麼多的缺點。

　　夏鼐先生並整理《眞臘風土記》從古至今的刊本與選刊本、研究本，也只得十五種，〔註14〕這自然呈現了《眞臘風土記》的非絕對重要性。因此，我們可以初步認爲，《眞臘風土記》在中國的學術史、地理志史上，並非極重要著作，相對地，它也沒有得到相對的重視與研究。

　　相反地，《眞臘風土記》成書約五百年後，卻在中國以外的學術界引起相當的重視。公元 1819 年，法國人雷慕沙（A. Rémusat）根據《古今圖書集成》收錄的版本，將《眞臘風土記》譯成法文。其後，著名的法國考古學家伯希和（P.Pelliot）則根據《古今說海本》再譯成新的版本，並且加以註釋，〔註15〕說明《眞臘風土記》在法國得到的重視，遠超過在中國得到的重視。

　　本來，十九世紀初年，中國疲於內政，封建制已近尾聲，學術界也呈現相當的疲弱，相較於歐西考古新興之學，中國顯然缺少較理想的成績。此時，歐西正值近代文明的強大階段，他們不僅將觸角放置歐洲本土，更著眼於東方世界。並且，他們發現了《眞臘風土記》，並由此引發改寫近代東方考古史的關鍵報告。除了伯希和外，與《眞臘風土記》相關的最著名學者是亨利‧穆奧（Henri Mouhot），他根據《眞臘風土記》記載，於公元 1863 年抵達柬埔寨，重新發現書中所記載的吳哥遺址（Angkor），回歐之後發表考察心得，引

〔註13〕〔元〕周達觀著，夏鼐校注：《眞臘風土記校注》，頁 191。
〔註14〕此十五種版本分別收錄於涵芬樓百卷本《說郛》、明嘉靖年刊《古今說海》、
　　　　明刊《歷代小史》、明刊《古今逸史》、明重輯《百川學海》、清初重定陶氏重
　　　　輯《說郛》、清《古今圖書集成》、清乾隆《四庫全書》、清瑞安許氏刊本、清
　　　　吳昱鳳手抄本、民國王輯《說庫》、馮譯伯希和《眞臘風土記箋注》、陳正祥
　　　　《眞臘風土記研究》、清《舊小說》、清《香艷叢書》。見夏鼐《眞臘風土記版
　　　　本考》一文，收於《眞臘風土記校注》，頁 191～194。
〔註15〕〔元〕周達觀著，夏鼐校注：《眞臘風土記校注》，頁 3。

發相當的熱潮。今天，吳哥遺址更已成爲當今旅遊界的重要熱門區域，被聯合國列爲世界遺產保護名單，吳哥寺（Angkor Wat）且被認爲是世界七大奇跡之一，〔註16〕說明了《眞臘風土記》直接或間接引起的價值。

《眞臘風土記》不只引發亨利・穆奧等人的發現與研究，它更可彌補今日柬埔寨古史的不足。事實上，今日柬埔寨因爲古文明沒落，加以近代戰爭頻繁等因素，除了少數石頭碑文仍保存部分史料外，幾乎所有的古史資料均已消失殆盡，而《眞臘風土記》則是唯一一部關於古代柬埔寨的書面著作，價值不言可諭。

總之，《眞臘風土記》一書可以確定擁有以下價值：它呈現了十三世紀時中國華人對域外的觀察角度，並意外成爲柬埔寨的唯一重要書面史料，最後並引發當代研究的熱潮，以這幾點而論，《眞臘風土記》已足以引發我們高度的研究動機，並對之延伸而來的中、外文化交流現象，作出探討、比對的分析，從中釐清十三世紀末時，中國華人面對異域交流時，內在的思維狀態及外在的交流環境，這均有助於我們還原十三世紀末時的部分文化景象。

第二節　研究方法——文獻整理與實地印證

既然確定《眞臘風土記》的價值，在研究方法上，我們必須討論圍繞在公元 1297 年前後的相關資料，包含《眞臘風土記》此一文獻文本，及其與當代的印證。此中牽涉的問題主要有二：其一爲這段時期前後的文獻記錄，因爲這反映了當時的思維方式；其二爲今日「眞臘」（更具體來說即今日的吳哥）一地的實地印證，因爲這反映了古今的差異判別。兩者均有助於我們對十三世紀末中國華人對異域觀察研究的瞭解。

《眞臘風土記》成書於十三世紀末，這段時期是中國文明史上對異域觀察研究的一個重要轉關階段，特色在於中國關於域外的著作明顯有增加的趨勢，正如周少川先生在《元代史學思想研究》中說：

> 域外史專著，如游記、志略等，數量增多。由於元代中外交往的便
> 利，人們心目中無此疆彼界之限，因此，蒙元時期有大批官員、使

〔註16〕公元 2007 年之前，吳哥寺一直被世人列爲世界七大奇跡之一，但在 2007 年 7 月的重新世界票選活動中，吳哥寺意外被除名，但這項評選，許多人認爲並不公允。

者、商人、旅行家西行或遠航，飽覽異域風情，了解外國歷史，他

們有不少人秉筆記錄了親歷的所見所聞。〔註17〕

之所以在這個時期有較多的域外觀察著作，顯然與元朝的外拓性格有關。當時，元朝主要的外拓路線基本可區分為三塊：西向、東向、南向。以軍事成績來看，西向的成績最佳，但以對異域的文化探索而言，則南向有更大的成果。如果以十三世紀末的《眞臘風土記》為一處轉折，粗略可說本書具有承先啓後的作用。所謂承先，指的是《眞臘風土記》在相當程度上整理補充了前代的不足；所謂啓後，指的是啓發了如汪大淵《島夷志略》一類的著作出現；更遠地說，後世著名的明朝鄭和下西洋等事，都或多或少可看成是這一路探索行動的延續影響。

《眞臘風土記》所記今日吳哥一帶，即屬於元朝南向探索活動的區域。關於這個區域，中國古史早已有粗略的記錄，公元六世紀時楊衒之在《洛陽伽藍記》中提到一個名為「扶南」的國家：

> 扶南國，方五千里，南夷之國，最為強大。民户殷多，出明珠金玉
> 及水精珍異，饒檳榔。〔註18〕

又說：

> 凡南方諸國，皆因城郭而居，多饒珍麗，民俗淳善，質直好義。〔註
> 19〕

這裡所記的「扶南」，與「眞臘」有相當密切的關係，眞臘可能即為扶南的屬國，它位於今日東南亞柬埔寨一帶附近。陳序經先生在《扶南史初探》一書中，則認為扶南可能在七世紀中葉時被眞臘所滅：

> 到了六世紀的中葉，其屬國眞臘勃興，自己原有的領土，也逐漸為
> 眞臘所佔有。……到了七世紀的中葉，扶南雖然還有使者到中國，
> 可是這個時候，土地既有限，可能已成為眞臘的屬國。〔註20〕

楊衒之所記的扶南國情況約為公元六世紀時，那時中國紛亂，整體而言並不

〔註17〕周少川：《元代史學思想研究》（北京：社會科學文獻出版社，2001年），頁126。

〔註18〕〔魏〕楊衒之著，周祖謨校釋：《洛陽伽藍記校釋》（上海：上海書店出版社，2000年），卷四，頁174。

〔註19〕〔魏〕楊衒之著，周祖謨校釋：《洛陽伽藍記校釋》，頁175。

〔註20〕陳序經：《陳序經東南亞古史研究合集》（深圳：海天出版社，1992年），頁532。

強大，但扶南顯然具有一定的國力，且物產豐饒。後來，真臘又較扶南為強大，因此相較中國來說，中、真兩方必然已出現明顯差異，楊衒之應該也觀察到這些現象。

以此情景再往後推算六個世紀，即是周達觀所處的十三世紀末。這時中國的狀況是：已經過了忽必烈滅宋後的巔峰時期，而進入元成宗時守成多於拓展的階段。然而，東南亞諸國一直不斷發展國力，尤以真臘為最，因此中國面對真臘時，不能沒有戒慎之心，元朝政府顯然從各個層面理解真臘的強大，而這強大不免將對元朝政府構成威脅。

其實，在元朝之前的六個世紀中，中國與真臘一直有互動往來。從三國時期開始，中國與東南亞的交通已頻繁互動，經過長期的發展，到了周達觀寫作《真臘風土記》時，書中已經不乏中國華人移民至真臘居住的記載，如《真臘風土記》第二十一則「欲得唐貨」中說：

> 其地想不出金銀，以唐人金銀為第一。〔註21〕

又在第二十則「貿易」中說：

> 國人交易皆婦人能之，所以唐人到彼，必先納一婦人也，兼亦利其
> 能買賣故也。〔註22〕

以中國人要到真臘貿易，需以娶當地婦女為手段之一，足見細膩的程度，而這樣的現象顯然也是經過長期的觀察才能獲致，從中可以證明十三世紀時中國人與東南亞已經有相當的交流成就。

其次，《真臘風土記》作為元朝一部觀察海外異域的書籍，可能影響了同時或後代的著作。最可能的例子是另一個元朝航海家汪大淵，他著有《島夷志略》一書，可以看成是《真臘風土記》的觀念傳承與延伸擴大。汪大淵於公元 1349 年寫成《島夷志略》，距周達觀的《真臘風土記》約只五十年左右，因此，兩書的性質其實有異曲同工之妙，他們都觀察到南方異域的山川風物、氣候、人民風俗、與中國的經濟往來等資料，只是汪大淵所記的國名、地名更多罷了！而這對我們考察十三世紀末的中國華人的異域觀察，顯然多出許多佐證資料。

從這個角度來看，可以說《真臘風土記》是中國元朝時異域觀察的奠基之作。甚至可以說，周達觀的成就還要超越前朝，理由在於周達觀與汪大淵相較前朝更優之處在於，他們兩人都是以身歷其境的方式著作成書，因此記

〔註21〕〔元〕周達觀著，夏鼐校注：《真臘風土記校注》，頁 148。
〔註22〕〔元〕周達觀著，夏鼐校注：《真臘風土記校注》，頁 146。

錄上可以避免猜測或聽聞，不致產生嚴重的錯誤，就如汪大淵《島夷志略》
序中所說：

> 大淵，少時嘗附舶以浮于海，所過之地，竊嘗賦詩以記其山川、土
> 俗、風景、物產之詭異，與夫可怪、可愕、可鄙、可笑之事，皆身
> 所游覽，耳目所親見。傳說之事，則不載焉。〔註23〕

周達觀的《眞臘風土記》也是如此，凡此都說明到了元朝時，地理學者已經
清楚認知唯有親歷其境，才能確實掌握觀察的對象。

繼元朝之後，明朝也繼承了這樣的探測與冒險精神，最著名的當然是鄭
和，他那南洋交通史上具關鍵地位的「公元 1405 年」，距周達觀約有一百年
左右時光，這一百年的發展，論規模之宏巨、層面之廣泛、動員之龐大，則
非周達觀可以比擬。公元 1405 年顯然標誌中國對外交通的一個重要階段，但
它仍讓我們聯想到周達觀的公元 1297 年，也應是中國交通文化史上的另一個
標誌年代，兩者的精神是一路沿承下來的，因此，《眞臘風土記》一書理應獲
致更深入的探討。

基於上述原因，本文在研究方法的第一個重點，自以《眞臘風土記》文
本爲觀察中心，往前推及宋朝以前記錄，旁及相關佐證資料，試圖勾勒十三
世紀末此一重要交流活動。

本文研究方法的第二個重點爲實地的印證，這點也是當日周達觀採取的
方法。今日拜交通便利之賜，我們很輕易就可抵達七百年前周達觀費時甚久
才能抵達的眞臘。周達觀時期的眞臘，位於今天柬埔寨的暹粒省，由臺灣乘
坐飛機約三個半小時可達，比起當日周達觀二月從溫州開洋，七月才抵達，
需費五個多月時光比起來，快速許多。〔註24〕

實地印證的需要，在於補記錄之詳實、錯謬、差異，還原眞實，前引《島
夷志略》等書價值即在此處，所以《四庫全書總目提要》卷七十一中說：

> 諸史外國列傳秉筆之人，皆未嘗身歷其地，即趙汝适《諸蕃志》之
> 類亦多得於市舶之口傳。大淵此書則皆親歷而手記之，究非空談無
> 徵者比。〔註25〕

〔註23〕〔元〕汪大淵著，汪前進譯注：《島夷志略》（瀋陽：遼寧教育出版社，1996
年），頁 173。

〔註24〕〔元〕周達觀著，夏鼐校注：《眞臘風土記校注》，頁 16。

〔註25〕〔清〕永瑢等撰：《四庫全書總目提要》（臺北：臺灣商務印書館，1965 年），
頁 2～535。

即是說明實地印證的重要。以《眞臘風土記》來說，此書距今天已有七百年歷史，其間經歷眞臘王朝沒落，爲暹羅吞併，加以吳哥遺跡爲叢林所吞，而在近代考古發現後，又經歷赤棉戰火，以及今日遊客因觀光帶來的破壞等因素，今日所見必然與七百年前周達觀的記載有所差異。因此，欲研究《眞臘風土記》，實地前往該地印證考察變得必要，今人研究也多採取同樣認知，如陳正祥先生在《眞臘風土記研究》中說：

> 城的周圍我事先在地圖上量過，約十二公里，和二十華里相差不多。
> 五個城門一一走過，城濠寬約一百米，多屬雜草叢生，我都拍了些
> 照片；惟獨忘掉點數一下橋旁石神。所以從巴戎（Bayon）回來，到
> 城門邊時請開車的朋友把車速放慢，讓我在車裏數一下石神的數
> 目，結果一邊只得二十五個，相差兩個。于是停車步行循右邊數過
> 去，再從左邊數回來，果然兩旁的石神共爲五十四個。〔註26〕

這段話主要詮釋《眞臘風土記》第一則「城郭」所記「州城周圍可二十里，有五門，門各兩重。惟東向開二門，餘向皆一門。城之外皆巨濠，濠之上皆通衢大橋。橋之兩傍，共有石神五十四枚。」其中，關於吳哥城的印證，大約可以證明周達觀的記錄是正確無誤的。然而，當日周達觀所謂的「巨濠」，到了公元 1975 年時，已是雜草叢生，顯然荒廢，所以陳正祥先生有此敘述。但 1975 年後，尤其是近年吳哥觀光發達後，雜草叢生的現象在聯合國考古協助下得到許多改善，和陳正祥先生所見又不一樣，更可能接近當日周達觀所見。從中可以看到因爲異時、異代的緣故，對文明與文物的著錄或詮釋往往會產生差異點。

再者，上段陳正祥先生的實地考證文字更可進一步解釋《眞臘風土記》在版本學上的可能錯誤處。在《四庫全書》等版本的《眞臘風土記》中，其中的「共有石神五十四枚」均作爲「各有石神五十四枚」，如此一來，大橋兩旁各有五十四枚，則合計應爲一○八枚，而這顯然與今日所見不一，實地印證的結果，「各」字應爲「共」字之誤，而這即是古代版本著錄者所未能察見的，究中原因即在缺乏實地的印證所致。

《眞臘風土記》成書七百年，同樣的可能錯誤應該存在其它地方，因此，實地印證變得更爲重要，它可以提供今人更多方、正確的詮釋。因此，本文作者曾於公元 2006 年及 2007 年兩次赴吳哥一地，參訪吳哥主要遺跡如「吳

〔註26〕陳正祥：《眞臘風土記研究》（香港：中文大學，1975 年），頁 4。

哥寺（Angkor Wat）」、「巴戎寺（Bayon）」等，這些均是《真臘風土記》提及的主要建築。另外，也觀察了今日柬埔寨的風土民情，試圖與七百年前周達觀所見作出相應的對照。

在此對照下，逐漸可梳理出周達觀《真臘風土記》的觀察脈絡系統，及其正確記錄與可能誤謬之處。然而，我們必須體諒十三世紀的學術環境，以周達觀而言，他並不具備今日文化考古及學術意義上的態度與思維方法，因而對周達觀書中所產生的偏頗現象應出以同情的批評。最明顯之處，即是周達觀以己身文明為優，而對異域文化產生歧見，類似歧見於《真臘風土記》所在多有，舉第三十七則「澡浴」為例：

> 或三四日，或五六日，城中婦女三三五五咸至城外河中澡洗，至河
> 邊脫去所纏之布而入水。會聚於河者，動以千數，雖府第婦女亦預
> 焉，略不以為恥。〔註27〕

周達觀記錄在真臘看到吳哥婦女脫衣入水澡浴的情景，並從中國人的觀點認為這是應該值得羞恥的。顯然地，周達觀是以中國華人傳統的思維觀念看待異域國度，因此覺得他們應該以為恥。

然而，今日親抵柬埔寨時，實地考察結果，將發現柬埔寨位處熱帶，尤其夏季氣溫高達攝氏四十度，在這種環境下，當地居民脫衣於戶外澡浴本來就屬正常之事。今日吳哥一帶民眾，仍有許多婦女的洗浴習慣與七百年前周達觀所見相同，而在當地，婦女們仍不覺得這是可恥的事。以今日文化學、風俗學的角度來看，位處熱帶的居民有這樣的澡浴行為，本來就不必以羞恥的角度視之。周達觀抵達時，以中國傳統觀念加諸其它異域文化，便產生了未能多元對待其它文化的判斷。相對來說，周達觀之後六百年，十九世紀的法國畫家高更（公元 1848 年至 1903 年）在他的大溪地婦女繪畫中，已經可以非常坦然、健康地對待裸身的婦女，並不覺得有任何可恥之處。然而，這種坦然的態度直至今日中國仍無法接受，從中可見中國長期以來的思維模式已根深蒂固，不易改變，而周達觀也不可避免局限於這種傳統思維，所以當他著作《真臘風土記》時，不知覺中便流露出傳統禮教的判準。今日我們重新檢討《真臘風土記》時，藉由實地的考察與感受，應可以較為準確地看待、還原當時周達觀所留下的記錄。

總之，實地考察有其必要性，有助我們對《真臘風土記》的比對與詮釋，

〔註27〕〔元〕周達觀著，夏鼐校注：《真臘風土記校注》，頁 179。

在本文的研究方法上，將通盤整理現有文獻，並作實地印證，儘可能還原十三世紀末時中國華人對異域觀察的各個層面現象，包含政治上的、經濟上的、文化上的、風俗上的可能想法。《眞臘風土記》一書的梳理研究，實在牽涉七百年前中國文化與異域文化的交流現象，這對今日重視國際觀的社會型態而言，相信得以提供當代的助益與思維。

第二章 公元 1297 年前後中國的時空背景

第一節 以蒙古族入主的元朝時代

本文研究定位的時空爲公元 1297 年前後，主要討論亞洲的中國與柬埔寨之間的交流活動。討論之前，有必要交代這個時期的基本背景。

本章先談中國之部。

一、國際探索與漢化

以中國歷史的朝代畫分而言，這個朝代稱爲「大元」，本是取《易經》中「大哉乾元」的意思，後世通常簡稱爲「元」，這個朝代實際的統治者爲蒙古人，統轄的區域包含現今中國領土及將近相當土地的亞洲區域。在傳統以漢族居多的統治社會中，蒙古人雖然入主政權正統，但這個朝代的統治者通常仍被漢族視爲「異族」。這支異族統治中國的時間，如果從成吉思汗於公元 1215 年攻打金朝算起，到元順帝於公元 1368 年被滅止，爲時一百五十三年。若從忽必略於公元 1279 年滅南宋，到元順帝於公元 1368 年被滅止，則僅得八十九年，在中國正統朝代國祚中是較短暫的。

在這約百年左右的蒙古人統治下的中國社會，元朝對中國產生較爲重要的影響基本反映在：疆域遼闊帶來的宏偉世界觀、蒙漢衝突帶來的政治鬥爭觀、不同種族帶來的社會階級觀、生活差異帶來的多元文化觀。以及由此四者衍生而出的其它特色文化產物，例如著名的「元曲」即是這個時代的特色產出之一。

　　首先，元朝在中國歷史上給人的第一個普遍印象即是這個朝代擁有極其遼闊的幅員。據《元史・地理志》記載：

> 自封建變爲郡縣，有天下者，漢、隋、唐、宋爲盛，然幅員之廣，
> 咸不逮元。漢梗於北狄，隋不能服東夷，唐患在西戎，宋患常在西
> 北。若元，則起朔漠，平西夏，滅女眞，臣高麗，定南詔，遂下江
> 南，而天下爲一。故其地北踰陰山，西極流沙，東盡遼左，南越海
> 表。蓋漢東西九千三百二里，南北一萬三千三百六十八里，唐東西
> 九千五百一十一里，南北一萬六千九百一十八里，元東南所至不下
> 漢唐，而西北則過之，有難以里數限者矣。〔註1〕

這樣廣大的國土約爲現今中國的兩倍大，可說是中國歷朝第一。《元史》所稱「難以里數限」的部分，大約包括今日俄羅斯西伯利亞以及東南亞北部一帶，涵蓋範圍極爲驚人。此外，《元史》中除了說明元朝疆域的遼闊外，也透露了部分的訊息：第一、因爲游牧民族的草原個性，蒙古人不斷西向，這似乎是蒙古人最重要的攻掠之處；第二、雖然並不擅長東向海戰，但蒙古人似乎仍有前進日本之心；第三、除西進外，蒙古人也同時南向，並平定南詔，理應試圖再往南拓展，但最後並未成功。

　　不斷的開疆拓土雖然屬於軍事性的掠奪行爲，但另一方面也打開了更爲宏偉的世界視野。這種現象早於中國的漢、唐等時代就已經有良好的成績，尤其是唐朝，因爲當時的恢宏性格，直到今天已被後人視爲中國歷史上最國際化的時代，當時的長安顯然也是足與今日紐約相提並論的大都市。那麼，元朝所打開的這片疆域，照說也應爲中國打開一片宏偉的視野。因此，周少川先生的《元代史學思想研究》稱這個時代爲：

> 元大一統帝國的形成以及疆域的不斷擴大，使元朝統治者更爲注意
> 從世界範圍認識元朝所處的歷史地位，其政治、經濟和外交政策皆
> 具有對外開放、“四海爲家”的積極的思想意識。〔註2〕

元朝是否每個統治者均具有「四海爲家」的開放意識，或許值得斟酌，但這段時期明顯具有與前朝不一樣的治國性格，則無可議，這種性格也在文化史學上出現了別開生面的樣貌。因此，周少川先生又說：

> 元代中西交通的繁榮也大大增強了元代社會的世界觀念，反映在史

〔註1〕〔明〕宋濂等撰：《元史》，頁360。
〔註2〕周少川：《元代史學思想研究》，頁113～114。

學領域的成就，是此期出現了一批辨證異域地理，記載它國風土人
情和中外交通歷史的史書。元代撰著的域外游記、志書不僅數量較
多，而且歷史視野更爲開闊。〔註3〕

其中提到的「異域地理」，自然包含本文主要探討的《眞臘風土記》及前文曾
提及的《島夷志略》所敘及的區域。此外，元朝其它類似著作還包含耶律楚
材的《西遊錄》及周致中的《異域志》等。以耶律楚材而言，他曾於公元 1218
年隨成吉思汗西征，於公元 1224 年隨成吉思汗班師，前後大約有六年時間在
西域，東歸後整理成《西遊錄》一書。〔註4〕《西遊錄》所記大部分均爲耶律
楚材所親見，並與中土風物不同，例如書中提到「尋思干」便非傳統漢人所
能理解：

> 訛打剌之西千里餘有大城曰尋思干。尋思干者西人云肥也，以地土
> 肥饒故名之。西遼名是城曰河中府，以瀕河故也。尋思干甚富庶。
> 用金銅錢，無孔郭。百物皆以權平之。環部數十里皆園林也。家必
> 有園，園必成趣，率飛渠走泉，方池圓沼，柏柳相接，桃李連延，
> 亦一時之勝概也。〔註5〕

這裡的「尋思干」，向達先生註釋爲今日的烏茲別克共和國，〔註6〕擴大來看
即今日歐洲一帶。其中提到的土地風貌、貨幣使用、交易方法、居家布置等，
仍與今天的歐洲差異不大，並且與中國有異。這樣的風物必然提供中土人士
不同的視野，相對可能產生另外的反思，以今日通俗義而言即所謂的「國際
觀」。元朝或許不能稱爲中國歷代唯一具有國際觀的時代，但這個時期顯然提
供了相對的平台，得有更開闊的思考。

　　若說《西遊錄》爲元朝西向的觀察所見，那麼周致中的《異域志》則補
充了西向，乃至南向的更多觀察。此書約成於元末，而周致中可能擔任使官
一類工作，對異域事務較爲熟悉。《異域志》總共以一百五十七個條目記錄二
百一十個國家，不可謂少，例如開篇第一個國家記錄者即是中土東方的「扶
桑國」，並說這個國家：

〔註3〕周少川：《元代史學思想研究》，頁 111。

〔註4〕《西遊錄》序：「戊子，馳傳來京，里人問異域事，慮煩應對，遂著《西遊錄》
　　　以予志。」見〔元〕耶律楚材著，向達校注：《西遊錄》（北京：中華書局，
　　　2006 年），頁 1。

〔註5〕〔元〕耶律楚材著，向達校注：《西遊錄》，頁 3。

〔註6〕〔元〕耶律楚材著，向達校注：《西遊錄》，頁 9。

在日本東之東南，大漢國之正東。無城郭，民作板屋以居。風俗與
太古無異。〔註7〕

看來這個國家仍維持在較原始狀態，或許對中國也沒有較大的威脅。除扶桑
外，接下三、四條則分別提到「朝鮮國」與「日本國」，即今日的韓國與日本。
周致中並觀察到這兩個國家受到中土文化影響較深，如記載朝鮮國時說：

古朝仙，一曰高麗，在東北海濱，周封箕子之國，以商人五千從之。
其醫巫卜筮、百工技藝、禮樂詩書皆從中國。〔註8〕

記載日本國時說：

其國乃徐福所領童男女始創之國。……福因避秦之暴虐，已有遁去
不返之意，遂爲國焉。而中國詩書遂留於此，故其人多尚作詩寫字。

〔註9〕

周致中所記未必嚴謹正確，但我們已可從類似的記載中多少發現周致中下筆
爲文時所透露的「中土爲大爲正」的想法，並認爲中國的文化明顯影響及於
異域之國。

《異域志》一書所收國家雖多，缺點則在於記錄過於簡要，無法較全面
反映該國的多種樣貌，然而，此書所收國家遍及亞洲、歐洲、非洲，例如「東
印度國」即今之印度、尼泊爾一帶，「麻嘉國」即今之沙烏地阿拉伯麥加等，
更有許多地名是考察不出的，全書殊爲有趣，反映出元朝時已對世界各地充
滿探索的興趣。

《異域志》也記載了爲數眾多的東南亞、南洋國家，包含「眞臘」在內，
而周致中是這麼記錄眞臘的：

其國極熱，即南回回。凡嫁娶，女子九歲乃會親友，令僧作佛事，
以指頭挑破女子童體，以血點於母額，以爲利事，嫁人夫婦和。十
歲即嫁。人與其妻通，其夫即喜。國人爲盜，即斬手斷足，或以火
印烙記臉額，死罪者以木樁穿其尻。〔註10〕

這段記載已是周致中關於眞臘記錄的全文了，資料並不詳賅。而且，於一國
之中單挑「女子初婚」的情事作記載，也可以看出周致中著書的立意，只在

〔註7〕　〔元〕周致中著，陸峻嶺校注：《異域志》（北京：中華書局，2006 年），頁 1。
〔註8〕　〔元〕周致中著，陸峻嶺校注：《異域志》，頁 2。
〔註9〕　〔元〕周致中著，陸峻嶺校注：《異域志》，頁 3。
〔註10〕　〔元〕周致中著，陸峻嶺校注：《異域志》，頁 24。

談論奇風異俗。因此,《異域志》的價值,不在詳備義,而在普遍義,但依然能補元朝相關文獻的不足。

值得注意的是,《異域志》成書於《眞臘風土記》之後,但詳備竟遠不及周達觀的記錄,這也突顯《眞臘風土記》在同類著作中具有特殊的價值。可以這麼說,假如將《異域志》中記載的每個國家都擴充成《眞臘風土記》般的內容的話,那麼眞可蔚爲大觀。

從《眞臘風土記》或《異域志》等書知道,中國元朝並不乏具有世界觀的人士,他們可能是成吉思汗一類的軍事將領,也可能是周達觀、周致中一類的使者或商人,他們不囿於中國一地,而將目光投射到國外,發現中國之外,其實有著新奇、豐富,乃至帶有威脅性的區域,必須爲中國所瞭解者。

周達觀、周致中雖然只是元朝朝廷下的外派任務出遣人,但他們卻反映上位者的企圖心,即一種世界性的視野。其實,這也是成吉思汗建國以來一直傳達後世的觀念。德國的傅海波與英國的崔瑞德在編輯中國的元朝史時也提到了這點:

> 授予成吉思汗並隨後傳給他的繼承人的君主權力在特點上是世界性的。在發動戰爭之前,蒙古人習慣於向其鄰國發出要求投降的命令,他們宣布有權,如果不是義務的話,將全世界置於他們的統治之下。他們邊界之外的所有國家被認爲是正在形成的蒙古帝國的組成部分,而且所有的國家都被要求毫不猶豫和毫無疑問地接受蒙古人的宗主權。〔註11〕

雖然這種企圖心因爲元朝結束而中止,但它說明了要達到這樣的企圖心,必須是許多環節綜合相扣才能達成。或許,《眞臘風土記》正是其中的一個小小環節。

其次,我們所討論的元朝第二個特色是:以蒙古他族入主原本爲漢族統治的政治領域中,必然不可避免的政治衝突性。

必須說明的是,蒙古人雖然是軍事作戰的天才,但對於管理政治卻顯得有所欠缺,而對於中國長期發展的封建思想與郡縣制度,顯然一時也難以使上心力。因此,宋濂等在編撰《元史》時,於〈百官志〉開宗便說:

〔註11〕〔德〕傅海波、〔英〕崔瑞德編:《劍橋中國遼西夏金元史》(北京:中國社會科學出版社,2006 年),頁 359。原撰文者爲特倫頓州立學院托馬斯·愛爾森。

> 王者南面以聽天下之治，建邦啓土，設官分職，其制尚矣。漢、唐
> 以來，雖沿革不同，恒因周、秦之故，以爲損益，亦無大相遠。大
> 要欲得賢才之用，以佐天子、理萬民也。〔註12〕

說明統治者欲管理中國土地與人民，最理想的方式仍必須依周、秦時代所開
發的封建制度與郡縣制度，再作因時修改損益，否則實在難以管理這麼大片
的土地與人民。然而，成吉思汗開國之初，顯然無法達到這樣的理想：

> 元太祖起自朔土，統有其眾，部落野處，非有城郭之制，國俗淳厚，
> 非有庶事之繁，惟以萬戶統軍旅，以斷事官治政刑，任用者不過一
> 二親貴重臣耳。〔註13〕

這種情形實爲不得已，成吉思汗也只能任用幾位親信協助管理罷了！情
況和亞歷山大東征時一樣，他也無法管理橫跨歐、亞、非三洲的龐大區域，
只能在幾個大處行省任命親信將領管理。因此，成吉思汗的繼任者必然也發
現這個難處，但在無人可用的情形下，只能暫時與已經擁有龐大官僚體系經
驗的漢人協調。元太宗繼位後，不得不任用漢人行政，《元史》說：

> 及取中原，太宗始立十路宣課司，選儒臣用之。金人來歸者，因其
> 故官，若行省，若元帥，則以行省、元帥授之。草創之初，固未暇
> 爲經久之規矣。〔註14〕

依然看出元朝的統治者在管理行政上的捉襟之處。這種情況必須到元世祖忽
必略時才有改善，《元史》說：

> 世祖即位，登用老成，大新制作，立朝儀，造都邑，遂命劉秉忠、
> 許衡酌古今之宜，定內外之官。其總政務者曰中書省，秉兵柄者曰
> 樞密院，司黜陟者曰御史臺。〔註15〕

其中，劉秉忠、許衡均爲漢人，而世祖不得不借用其才；中書省、樞密院、
御史臺皆爲漢制，而世祖不得不借用其制。這說明蒙古人雖然取得政治領導
權，但在體制上仍不得不延續前代的作法。

然而，體制得以延續，私心卻難以免除，而領導圈的環境要求，勢不可
免仍會抬昇蒙古人的權勢、降低漢人的地位。元世祖雖然承漢人建立體制，

〔註12〕 〔明〕宋濂等撰：《元史》，頁554。
〔註13〕 〔明〕宋濂等撰：《元史》，頁554。
〔註14〕 〔明〕宋濂等撰：《元史》，頁554。
〔註15〕 〔明〕宋濂等撰：《元史》，頁554。

但在各項行政單位的長官，仍然以蒙古人爲主。《元史》說：

> 官有常職，位有常員，其長則蒙古人爲之，而漢人貳焉。〔註16〕

然而，在一切不分才能優劣，而只以蒙古人居其長的後果，不可避免產生行政上的腐敗：

> 大德以後，承平日久，彌文之習勝，而質簡之意微，僥倖之門多，
> 而方正之路塞。官冗於上，吏肆於下，言事者屢疏論列，而朝廷訖
> 莫正之，勢固然也。〔註17〕

這種現象，隱約預告元朝難以成爲一個國祚長遠的朝代，因爲其中牽涉政治、利益、民族的衝突點甚多，必然導致最終的結果，正如《元史》所說「勢固然也。」

衝突點的關鍵即是蒙、漢的衝突。蒙古建國之初，除軍事將領之外，其實我們較難看到優秀的蒙古行政管理人才。最接近、最優秀的非漢族人才，而爲蒙古所用者，應以耶律楚材爲代表，但耶律楚材仍非蒙古人，而是契丹人，但因耶律楚材的漢化背景，而爲成吉思汗所用。接續的繼任者，也不得不重用耶律楚材，以及由耶律楚材所帶來的漢制，例如賦稅、郡縣、戶籍，尤其是科舉制度等，凡此都說明元朝建國之初的矛盾與妥協。

然而，耶律楚材雖然一直想推行漢化、儒家式的制度，但在蒙古人權利的分配下，終於還是失敗。蒙古大汗依然將重大利益分配給蒙古人，卻不太思考可能引發的後果，尤其元太宗窩闊台晚年沉迷飲酒玩樂，他並不想得罪太多蒙古人，以致耶律楚材原本的制度措施未能順利開展施行，〔註18〕而耶律楚材最後也以失勢的情景，於公元 1243 年去世。耶律楚材的死，代表著元朝初期漢、蒙之間的衝突，仍沒有得到較好的改善。

漢化政策得到較好的改善要到元世祖忽必略的時代，之所以如此，應是忽必略試圖以蒙古法統治蒙古，而以漢法統治中土。這點，王明蓀先生在〈13 世紀之蒙元帝國與漢文化〉一文中已有簡扼定論：

> 忽必略因家世關係與漠南治國之經驗，集結大量之漢人，形成漢文

〔註16〕〔明〕宋濂等撰：《元史》，頁 554。
〔註17〕〔明〕宋濂等撰：《元史》，頁 554。
〔註18〕〔德〕傅海波、〔英〕崔瑞德編：《劍橋中國遼西夏金元史》第四章中說：「最初清楚地表明耶律楚材開始失去合罕重視的迹象發生在 1236 年，當時窩闊台決定大量增加王公們在中國北方的封地（蒙古語：忽必；漢語：封地）。」頁 390。原撰文者爲特倫頓州立學院托馬斯‧愛爾森。

化集團爲其政治基礎，及其爭得漢位，遂將帝國之重心南移至漢地，並於初期大用漢人、行漢法，漢人於其時取得重要地位，但旋即因爲政治事件使漢人權勢大衰，漸形成蒙古與西域之北亞聯盟掌握軍國大政，漢人大多成爲數量龐大之行政官僚，甚少參決大政。〔註19〕

上文清楚說明元朝蒙、漢間的政治分配定調，只在程度上有所增減。至於本文主要探討的周達觀，充其量只是這些龐大行政官僚中一個更低微、更不足道的行政人員罷了！因此，周達觀不可能參與大政，而當他隨團出使真臘返國後，也不會是主要的參訪報告撰寫人，但正因如此，周達觀反而將頗多筆墨著重於真臘風俗的描繪，成爲另一種價值的參考資料。

政治利益的狀況如上所述，而由此進一步產生的元朝社會現象，必然也出現在社會階級的分野。

二、階級與文化交流

關於元朝社會階級，最通俗的講法就是南宋遺民鄭思肖所提的十個階級：

韃法，一官、二吏、三僧、四道、五醫、六工、七獵、八民、九儒、十丐，各有所統轄。〔註20〕

然而，這種分法不見得是當時官制的區分法，因此清朝趙翼在《陔餘叢考》書中便有質疑：

《謝疊山集》有《送方伯載序》曰：今世俗人有十等：一官，二吏，先之者，貴之也；七匠，八娼，九儒，十丐，後之者，賤之也。《鄭所南集》又謂：元制一官，二吏，三僧，四道，五醫，六工，七獵，八民，九儒，十丐，而無七匠，八娼之說。蓋元初定天下，其輕重大概如此，是以民間各就所見而次之，原非制爲令甲也。〔註21〕

趙翼的說法從民間觀感來分判十個階級，是較公允的，也認爲十階級雖非官制所分，但還是能相當程度反映元朝時期的社會階級狀況。很明顯的是：官吏自然是最上的階級，而僧道的地位也不差，但儒家的地位肯定不高，從中也透露漢人的地位實屬較低落的階級。

〔註19〕 王明蓀：〈13世紀之蒙元帝國與漢文化〉，收入《元史論叢》第八輯（南昌：江西教育出版社，2001年），頁131。

〔註20〕 〔宋〕鄭思肖著，陳福康校點：《鄭思肖集》（上海：上海古籍出版社，1991年），頁186。

〔註21〕 〔清〕趙翼：《陔餘叢考》（石家庄市：河北人民出版社，2003年），頁899。

　　確定的分法是，蒙古統宋之後，依種族及區域的不同，將種族畫分爲四個階級，即蒙古人、色目人、漢人、南人。其中，蒙古人指的即是蒙古本族人，但可能又有數十種不同分支，地位最高；色目人指的是西北、西域、中亞到歐洲的民族，種類也極多，但在蒙古人心目中，地位可排第二；漢人指的是金朝境內的非漢族，例如女眞、契丹，另外，東方的高麗、南方的雲南、四川邊疆，甚至在金朝境內的少部分漢人，都可算入，社會地位列於色目人之後；南人指的即是南宋之人，包含最大部分的漢人，在蒙古統治的社會階級中，地位最低。

　　這四種等級或階級，《劍橋中國遼西夏金元史》中認爲：

　　　　這就是著名的法律上的四等人制度。在統治中國的初期，蒙古人試圖通過頒布法律來創建一種與漢人的社會結構、社會意識形態的所有特徵都相反的社會秩序。蒙古人、色目人、漢人、南人按種族集團分爲四等，似乎並沒有系統地正式宣布過。但是即使在對人數最多的第四等人征服之前，在忽必略朝初期，各種機構的設置和爲實施文官管理所作的各項規定，都已充分考慮了這些區別。〔註22〕

這種幾近官分的四階級分法，不免讓人聯想到印度著名的「四種姓」制度及其可能衍生的嚴重社會問題。元朝四階級分法的嚴重性或許不如印度來得強烈，但可想而知在有元一代，因爲四階級而產的在政治、經濟、文化的歧異點，必然嚴重。此即錢穆先生《國史大綱》所說：

　　　　此四階級在政治上之待遇，顯分優劣。

　　　　漢人南人不爲正官。〔註23〕

漢人南人不僅不爲正官，衍生的結果使得中土漢人，尤其是讀書人開始對元廷產生一種不屑的心態，如錢穆先生所說：

　　　　至元以下，執政大臣多由吏進。中州小民粗識字能治文書，得入臺閣共筆箚，積月累曰，可致通顯。南人地遠，不能自至於京師，其士人又往往不屑爲吏，故見用者尤寡。〔註24〕

不可否認，南人必然有許多優秀的知識分子，以及由知識分子而產生的行政

〔註22〕〔德〕傅海波、〔英〕崔瑞德編：《劍橋中國遼西夏金元史》，頁 633～634。原撰文者爲普林斯頓大學名譽教授牟復禮先生。

〔註23〕錢穆：《國史大綱》（臺北：臺灣商務印書館，1978 年），頁 478。

〔註24〕錢穆：《國史大綱》，頁 478。

管理人才,但在元朝一代,他們畢竟不被充分利用,這無疑形成浪費,以致元朝雖然在文學、藝術等文化事業上有特殊成就,但畢竟不能成為一個國祚綿長的時代,其中,不能大量重用南人中的知識分子應為其中關鍵因素。

前面提及,元朝四階級雖然沒有印度種姓制度來得嚴重,但以人情仍可推知下列情況:蒙古人從草原來,看到中原及長江流域的物產豐饒,必然產生予取予奪的搶掠作風,而元政府也不會採取嚴厲的禁止手段;至於色目人,長期與中國的關係即為邊陲對應華夏的關係,如今地位翻轉提昇,因此也會透顯更為殘暴負面的情緒,而對中國人士產生欺負。最後,受害者仍為漢人與南人。

這樣的階級分法,如果再和鄭思肖所提的「九儒」之說合併來看,將更加突顯南人儒士的卑微地位。以本文探討的周達觀而言,《四庫全書總目提要》稱他為「溫州人」,而按《元史·地理志》記:

> 溫州路,唐初為東嘉州,又改永嘉郡,又為溫州。宋升瑞安府。元
> 至元十三年,置溫州路。〔註25〕

溫州或永嘉在今天長江以南,浙江省南部,靠海。因此,若以四階級畫分,周達觀即屬於「南人」,也就是說,除非有更好的晉升制度或機緣,否則周達觀應該只能是地方政府的一個小吏罷了!《元史》不著錄周達觀的傳紀,並不令人感到意外。

最後,元朝入主中土,除在政治、社會造成影響外,也對中土文化產生衝擊與影響,前文所提的世界觀、蒙漢衝突、社會階級,均已經反映出元朝的文化其實是一種多元性的文化交融,就一種文化應注入新血的角度來看,未嘗不是好事。從更早的歷史來看,唐朝之所以氣象蓬勃,自然與多元文化融合有關。因此,作為第一個以他族入主中土的朝代而言,元朝其實擁有更好的機會,進行對文化融合的工作。

然而,實際狀況卻沒有那麼簡易,因素當然很複雜,部分原因正如前文所論,也就是蒙古人的統治心態問題,他們似乎對文化融合施展不了過多力氣。這是一支天生具有攻擊性的民族,而當他們突然發現也已經攻佔了大部分的目標時,在治理上卻顯得無能為力,但他們又不想重用原有的一批政治管理人才,明知對方在文化上領先自己,卻不願全盤接受,只好保持相當距離。因此,元朝大部分時間對中土的政策是採取某種放任的態度。這點,費

〔註25〕〔明〕宋濂等撰:《元史》,頁398。

正清先生有簡扼的分析：

> 總的來看，文化隔閡導致政府管制較鬆。元朝的刑罰顯然不及宋朝
> 的嚴峻，稅賦也較少有不合常規的苛捐雜稅。忽必略對於喇嘛教、
> 道教，以及正統儒家學術都給以保護之外，也不曾查禁書籍文物。
> 蒙古王公們可以在各自的封地上安逸生活，或是互有紛爭。蒙古人
> 能戍守要衝，在政府行政、地方治安監督、文學戲劇檢查、提供知
> 識界文化界領導力量等方面，卻無力可施。〔註26〕

這個說法解釋了一個現象：元朝雖為中國的權力統治者，但漢族人依然過著
自己的傳統生活，在位的蒙古人與階層下的漢人，好像兩個並不相干的系統。

當然，上、下之間仍有交流者，以百姓階層來看，蒙、漢間會彼此通婚，
也受到對方風俗習慣的影響。以知識文化階層來看，仍有知識分子藉由各種
手段進入朝廷，目的可能是為獲得更高的政治地位，或是求得更好的物質生
活。不過，在傳統士大夫的角度來看，這些知識分子不免被看成是投降外族
之士，而有違中國傳統儒家讀書人的清高原則，著名的畫家趙孟頫被視為品
格不高即是其中著例。

因此，元朝的多元文化在融合度上顯然不及唐朝，殊為可惜，但這並不
意味有元一代並沒有進行文化交融。舉例來說，蒙古人原本屬於草原，但奪
宋之後，卻接承了宋朝原已發展精良的海上工具，加以蒙古原本侵奪的特性，
因此而打開了海外的征伐事業，就整個時代來看，是大大拓展視界的，因此
也才有更大量地出現前引《真臘風土記》、《島夷志略》等書的出現。在這點
上，費正清先生也有說明：

> 蒙古人有遊牧民族好動的特性，總想不斷前進奪取更多戰利品和奴
> 隸。擴張到先未知的西方世界又征服中國之後，他們又利用奪來的
> 宋人的船隊和經驗豐富的船長船員，向海外遠征。〔註27〕

前文提及，海外遠征的區域，包含東北亞及東南亞等，這些無疑都是大規模
的活動，動員甚巨，就中土與海外的文化交流來看，必然也產生交互的影響。

元朝的文化交流所產生的多元風貌，不論是蒙古與中土的交流，抑或中
土與海外的交流，自然非本文可全盤說明。必須留意的是，因為這種環境的
提供，讓元朝擁有了各種的機會，產生了各種的可能。其一，類似周達觀等

〔註26〕費正清：《費正清論中國：中國新史》（臺北：正中書局，2003 年），頁 126。
〔註27〕費正清：《費正清論中國：中國新史》，頁 127。

人，可以將觸角延伸海外，這點是許多傳統儒士不曾思考過的；其二，傳統的漢人也可以選擇在自有的系統中，更加專注發展，例如「文人畫」幾乎與蒙古或海外沒有任何交集，但成就依然非凡。總之，因為他族統治及海外拓展的時代文化特性，讓元朝產生多元的面貌，有別於前朝，也給予了後朝啟發。

這麼繁複的文化多元交流系統中，元世祖忽必略可以看成是一個中介及轉關點，這正是下節所必須討論者。

第二節　忽必略時代

周達觀所處的元朝時代，共計有十一位國君，其中最重要的應數元世祖忽必略，我們有必要對他略作說明。忽必略是成吉思汗的孫子，在武功征伐上，忽必略並不像他的祖父一般所向披靡，但在治國方面，忽必略卻是元朝第一個以蒙古族身分，大量參酌漢制來治理國家的領導人，並將這種治理領導模式傳給後代的繼承者。可想而知，在當時的政治氛圍中，忽必略必然遭遇許多相左的意見，但因為他的努力以及明顯可見的成就，後代歷史仍將他置於與漢武帝、唐太宗等人相同的成就行列，整體而言，忽必略對中國的重要性超越他的祖父成吉思汗。

一、漢化與對外拓展

從《元史》便可探知明人對忽必略的推崇：

> 世祖聖德神功文武皇帝，諱忽必略，睿宗皇帝第四子。母莊聖太后，怯烈氏。以乙亥歲八月乙卯生。及長，仁明英睿，事太后至孝，尤善撫下。納弘吉剌氏為妃。〔註28〕

這段文字，其實已是中國傳統儒家心目中的聖王形象，「聖德」、「神功」等，都是對明君的推崇，「仁明英睿」也反映了忽必略實際的作為，並且，忽必略事母至孝，對下則能出以撫恤體貼，對中國傳統儒家而言是相當的推崇。

因此，我們不能只以蒙古他族的角度來看待忽必略，對於元朝，甚或中國而言，忽必略其實想有一番的作為，所以《元史》又說：

> 歲甲辰，帝在潛都，思大有為於天下，延藩府舊臣及四方文學之士，

〔註28〕〔明〕宋濂等撰：《元史》，頁36。

問以治道。〔註29〕

這時忽必略尚未繼位，但已出現大有為於天下的企圖，他的管道有二：一是延攬舊臣，問以治道，這點更多的意義應該是為了取得蒙古族舊臣勢力的支持；二是延攬四方文學之士，這點更是忽必略真正的治道方法來源，而且，其中成員應以漢人為多。

這些漢人儒士中，劉秉忠、趙璧、姚樞、許衡等人都是其中要者，這群儒士或為忽必略講演儒學，或為忽必略策畫學制，對忽必略在統治中國時提供了相當的助益，加強了漢人對蒙古人的認同感。漢化的結果，則是讓忽必略得以真正統治中國，在中國推行教化、發展經濟，並由此為輻射，向外拓展。忽必略很清楚，他所統治的區域不僅為「蒙古國」，而是「大元」，這是一個可以放進中國長遠正統歷史中對待的一個時期。

事實上，忽必略漢化的結果除了進一步確認他在中國的統治地位外，也讓忽必略在政權穩定之後，持續向國外拓展，這點不論就蒙古人或漢人來看，都是必要的行動。《劍橋中國遼西夏金元史》中說：

> 在中國建立政府之後，忽必略現在把他的注意力轉向對外聯繫，和他的蒙古前輩一樣，忽必略懂得必須堅持領土擴張。在蒙古人的心目中，衡量一位統治者的成就在某種意義上講是看他是否有能力將更多的財富、人民和領土併入他的版圖。同樣，漢人相信賢明的君主應該使外國人臣服並且接受中國至上的觀念。外國人應該不可抗拒地受到中國統治者的德政以及浩蕩皇恩的吸引。蒙古人和漢人的世界觀念導致忽必略把擴張放在首要位置上。〔註30〕

以上文字說明忽必略不論從繼承蒙古人或漢人的思維來看，擴張都成了不可避免的道路。事實上，忽必略在其統治史上最為人所提及的，也正是他的擴張行動。

以忽必略為中心，這個擴張行動大約會朝向兩個大方向：一是向東，一是向南。因為以中國為核心的話，往北本來就是蒙古勢力範圍，對此忽必略只須處理內部爭奪的工作。至於往西，則成吉思汗等祖輩與窩闊台等父輩已經建立難以再超越的成就。剩下尚未建構完成的版圖，以地理來看，顯然就

〔註29〕〔明〕宋濂等撰：《元史》，頁36。
〔註30〕〔德〕傅海波、〔英〕崔瑞德編：《劍橋中國遼西夏金元史》，頁441。原撰文者為哥倫比亞大學紐約市立學院莫里斯·羅沙比。

是東方的高麗、日本，以及東南亞一帶，這兩個地區正反映出忽必略登基後的重點行動。

關於忽必略對高麗、日本的征服，其中，高麗臣服忽必略，並與忽必略有良好的關係。大約在忽必略即位後的第七、八年間，其中大事之一便是對高麗的征服，事見《元史·世祖本紀》。中間過程繁複，《劍橋中國遼西夏金元史》簡要敘述如下：

> 在後十年中，高麗和蒙古朝廷間的關係持續改善。王禃向蒙古進貢，而忽必略用慷慨的禮品回贈，允許高麗商人和中國進行貿易，並在經濟困難時向高麗提供穀物和肉類。……為了鞏固與高麗皇族的關係，忽必略讓他的女兒和高麗世子訂婚，並成為以後在中國的蒙古王朝統治者的一種慣例。〔註31〕

這段文字顯見蒙古與高麗已是宗主國與朝貢國間的關係，而忽必略以聯姻方式鞏固兩國關係的作法，也常見於中國以往大朝如漢、唐時期的作法，說明了蒙古與高麗的宗屬關係。

但對日本的征伐就沒有那麼順利了，當高麗已臣服時，忽必略於至元十一年統合了高麗軍民及屯田軍、女直軍等，動員龐大部隊征討日本：

> 敕鳳州經略史忻都、高麗軍民總督洪茶丘等，將屯田軍及女直軍，
> 並水軍，合萬五千人，戰船大小合九百艘，征日本。〔註32〕

但這些行動都沒有收到預定成果。因此至元十七年時又再度以相當兵力，由范文虎「發兵十萬」，〔註33〕並由高麗國王配合領兵再征日本：

> 高麗國王王睶領兵萬人、水手萬五千人、戰船九百艘、糧一十萬石，
> 出征日本。〔註34〕

此後仍不斷增兵、增銀、增糧，顯然對忽必略而言，出征日本是極度困擾的事情。因此，到了至元二十三年時，終於放棄對日本的征伐：

> 甲戌，帝以日本孤遠島夷，重困民力，罷征日本，召阿八赤赴闕，
> 仍散所顧民船。〔註35〕

顯然地，忽必略在這點上是失敗、放棄了。然而，從忽必略耗費這麼多的心

〔註31〕 〔德〕傅海波、〔英〕崔瑞德編：《劍橋中國遼西夏金元史》，頁450。
〔註32〕 〔明〕宋濂等撰：《元史》，頁60。
〔註33〕 〔明〕宋濂等撰：《元史》，頁78。
〔註34〕 〔明〕宋濂等撰：《元史》，頁78。
〔註35〕 〔明〕宋濂等撰：《元史》，頁93。

力在遠征日本一事看來，他顯然極積想要開拓海外疆域，如此一來，便可和他的祖先在開拓西域的武功上相提並論，這對一個雄才大略的君主而言，實在是必要的舉動。

二、東南亞的征伐行動

相同地，忽必略自然也將征服的目標放置於中國南方，盼能讓領土不斷延展，至少是控制權上的不斷延展。這塊目的地，至少包含占城、安南、緬甸、爪哇四地，也應該及於本文探討的眞臘。

其中，占城約爲今日越南南部，安南約爲今日越南北部。忽必略對占城與安南的戰役，也類似對日本的征伐，並不順利。

起先，忽必略是先詔諭占城，至元十七年時派宣慰史教化、孟慶元等人持詔諭占城國主，令其子弟或大臣入朝。隔年時，占城國表示對元朝友好，也進貢了象犀。再隔年，忽必略命失里咱牙信合八刺麻合迭瓦爲占城郡王，加榮祿大夫，賜虎符，立占城爲行中書省，可以概括這個時期元朝與占城的關係。〔註36〕

然而，至元十九年，占城卻展開叛變，因此忽必略發動大軍征討：

> 以占城既服復叛，發淮、浙、福建、湖廣軍五千、海船百艘、戰船
> 二百五十，命唆都爲將討之。〔註37〕

征伐的結果也不是很順利，之後忽必略除了陸續增兵外，他改變了戰略，與越南北部的安南合作，試圖繞道安南攻下占城，也能順便拿下安南。這時的征伐統帥爲鎭南王脫歡，在戰事上有時告捷，但有時敗北，在忽必略執政時，其實都沒有完成攻掠安南及占城的雄心。

不過，這段期間占城、安南等國，仍有時進貢元朝，此外，眞臘也有進貢。至元二十二年時，忽必略敕曰：「自今貢物惟地所產，非所產者毋輒上。」這年丙子，眞臘及占城便「貢樂工十人及藥材、鱷魚皮諸物。」〔註38〕從中可以發現，忽必略已經開始與眞臘來往，但兩國間似乎並沒有進一步的交往，原因之一是攻打占城、安南的不順利，而眞臘距離更遠，攻打更爲不易。原因之二也因爲眞臘比起占城、安南更爲強大，因此沒有萬全準備，只會浪費

〔註36〕〔明〕宋濂等撰：《元史》，頁 78～80。

〔註37〕〔明〕宋濂等撰：《元史》，頁 82。

〔註38〕〔明〕宋濂等撰：《元史》，頁 92。

兵力。

從忽必略的作風來看，我們可推測元朝對這些東南亞國家其實具有非凡的企圖心。對於眞臘，忽必略時或許還不能採取較爲具體的攻擊行動，但在觀念上則已經漸漸成型。因此，沒多久之後，周達觀便隨團出使眞臘，展開訪問的活動，就某種意義而言可以看作是征伐行動的前哨。

對於緬甸、爪哇的情況，大體上都和占城、安南差不多。至元十年時，忽必略派勘馬剌失里、乞帶脫因、劉源三人出使緬甸，並諭遣子弟近臣來朝。〔註39〕至元十九年時以太卜爲右丞，也罕的斤爲參政，領兵攻打緬甸。但正如占城、安南的情形，忽必略都不能將這些東南亞國家納入版圖。爪哇的情形也是如此，至元二十九年時，幾個將領如史弼、阿里、張存、也黑迷失、高興等人，都參與了戰事，但最終也都沒有成功，〔註40〕說明忽必略在東南亞的經營確實有較大的瓶頸。

對東亞戰事的失利，以及對東南亞戰事的不順遂，說明了忽必略一舉滅宋的時代已經逐漸過去，也代表元朝的盛世將進入轉關時期，從忽必略之後，元朝國力開始下降，繼任的君主只能守成，在版圖疆域上不能再有更大的擴充。

因此，忽必略在位期間可視爲元朝的中間點，在此之前，成吉思汗及他的幾個兒子，將蒙古國的版圖擴充到難以想像的範圍，單以版圖擴充而言，是中國歷史最強盛的時代；忽必略之後，雖然正式滅掉南宋，但在版圖的擴展上卻有相當的局限，無論東進或南進都出現問題，只能擁有斷續的臣屬進貢關係。由此來看，繼任忽必略的國君，即元成宗鐵穆耳，在「開疆拓土」這個蒙古國的一貫國策上，面臨的挑戰也就更形巨大。

《元史》書中，以下列文字來總括忽必略的一生：

> 世祖度量弘廣，知人善任使，信用儒術，用能以夏變夷，立經陳紀，
>
> 所以爲一代之制者，規模宏遠矣。〔註41〕

這樣的推崇可謂公允之論。忽必略確實保有蒙古人那種草原的恢宏氣度，而且接納漢人，推行儒術，並以之運用在治國上，彌補蒙古本來缺少較深厚文化的缺憾。可惜的是，並非所有的繼任者都能像忽必略一般度量弘廣，而因爲缺乏更多的專精人才投入，使得政治的改革與推動絕非那麼順遂，加上漢

〔註39〕〔明〕宋濂等撰：《元史》，頁58。

〔註40〕〔明〕宋濂等撰：《元史》，頁113。

〔註41〕〔明〕宋濂等撰：《元史》，頁116。

人勢力始終殘存，元朝國祚終於只維持百年左右，中國政權便又重新回到漢族統治手中。

忽必略後，接下來的重任落在他的孫子鐵穆耳手中，也在這個時候，周達觀隨團出使眞臘，留下了對外異域的珍貴觀察。

第三節　鐵穆耳及其東南亞作爲

周達觀於公元 1295 年奉命前往眞臘，這一年以元朝帝制年號來講，即元成宗元貞元年，也就是鐵穆耳即皇帝位的隔年。雖然周達觀的出使不見得爲國家大事，但時間點的接近卻透露出這個年代中國皇帝對外的思考，而這種思考則是繼承忽必略而來。

一、守成政策

鐵穆耳是忽必略的孫子，從《元史》來看，鐵穆耳即皇帝位也如忽必略一般並非順利，他經過一番鬥爭之後才取得皇位。其實，這種現本來就是蒙古族以軍事權力取決一切的慣例。《元史》記載鐵穆耳於忽必略至元二十四年時，奉命前往征伐合丹，並取得勝利，因此在至元三十年時，受予鐵穆耳皇太子寶，並派在北任督軍。隔年，忽必略去世，蒙古的一些親王、大臣等，派遣使者前往軍中告訴鐵穆耳這個消息。

這個現象說明鐵穆耳是皇位的合理接班人之一，鐵穆耳則於這一年的夏四月回到都城，即是爲了接任皇帝位：

> 夏四月壬午，帝至上都，左右部諸王畢會。先是，御史中丞崔彧得玉璽於故臣之家，其文曰「授命于天，旣壽永昌」，上之徵仁裕聖皇后。至是手授於帝。甲午，即皇帝位，受諸王宗親、文武百官朝於大安閣。〔註42〕

這段文字記錄在《元史》的「本紀」中，敘述較爲平實，省略了太子之間的爭奪情事，而從崔彧只以「得玉璽於故臣之家」便決定了皇位的繼承，說服力也顯得薄弱。因此，有些親王並不服鐵穆耳的即位，《元史》記載此時幸有忽必略朝的元老「伯顏」挺身相護：

> 成宗即位於上都之大安閣，親王有違言，伯顏握劍立殿陛，陳祖宗

〔註42〕〔明〕宋濂等撰：《元史》，頁 117。

> 寶訓，宣揚顧命，述所以立成宗之意，辭色俱厲，諸王股栗，趨殿
>
> 下拜。〔註43〕

伯顏這番作為，也顯見蒙古軍的武士風格。無論如何，最後鐵穆耳成為忽必略的繼承者則是無可懷疑的。

　　因為鐵穆耳的即位略有疑義，而伯顏又陳「祖宗寶訓」，所以鐵穆耳繼位後，施政上採取守勢，也就是維持忽必略的作風，但不敢作較大幅度的修正改易。這點從鐵穆耳即位的詔書也可以見出：

> 尚念先朝庶政，悉有成規，惟慎奉行，罔敢失墜。更賴祖親勳戚，
>
> 左右忠良，各盡乃誠，以輔台德。布告遠邇，咸使聞知。〔註44〕

說明鐵穆耳繼位後，大致上並不違背忽必略所訂定的制度、開創的格局。並且，他試圖平息諸王間的異議聲音，讓諸王在既有的權力範圍中，鞏固鐵穆耳的領導權。因此，鐵穆耳在元朝歷史上代表的意義，可以視為「守成」。《劍橋中國遼西夏金元史》對此的分析如下：

> 鐵穆耳朝的守成性質明顯地表現在主要政府機構的官員人選和重要
>
> 政策兩個方面繼續保持忽必烈晚年的格局。〔註45〕

在官員人選上，例如完澤是以「謹慎和寬厚而不是因為他的才幹而成為朝廷重臣」、「哈剌哈孫則不僅以他的才幹和正直著稱，還以雅重儒術而聞名」、「不忽木成長於官廷中並在國子學中受到理學大師許衡的教育，他是有元一代最有名的非漢人儒士官員。」〔註46〕這些官員所具備的特性如謹慎寬厚、雅重儒術等，都是忽必略朝所採取的推重儒術觀點，鐵穆耳正是大量承襲這點，即位後沒多久，鐵穆耳就下詔「中外崇奉孔子」，〔註47〕更深化加強了這個核心觀點。

　　就闡發儒家學術觀點來看，鐵穆耳的政策是想在政治上發展趨向文治的風格，這點正是蒙古軍所缺乏的。但相對來看，儒術中的平和、典雅觀念，卻正與蒙古軍天生攻掠個性背道而馳，因此對蒙古軍一向以武力征伐的特色，相對產生拉扯的作用。

〔註43〕〔明〕宋濂等撰：《元史》，頁805。

〔註44〕〔明〕宋濂等撰：《元史》，頁117。

〔註45〕〔德〕傅海波、〔英〕崔瑞德編：《劍橋中國遼西夏金元史》，頁504。原撰文者為新加坡大學蕭啟慶先生。

〔註46〕〔德〕傅海波、〔英〕崔瑞德編：《劍橋中國遼西夏金元史》，頁504～505。

〔註47〕〔明〕宋濂等撰：《元史》，頁118。

　　鐵穆耳無法改變這個矛盾點，而鐵穆耳也缺少像成吉思汗及忽必略那種雄才大略，在對外武功上，鐵穆耳並沒有積極的戰功，之所以如此，可能也因爲鐵穆耳看到連忽必略這樣的君王，都在對外戰事上多處顯露敗跡，所以鐵穆耳自然也不敢採取過多的攻勢、耗費過多的資源。

　　最典型的就是對日本的態度，前文已說明忽必略在這點上其實是失敗的，《元史》在忽必略的本紀中還沒有透露太多的醜象，但在〈外夷日本列傳〉時，就顯示了元朝軍隊的不堪：

> 官軍六月入海，七月至平壺島，移五龍山。八月一日，風破舟。五日，文虎等諸將各自擇堅好船乘之，棄士卒十餘萬于山下。
>
> 久之，莫青與吳萬五者亦逃還，十萬之眾得還者三人耳。〔註48〕

這幾乎是全軍覆沒了。對於一個軍隊能夠橫跨歐亞兩洲的大帝國而言，確實非常難看。因此，至元二十年時，當時的右丞相徹里帖木兒和左丞相劉二拔都兒，還想募兵造舟再征日本時，便受到淮西宣慰史昂吉兒上言勸阻，希望不要再發兵日本。

　　其實，忽必略也看到其中難爲，在至元二十三年時也說：「日本未嘗相侵，今交趾犯邊，宜置日本，專事交趾。」〔註49〕這個說法顯示了忽必略在日本一事上想要找台階下的心理因素，但也反映忽必略仍不放棄對外的企圖，只是重心往南移罷了！

　　這樣的想法，鐵穆耳繼承了下來，大德二年時，江浙省平章政事也速答兒再次提及對日本用兵一事時，鐵穆耳的回答是：

> 今非其時，朕徐思之。〔註50〕

這兩句話正是延續忽必略對日本征伐失敗的結論，而且，日後鐵穆耳也不再對日本有任何行動。較值得注意的是，鐵穆耳延續了忽必略的對南行動，因此，出現周達觀等人奉命出使、南向眞臘，並帶回《眞臘風土記》的記錄，正透露了鐵穆耳的某種想法。

二、八百媳婦國

　　在對外征伐政策上，鐵穆耳畢竟沒有忽必略的雄才大略，縱使南向拓展，

〔註48〕〔明〕宋濂等撰：《元史》，頁 1186。
〔註49〕〔明〕宋濂等撰：《元史》，頁 1186。
〔註50〕〔明〕宋濂等撰：《元史》，頁 1186。

也無法像忽必略般將征伐的對象遍及安南、占城、緬甸、爪哇等。鐵穆耳對東南亞較明顯的用兵，只有一個較小的國家，即「八百媳婦國」。在這個事件上，也能反映當時中土對東南亞區域的特定性認知。

八百媳婦國是東南亞一個小國，傳說此國酋長有八百個媳婦，所以有此國名。鐵穆耳的時代，八百媳婦國與中國的關係，和其它國家類似，即有時臣服，有時反叛，關係視權利而定。大德二年時，八百媳婦國就曾叛變，而鐵穆耳則派也先不花帶兵征討，不過，這場戰役並沒有什麼較大的結果。

對八百媳婦國的戰事，較大的一場發生在大德四年時，因為當時行省右丞劉深的建議，必須征討這個小國。因此，鐵穆耳派遣劉深、合剌帶、鄭祐等人出兵征伐八百媳婦國。從《元史》來看，應是鐵穆耳朝對外動員最多的一次兵力與物力：

> 將兵二萬人征八百媳婦，仍敕雲南省每軍十人給馬五匹，不足則補之以牛。〔註51〕

隔年又補了不少軍鈔：

> 給征八百媳婦軍鈔，總計九萬二千餘錠。〔註52〕

並且繼續調遣雲南軍隊及射士協助征討，然而，最後的結果仍然以失敗告終。大德七年時，鐵穆耳終於誅了劉深、合剌帶、鄭祐，而且也罷除雲南征伐東南亞的部隊，以表示鐵穆耳承認對這個政策的失敗結果。〔註53〕

要詳細談到對八百媳婦國的征戰失利，以及當時官員對這個南向政策及對東南小國的觀點的最好資料，可以當時的御史中丞陳天祥所上的一道奏疏為例說明：

> 去歲，行省右丞劉深遠遠八百媳婦國，此乃得已而不已之兵也。彼荒裔小邦，遠在雲南之西南又數千里，其地為僻陋無用之地，人皆頑愚無知。取之不足以為利，不取不足以為害。
>
> 此間西征敗卒及其將校，頗知西南遠夷之地，重山複嶺，陡潤深林，竹木叢茂，皆有長刺。軍行徑路在於其間，窄處僅容一人一騎，上如登天，下如入井，賊若乘險邀擊，我軍雖眾，亦難施為也。又其毒霧烟瘴之氣，皆能傷人，群蠻既知大軍將至，若皆清野遠遁，阻

〔註51〕〔明〕宋濂等撰：《元史》，頁130。

〔註52〕〔明〕宋濂等撰：《元史》，頁130。

〔註53〕事見〔明〕宋濂等撰：《元史》，頁130。

其要害，以老我師，或進不得前，旁無所掠，士卒饑餒，疾病死亡，將有不戰自困之勢，不可不爲深慮也。

且自征伐倭國、占城、交趾、爪哇、緬國以來，近三十年，未嘗見有尺土一民內屬之益，計其所費錢財，死損軍數，可勝言哉！去歲西征，及今此舉，亦復何異。前鑑不遠，非難見也。軍勞民擾，未見休期，只深一人，是其禍本。〔註54〕

陳天祥這道奏疏，本來是針對劉深而來，但所論卻不乏見地。例如陳天祥提到自從忽必略攻滅南宋後，又繼續往南征伐東南亞諸國的行爲，總歸一句話便是失敗，而且勞民傷財，並且，到最後對國家而言，也沒有半點實質上的收穫。這些話可以總結整個忽必略朝對外的行動，終以失敗告終且不值得。

然而，前文已提及對外攻伐是蒙古的首要國策之一，因此忽必略雖然發現二、三十年間的征伐行動是失敗的，但仍執意而行，就在於這是蒙古的基本國性。到了鐵穆耳朝，雖然已經從忽必略那裡記取不少教訓，但對東南亞小國的征伐行動，卻仍然存在。原因之二則認爲東南亞諸國只是夷邦小國，且無文明，因此作爲大國元首，自然有平服夷國的任務。

從陳天祥的奏疏來看，當時中國人士對八百媳婦國，乃至是其它小國，看法應該都差不多，即是「荒裔小邦」。順著陳天祥的奏疏，我們可以得出幾個當時人對荒裔小邦的看法，並且，也發現其中不免充滿錯誤之處：

（一）遠在雲南之西南又數千里：以地理位置而言，陳天祥認爲這些國家遠在雲南西南數千里外。實際當然並非如此，「數千里」的數字顯然是誇大了；

（二）其地爲僻陋無用之地，人皆頑愚無知：這裡充滿華優夷劣的觀點，即認爲東南亞國家大部分皆爲蠻夷之邦，缺乏文明素養。因此，這些國家的大部分百姓，也都是無知的，接近文盲的原始部落；

（三）西南遠夷之地，重山複嶺，陡澗深林，竹木叢茂，皆有長刺：陳天祥並未到過東南亞，但從各地傳來的消息，猜想地理風貌應該如此，此中形容不能全謂爲錯，東南亞地處雨林，樹木的確茂盛，多少符合陳天祥所說；

（四）又其毒霧烟瘴之氣，皆能傷人：這點是中國自古以來的觀念，認

〔註54〕〔明〕宋濂等撰：《元史》，頁 1014～1015。

爲西南夷充滿瘴氣，而且有毒會傷人。這可能也與雨林氣候有關，因爲濕熱的緣故，對於生長在大陸型乾燥氣候的中國人來說，是會產生身體適應上的困難。

以上爲陳天祥對東南亞的認知，但這種認知多半從他人處得知，其中有正確也有錯誤，不過，它卻反映一個現象：要深入知道這個國家的一切，唯有深入其境才能得知。當然，以陳天祥而言，他並不主張去瞭解這些國家，然而對鐵穆耳或其他人而言，卻仍然有一探究竟的企圖，這也就是周達觀會隨使出訪眞臘的原因。

爲什麼會選擇眞臘？《元史》並沒有說明，不得而知，但可能有兩個理由：第一，從之前的史書記載來看，眞臘應該是一個與八百媳婦國不同等級的國家，更值得一探究竟；第二，從一些貿易人士的口中，他們將眞臘形容爲「富貴眞臘」，而這顯然與中國人認爲的夷狄形象有所出入。

我們可以比較周達觀《眞臘風土記》一書所記與陳天祥所述有何差異性？

第一，周達觀在《眞臘風土記》一書中引南宋趙汝适《諸蕃志》說：

> 按《諸蕃志》稱其地廣七千里。〔註55〕

七千里大約等於公制二千八百公里左右，而今日柬埔寨國土全境也不過十八萬平方公里，而附近的寮國則約有二十三萬多平方公里，因此趙汝适的說法，或周達觀的引述，都顯得過於誇大。再由這點來看陳天祥所說的八百媳婦國「在雲南之西南又數千里」的說法，倒也不盡然是隨意的誇大之詞，而應是當時人們普遍對東南亞國家國土大小不熟悉的看法。因此，從《眞臘風土記》等書的記載用語來看，它說明了在十三世紀末時，要詳實掌握一個異域國家的資料，實屬不易，中國人士往往因爲缺乏理解而有誇大的描述。

第二，陳天祥稱八百媳婦國「其地爲僻陋無用之地，人皆頑愚無知。」這種情況和周達觀《眞臘風土記》所記錄的眞臘來看，相差甚遠。眞臘不僅有當時被稱爲「魯班墓」、今日被譽爲世界七大奇跡之一的吳哥寺，而且國家貴族的穿著更是華美至極，並且還有舶來品：

> 國主所打之布，有直金三四兩者，極其華麗精美。其國中雖自織布，暹羅及占城皆有來者，往往以來自西洋者爲上，以其精巧而細美故也。〔註56〕

〔註55〕〔元〕周達觀著，夏鼐校注：《眞臘風土記校注》，頁16。
〔註56〕〔元〕周達觀著，夏鼐校注：《眞臘風土記校注》，頁76。

這樣的穿著及貿易的往來，說明眞臘當時在東南亞稱得上是較先進的國家，和陳天祥所說的八百媳婦國人皆頑愚無知相差天南地北。

當然，眞臘也有野人，《眞臘風土記》中記：

> 野人有二種：有一等通往來話言之野人，乃賣與城間爲奴之類是也；有一等不屬教化，不通言語之野人，此輩皆無家可居，但領其家屬巡行于山，頭戴一瓦盆而走。……其性甚狠，其藥甚毒，同黨中常自相殺戮。〔註57〕

周達觀所記的眞臘這兩種野人，或許與陳天祥所說的八百婦媳國的人接近，不過，從周達觀的敘述來看，這兩種野人都只占極少數，大約是來自較偏僻的鄉下或山林中，因此有時會被賣到城市爲奴，或在山林中過著較原始的生活。然而，眞臘整體而言仍與「人皆頑愚無知」的八百媳婦國是兩個不同世界。

第三，陳天祥認爲八百媳婦國是「重山複嶺，陡澗深林，竹木叢茂，皆有長刺。」說明當地的風貌大致如此。陳正祥本文爲奏疏文章，可能爲了強調八百媳婦國的荒遠而強調它的山林原始景致，但它卻不免讓人覺得東南亞都是這種風貌。若以周達觀《眞臘風土記》中所記錄的山川風貌來看，東南亞除了山林原始外，應還具有多種地理風貌：

> 自入眞蒲以來，率多平林叢木，長江巨港，綿亘數百里。古樹修籐，森陰蒙翳，禽獸之聲，雜遝于其間。至半港而始見有曠田，絕無寸木，彌望芃芃禾黍而已。野牛以千百成群，聚於其地。又有竹坡，亦綿亘數百里。其竹節間生刺，筍味至苦。四畔皆有高山。〔註58〕

很明顯地，周達觀對東南亞的地理風貌描述才是正確的，他提到幾種地形地貌，「平林叢木」指的正是現今東南亞最常看到的地理風貌，地勢較爲平坦，樹木較疏的平原叢林。「古樹修籐，森陰蒙翳」則是標準的茂密雨林，在東南亞也是常見的地貌，較接近陳天祥所記的八百媳婦國的景象。

然而，「曠田，絕無寸木，彌望芃芃禾黍而已」則顯然不是原始雨林了，而是人爲開墾的平原，有良好的農地耕作，間接說明眞臘已經是一個農業大國，文明程度也較高。另外，周達觀所記還有竹林地形、高山地形，反映眞臘擁有的多種地形風貌。

〔註57〕 〔元〕周達觀著，夏鼐校注：《眞臘風土記校注》，頁117。
〔註58〕 〔元〕周達觀著，夏鼐校注：《眞臘風土記校注》，頁140。

　　陳天祥所提的八百媳婦國位於今天寮國北部，地形多半為山地，並覆蓋森林，因而有「印度支那屋脊」的說法，單就這點來看確實接近陳天祥的說法。然而我們從以上的分析可知，陳天祥提及八百媳婦國時，主要是從他人聽聞得來而產生的判斷，但周達觀對真臘的描述，卻是實地記錄所得，因此兩人所記正確與否實高下可見。

　　總之，八百媳婦國和真臘雖同被中國人認為屬於東南亞夷狄之國，但兩國文明程度顯然有所不同，陳天祥的奏疏雖然沒有直接提到真臘，而且也只是為了反對劉深的出兵策略而作出的加強性語言，但多少透露中國的官員對東南亞並非那麼熟悉，而且他們總不可避免「華優夷劣」的傳統觀念，認為東南亞國家大約如此。然而，從前文簡單的討論便能得知，東南亞其實存在遠超中國所能想像的強大國家，例如富庶的真臘，而這個現象是和中國傳統觀念相違背的。最後，對於這麼強大的國家所可能帶給中國的威脅，鐵穆耳應不能坐視以待。

　　況且，既然蒙古軍可以游牧民族身分而橫掃歐亞，那麼，又怎能保證已是富庶強大的真臘不會從南方往北攻伐，甚至消滅中國呢？再者，從忽必烈三十多年的失利征伐行動，都暗示了中國以外的許多國家均不可小覷。因此，一個有為的國君，面對這些較強的國家，實應進行更深入的瞭解，而不能只像陳天祥所說那樣，對他國的認知往往只是模糊的傳聞罷了。

　　我們不得而知鐵穆耳是否有這樣的想法？但從陳天祥後來的遭遇，可以推知鐵穆耳其實並不是那麼在意陳天祥：

> 天祥自被召還京，至是且一歲，未嘗得見帝言事，輸忠無地，常鬱鬱不自釋，又不欲苟糜廩祿，八年正月，移疾謝去。〔註59〕

陳天祥奉公輸忠的精神自然令人敬佩，但鐵穆耳並不接納陳天祥的諫言也是實情。最後，這段歷史以劉深征討八百媳婦國戰敗，而鐵穆耳誅了劉深收場告終。更進一步來說，鐵穆耳對東南亞的征討，也畫下了句點。凡此更證實鐵穆耳的時代，元朝國力已經走下坡，在武功征伐上，鐵穆耳缺乏忽必烈的雄肆戰力；在內政施為上，鐵穆耳繼承忽必烈持續推動薦用漢人與制度，最後，鐵穆耳王朝開創較為平和的朝廷氣象，而這不可避免相對降低國家的戰鬥力。因此，《劍橋中國遼西夏金元史》以「向和平過渡」來概括鐵穆耳王朝，是正確的評價：

〔註59〕〔明〕宋濂等撰：《元史》，頁 1015。

鐵穆耳朝是持續不斷的征伐和大致和平兩個時期之間的有意義的過

渡期。〔註 60〕

可以延伸的思考是，就一個國家或時期來看，和平自然是百姓所企求的，於此，我們可以說鐵穆耳擁有一定的貢獻；但相對來看，對一個王朝的擴展，追求和平往往也就封閉國力，它已經註定元朝的國祚無法長久。元朝，在中國歷史上只能算是一段插曲，它為中國帶來短暫的不同風貌，引進不同的文化思維，但最終仍無法徹底改變中國漢族長久以來的文明現象，正如費正清先生所說：

漢人和三民族習俗像水和油一樣地難以混融。所以，在三朝多民族、

多種語言的政府中，各族仍是按自己的──契丹的、女眞的、蒙古

的──腳本演出。〔註 61〕

這是非常有趣的現象，在元朝短暫的百年歷史中，幾個民族大體上是自各演出自己的腳本，在朝廷中是蒙古人主政，在文化圈中卻是漢人自成的天地，確實是中國歷史上少見的狀況。以本文探討的周達觀來說，他本是漢人，但在職責上則隸屬蒙古政府官員之一，然而，他的意識型態上仍是傳統的漢人思維，他用蒙古政府的經費出使眞臘，但返國後卻以漢人的著作風格完成《眞臘風土記》，這無疑是元朝史上的趣味現象。

因此，周達觀《眞臘風土記》下筆之時，他幾乎已完全忘記他是元朝官員的身分，他的腦海中始終停留在漢人的文化思維上，最後，這種思維影響了《眞臘風土記》的撰述文字，也透露了當時的漢人文化觀。因此，對於周達觀當時所處時代的中國文化及觀念，有必要在下節中加以概括的說明。

第四節　傳統漢華文化觀點與周達觀

前節徵引費正清先生所說：「漢人和三民族習俗像水和油一樣地難以混融。所以，在三朝多民族、多種語言的政府中，各族仍是按自己的──契丹的、女眞的、蒙古的──腳本演出。」極能概括這個時期中國的政治特色，在這點上，中國漢人與蒙古人在對待權力及政治的看法上幾乎是截然相反，

〔註 60〕〔德〕傅海波、〔英〕崔瑞德編：《劍橋中國遼西夏金元史》，頁 508。原撰文者為新加坡大學蕭啓慶先生。

〔註 61〕費正清：《費正清論中國：中國新史》，頁 126。

費正清先生又謂：

> 中國人仍舊預期權威階層以世襲的方式傳承，入侵者卻是按有些民
> 主意味──至少是各部宗王聯合開會──的選舉方式決定繼位者。
> 對中國人而言，法律是一貫的而且具普遍性的，遊牧民族卻是因人
> 而異的──以其人所屬部落的慣行法則處置其人。這樣的差異性致
> 使中央集權不能徹底，也不易形成強大穩固的專制權威。〔註62〕

說明蒙古人與中國人在統治手法的差異性，認爲蒙古人因其游牧部落特性，
不易形成中國以封建爲主的專制權威。

其實，不僅蒙古人與中國人的統治手法有異，在文化思維上也充滿各異
其趣的特色。兩個區域因爲地理條件不一、時空背景不同，他們各自發展自
己的獨特風貌，本屬正常現象。最後，十三世紀時，蒙古人入主中國，掌握
主權，當兩種不同文化思維匯聚一起，不可避免產生融匯或衝突變化。當這
兩個民族或政權遭遇時，粗略來看將產生四種可能：一是蒙古文化融匯了中
國文化，二是中國文化融匯了蒙古文化，三是兩種文化彼此交融，四是兩種
文化彼此爲政。

首先，蒙古人以馬上得天下，卻無法馬上治天下，解決方法只能用漢人、
行漢制。忽必略滅南宋，雖仍對南宋漢人有所防範，但已相當程度施行漢制，
重用許多漢人。因此，第一種可能性較難以成立。

相對來看，蒙古草原部族具有先天征討性格，在這點上，溫文儒雅的中
國文化無法全面感化、融匯蒙古文化，直至今日，蒙古人依然保有一己的文
化風格，漢化的程度並不深。因此，第二種可能性也較難成立。

至於第三種現象則有成立的可能，元朝約一百年左右的統治時期中，兩
種文化必然相互影響是無可懷疑的，這是文化本身的自動發展性，它不必藉
由政治的主導而出現。有元一朝，因蒙、漢交處，它必然產生交融現象，例
如兩族通婚即是最顯著的例子，通婚後，文化產生彼此交融也成爲必然事實，
這點放諸全世界各地都是同樣情形。

然而，第三種可能性仍比不上第四種更加足以形容元朝時的中國文化特
性。簡單來說，蒙古人雖爲主政者，但南宋漢人依然維持前此一千多年以降
的文化思維方式，並沒有太大的變異。中國長遠的、普遍義上的文化概念，
一直如長江大河穩定奔流，傳統儒、道等主要哲學系統的思維方式，其穩定

〔註62〕費正清：《費正清論中國：中國新史》，頁126。

的特質並不因為蒙古他族入主中國而改動，這種現象相當能說明元朝時在中國一地的文化特色。

因此，當本文以《真臘風土記》作為討論對象，雖然周達觀身處元朝，但當提及周達觀的文化觀點時，仍應以中國傳統文化觀或是漢華文化觀為主，中國文化的普遍義遠比蒙古文化思維對周達觀的影響更為深遠而絕對。由此延伸的課題是，十三世紀末時中國華人對異域文化將會採取何種普遍的思維方式？

一、中國文化觀點

中國文化博大精深，自非本文得以詳論。於此，我們只選擇梁漱溟先生《中國文化要義》作為詮釋的開端，此書寫成於公元 1949 年，是同類書籍中的代表作之一，本書也能簡單扼要呈現中國文化的基本現象，書中緒論開頭將中國文化界義如下：

> 文化，就是吾人生活所依靠之一切。如吾人生活，必依靠於農工生產。農工如何生產，凡其所有器具技術及其相關之社會制度等等，便都是文化一大重要部份。又如吾人生活，必依靠於社會治安，必依靠於社會之有條理有秩序而後可。那麼，所有產生此治安此條理秩序，且維持它的，如國家政治，法律制治，宗教信仰，道德習慣，法庭警察軍隊等，亦莫不為文化重要部分。又如吾人生來一無所能，一切都靠後天學習而後能之。於是一切教育設施，遂不可少；而文化之傳播與不斷進步，亦即在此。那當然，若文字、圖書、學術、學校，及其相類相關之書，更是文化了。〔註63〕

不過，梁漱溟先生卻對一般意義上常被納入文化範疇中的音樂、戲劇、文學、藝術等，表示如下看法：

> 然而，若音樂戲劇及一切文學藝術，是否亦在吾人生活所依靠之列？答：此誠為吾人所享受，似不好說為「所依靠」。然而人生需要，豈徒衣食而止？故流行有「精神食糧」之語。從其條暢涵泳吾人之精神，而培養增益吾人之精力以言之，則說為一種依靠，亦未為不可耳。〔註64〕

〔註63〕梁漱溟：《中國文化要義》（臺北：正中書局，1989 年），頁 1～2。
〔註64〕梁漱溟：《中國文化要義》，頁 2。

梁漱溟先生對文化的界義反映了中國知識分子對文化的普遍認知，文中界義文化範圍即「吾人生活所依靠」，並由此來界定文學藝術等是「吾人所享受」，或說是廣義的「可依靠」的範圍。這種講法，對照周達觀《真臘風土記》一書所記及其背後呈現的文化思維，也有符合的現象。

《真臘風土記》一書中，類似耕種、出產、貿易等則，即是屬「農工生產」的範疇。類似官屬、爭訟、國主出入等則，即是屬「社會制度」。類似三教、室女、軍馬等則，即是屬「治安條理」。類似語言、文字等則，即是屬「教育」。然而，《真臘風土記》一書中，確實不太見到音樂、戲劇、文學、藝術的記載，正和梁漱溟先生所說的側重狀況類似。由此可見，梁漱溟先生對文化的界義雖然簡要，但確實可以視為中國傳統的文化普遍界義。

梁漱溟先生在上述界義後，以十四個章節分別陳述中國文化的要義精神，除第一章緒論及第十四章結論不計外，其餘分別為：從中國人的家說起、集團生活的西方人、中國人缺乏集團生活、中國是倫理本位的社會、以道德代宗教、理性——人類的特徵、階級對立與職業分途、中國是否一國家、治道與治世、循環於一治一亂而無革命、人類文化之早熟、文化早熟後之中國。這些章節基本畫出中國文化的模式重點，縱觀元朝時的狀況，基本差異不大。

梁漱溟先生首先論述的中國文化特徵之一，便是中國人對於「家」的看重，特別重視家庭組成、家庭倫理、家庭制度等。其實，「家」的觀念重要性，早在中國古籍《論語》、《大學》中都已強調，如《論語‧學而》中所說：「孝弟也者，其為人之本與」、「事父母能竭其力」、「慎終追遠，民德歸厚」等，〔註65〕都是與家庭有關的條目。又如《大學》中說：「古之欲明明德於天下者，先治其國；欲治其國者，先齊其家；欲齊其家者，先修其身。」〔註66〕更為著名條目，因此，中國文化極為重視家庭觀念，殆無可疑。

因此，中國從孔子以降兩千多年的歷史長河中，家庭觀念或制度雖然有時因時制宜而略作修正，但它的核心價值始終沒有改變，梁漱溟先生說：

> 任何一處文化，都自具個性；惟個性之強度則不等耳。中國文化的
> 個性特強，前於第一章已經陳說。中國人的家之特見重要，正是中

〔註65〕〔周〕：《論語》（臺北：藝文印書館，1982年，重刊宋本十三經注疏），頁5～7。

〔註66〕〔周〕：《禮記》（臺北：藝文印書館，1955年，重刊宋本十三經注疏），頁983。

國文化特強的個性之一種表現。〔註67〕

元朝時，因為種族較複雜，對家庭的組成觀念自不免差異。例如蒙古男子娶妻，可依財力而增加，成為一夫多妻制。至於漢人則仍延襲中國社會傳統，採取一夫一妻制，但部分財力雄厚者可以納妾補傳承上的不足。由夫妻構成的家庭，元朝則襲漢制，在規定上有頗多限制，這些限制通常可以見出傳統儒家觀念的影響：

> 諸父母在，分財異居，父母困乏，不共子職，及同宗有服之親，鰥寡孤獨，老弱殘疾，不能自存，寄食養濟院，不行收養者，重議其罪。〔註68〕

《元史》的敘述和〈禮運大同篇〉有同工之處，但更加強在議罪而言，說明元朝重視子女應對父母孝順，如有不順，應以議罪，從維持社會秩序的角度來看，是非常可取的。

在婚姻上，元制訂定甚為嚴格，目的都是為了讓社會擁有一定人倫秩序，例如：

> 諸男女議婚，有以指腹割衿為定者，禁之。　諸嫁娶之家，飲食宴好，求足成禮，以華侈相尚，暮夜不休者，禁之。　諸男女婚姻，媒氏違例多索聘財，及多取媒利者，諭眾決遣。〔註69〕

以上指出禁止指腹為婚等陋規所可能產生的社會問題，並且要求簡約、不奢華浪費，並強調社會輿論的重要性，讓社會秩序能回到正軌。這些刑法措施，在今天來看都具有正面的意義。

因此，元朝之重視家庭觀念正如中國傳統之重視家庭，是沒有疑義的。這種觀念是中國文化的核心觀點，並與其它國家不同。梁漱溟先生指出，歐美的文化觀便和中國截然不同，中國人重視家庭，歐美則重視集團生活，也因為重視集團生活之故，歐美文化發展出宗教的重要性，超越家庭性，另外，歐美社會也更為重視「公共觀念」、「紀律習慣」、「組織能力」、「法治精神」等，〔註70〕這些領域在中國文化中確實是較為薄弱的一環。

當我們查看《眞臘風土記》中的記載時，也很難發現周達觀在「公共觀

〔註67〕梁漱溟：《中國文化要義》，頁42。

〔註68〕〔明〕宋濂等撰：《元史》，〈刑法志〉戶婚條，頁686。

〔註69〕〔明〕宋濂等撰：《元史》，頁686。

〔註70〕梁漱溟：《中國文化要義》，頁77～78。

念」等方面的著墨。原因有可能是眞臘本身本就缺乏這些領域的概念，但更可能的解釋則是，作爲中國傳統文化產生下的周達觀，他在先天意識上就不曾留意這方面的觀察。

周達觀較留意之處仍會是著重「倫理本位」與「以道德代宗教」一類的觀察，這兩點正是梁漱溟先生所提的中國文化特徵之一。在倫理本位上，梁漱溟先生認爲：

> 吾人親切相關之情，發乎天倫骨肉。父義當慈，子義當孝，兄之義友，弟之義恭。夫婦、朋友，乃至一切相與之人，莫不自然互有應盡之義。倫理關係，即是情誼關係，亦即是其相互間的一種義務關係。〔註71〕

所謂倫理本位是由家庭出發，並可以擴及一切。從家庭關係可以制作成社會結構，而社會結構中最重要的政治、經濟，都將在這樣的關係之下運行維繫。

這種倫理關係本爲中國文化特色，元朝自然繼承，周達觀應當至爲熟悉這種社會關係，因此當他抵達眞臘時，家庭、倫理都成爲觀察的重點。《眞臘風土記》有不少地方都觀察到「人」的問題，周達觀記錄之餘，也略爲流露評價的味道：

> （人物則）國主凡有五妻，正室一人，四方四人。其下嬪婢之屬，
> 聞有三五千，亦自分等級，未嘗輕出戶。〔註72〕

這種現象，和中國皇室狀況幾乎一模一樣。

然而，並非其它處都如同中國，尤其父母對於出嫁女的看法，明顯和中國有異：

> （室女則）人家養女，其父母必祝之曰："願汝有人要，將來嫁千
> 百箇丈夫"。富室之女，自七歲至九歲；至貧之家，則止於十一歲，
> 必命僧道去其童身，名曰陣毯。〔註73〕

這裡所提兩點顯然都跟中國有異：第一，眞臘人以女子未來可嫁多夫爲好事，這和中國倫理強調一夫一妻不同；第二，童女出嫁前，會先讓僧道人士去其童身，這和中國倫理強調女子應守身如玉的觀念，更是懸殊。因此，在中國傳統文化成長下的周達觀，見到如此與自己文化不同的風俗，自然大爲驚訝

〔註71〕梁漱溟：《中國文化要義》，頁96。
〔註72〕〔元〕周達觀著，夏鼐校注：《眞臘風土記校注》，頁101～102。
〔註73〕〔元〕周達觀著，夏鼐校注：《眞臘風土記校注》，頁106。

而將之記錄下來，這顯然是一個與中國傳統價值有許多差異的國家。

從倫理的觀念再出發，梁漱溟先生提到中國文化中有「以道德代宗教」的特色：

> 家族生活、集團生活同最早人群所固有；但後來中國人家族生活偏勝，西方人集團生活偏勝，各走一路。西方之路，基督教實開之；中國之路則打從周孔教化來的；宗教問題實為中西文化的分水嶺。
> 〔註74〕

這段文字簡明畫分中、西文化的分水嶺在於宗教，也無疑義。梁漱溟先生又認為周孔之道其實就在於彰顯一個人應有的人格理想，這種人格理想最後也安排出一種社會秩序以及輿論的制裁壓力。《中國文化要義》中說：

> 於是道德在人，可能成了很自然的事情。除了輿論制裁（社會上循名責實）而外，不像法典有待一高高在上的強大權力為之督行。所謂以道德代宗教者，至此乃完成。〔註75〕

這段文字大體也能導引出中國文化的另一個特色。確實，中國文化對宗教的崇敬，以及由之延伸出來的宗教法律制裁意味，明顯不如西方強烈。另外，對中國傳統的知識分子而言，他們更推崇周孔而較少迷信宗教，諸如唐朝韓愈曾經排佛的例子，都說明中國文化重周孔之道要超過宗教判準。

二、傳統的周達觀

周達觀的思維可視為傳統的文化觀點，當他抵達真臘，居住約一年而於返國後撰成《真臘風土記》一書時，我們很驚訝地發現：今日吳哥最重要的建築，即吳哥寺，在《真臘風土記》一書中竟然只有「魯般墓在南門外一里許，周圍可十里，石屋數百間」等二十個字帶過。「魯般墓」就是吳哥寺，面積宏偉，建築巨大，周達觀在真臘停留一年，他必然經常看到這座不可思議的建築，甚至，他應該時常留意到真臘人在吳哥寺舉行的宗教活動，但這些周達觀在書中都不曾提及，這無疑是耐人尋味的事情。

理由之一即周達觀根本就對宗教不感興趣。以吳哥寺而言，這座廟宇供奉的主神為印度教三大神之一的保護神毗濕奴，這對來自中國的使節來說，可說是一個全新的宗教神祇，周達觀不認識毗濕奴及其教義是很可以理解

〔註74〕梁漱溟：《中國文化要義》，頁 113。
〔註75〕梁漱溟：《中國文化要義》，頁 143。

的。然而，照理說周達觀有很長的時間可以慢慢理解這個重要神祇，但周達觀對它完全沒有興趣，就一個知識分子應當廣博求知的角度來說確實難以理解。

　　姑且不論印度教，即以長期流傳在中國的佛教來說，周達觀在《眞臘風土記》也缺乏相當的討論。眞臘最重要的兩個宗教，除印度教外，另有與中國類似的佛教，周達觀抵達眞臘時，當時國教即爲佛教。在眞臘，佛教也反映在寺廟建築與雕刻上，例如《眞臘風土記》中提到的「金塔」即是今天的「巴戎寺」，在當時即爲佛教廟宇，然而周達觀仍只以數十字記錄金塔：

> 當國之中有金塔一座，傍有石塔二十餘座，石屋百餘間，東向有金橋一所。〔註76〕

實在過於簡略，同樣是一個外國人關於巴戎寺的記錄，西方的洛提記錄的詳細與描繪的觀感均截然不同於周達觀：

> 50個大小不一的石塔前後排列，50個神奇的松果集結成一捆，矗立在市區那麼大的台座上，幾乎是一個挨著一個，簇擁著正中央的那座高塔，此塔高約有六、七十公尺，統領整個地區，頂上開著金蓮花。這些高聳的四面佛塔，各自擁有凝視四方每個角落的佛像，全都帶著低垂的眼皮，嘲諷的同情混著微笑；簡直糾纏不休，一個個再三重複著吳哥神祇的無所不在。〔註77〕

比對周達觀《眞臘風土記》的記錄，將發現十三世紀的中國人與二十世紀的西方人在面對同一座建築時，會產生多大差異的觀察切入點。洛提並非佛教徒，但他刻意觀察了佛教這個宗教，以及由之產生的美學，除了讓讀者較爲詳細地瞭解巴戎寺外，也能感受面對巴戎寺時的心境。然而，周達觀在這些方面都忽略不提，從中可知周達觀對眞臘的宗教實在不予在意，他並不想瞭解印度教或是佛教對眞臘百姓的教化意義，他只關心當地的人倫或風俗，這不正反映了梁漱溟先生所說的中國文化特色之一是「以道德代宗教」的說法嗎？

　　限於篇章，本文只再引述梁漱溟先生所說中國文化特色之一爲「階級對立與職業分途」，略作說明。梁漱溟先生說：

> 中國社會是倫理本位，與西洋之往復於個人本位社會本位者，都無

〔註76〕〔元〕周達觀著，夏鼐校注：《眞臘風土記校注》，頁44。
〔註77〕〔法〕Bruno Dagens 著，馬向陽譯：《吳哥窟 失落的石頭之林》（臺北：時報出版社，2003年），書中引洛提《吳哥的朝聖者》語，頁148。

> 所似。但倫理本位只說了中國社會結構之一面，還有其另一面。此
> 即在西洋社會，中古則貴族地主與農奴兩階級對立，近代則資本家
> 與勞工兩階級對立。中國社會於此，又一無所似。假如西洋可以稱
> 爲階級對立的社會，那麼，中國便是職業分途的社會。〔註78〕

對中國而言，「職業分途」的現象確實比「階級對立」來得更能解釋中國社會
現象。雖然在周孔時代有所謂「君君、臣臣、父父、子子」的說法，但它與
西方的階級觀並不相同，而更可視爲是職業分途。周達觀所處的元朝社會，
蒙古人雖將百姓分成四種等級即「蒙古人、色目人、漢人、南人」，爲的是方
便管理及權益畫分。但在民間，百姓實際上的階級畫分標準仍是以職業爲主，
前文所提鄭思肖所引當時人們畫分階級爲「一官、二吏、三僧、四道、五醫、
六工、七獵、八民、九儒、十丐」，顯然就是從職業來畫分的，以職業判別高
下的意味非常強烈。

　　周達觀《真臘風土記》描述真臘的情況，也注意了朝廷中的等級畫分，
並反映了職業分途的現象。例如真臘官屬的現象是這樣的：

> （官屬則）國中亦有丞相、將帥、司天等官，其下各設司吏之屬，
> 但名稱不同耳。皆國戚爲之，否則亦納女爲嬪。其出入儀從各有等
> 級。〔註79〕

這種現象和中國的差異並不大，雖有階級之分，但卻不同於西方地主與農奴
對立、資本家與勞工對立的現象。就此來看，真臘其實較近於中國。

　　除了朝廷官屬畫分外，周達觀《真臘風土記》頗多篇章都反映了「職業
分途」的現象，周達觀記錄許多分途的職業，例如「官屬」的政府官員、「室
女」的僧道、「耕種」中的農漁業、「貿易」中的商業、「醞釀」中的製酒業、
「蠶桑」的蠶桑業、「舟楫」中的交通製造業等，都被多方的記錄下來。因爲
周達觀習於「職業分途」的中國文化特色，當他下筆爲文時，自然套用在對
真臘的觀察書寫。

　　總之，元朝時期雖爲蒙古人所統治，但中國普遍的文化要義與精神始終
存在元朝漢人之中，尤其是知識分子中，他們並不因改朝換代而太大改異。
作爲元朝治下的周達觀，雖服務於元朝政府，但他的思維仍是中國傳統式的，
當他來到異域真臘，要對這個國家作記錄時，也就不可避免在筆下顯露中國

〔註78〕梁漱溟：《中國文化要義》，頁 167。
〔註79〕〔元〕周達觀著，夏鼐校注：《真臘風土記校注》，頁 92。

傳統文化的精神與思維，著墨上較爲側重與中國文化相關部分，相對忽略其它部分。對於周達觀側重的部分，我們可以拿之與中國相較，觀察十三世紀時真臘異域與中國有何不同？而對於周達觀所忽略的，我們也可以進一步補充說明，這些將在下文進一步討論。

第三章　周達觀與《眞臘風土記》的初步討論

第一節　周達觀其人

周達觀於《元史》中無傳，也缺乏相關的文字記錄，所以要對周達觀作出詳細的說明，已經不可能。本文只能從周達觀所處的時代、家鄉、交往等，約略窺見其人背景。

周達觀的生平，僅在《四庫全書總目提要》卷七十一中提及：

> 《眞臘風土記》一卷，元周達觀撰。達觀，溫州人。……元成宗元
> 貞元年乙未，遣使招諭其國，達觀隨行，至大德元年丁酉乃歸，首
> 尾三年。……達觀作是書成，以示吾邱衍。衍爲題詩，推挹甚至。
> 見衍所作《竹素山房詩集》中，蓋衍亦服其敘述之工云。〔註1〕

這段記載講到五個方面：一、周達觀所生長的時代：元代；二、周達觀的家鄉：溫州永嘉；三、周達觀的職業：隨行副使；四、周達的交遊：吾邱衍；五、周達觀的著作：《眞臘風土記》。以下分別從這五方面，擴充討論。

一、時　代

周達觀生長於元朝，但不能確定生卒年代。然而，從《眞臘風土記》總敘中所記：

〔註1〕〔清〕永瑢等撰：《四庫全書總目提要》，頁2～534～535。

> 元貞之乙未六月，聖天子遣使招諭，俾余從行。以次年丙申二月離
> 明州，二十日自溫州港口開洋，三月十五日抵占城。中途逆風不利，
> 秋七月始至，遂得臣服。至大德丁酉六月回舟，八月十二日抵四明
> 泊岸。〔註2〕

可以整理出幾個時間點：

　　周達觀是在元成宗元貞元年六月，即公元 1295 年左右接到前往眞臘的命
令，隨後以八個月左右的時間進行準備工作，而於元貞二年，即公元 1296 年
3 月 24 日從溫州出發。經過大約一個半月，於公元 1296 年 4 月 18 日抵達東
南亞的占城，也就是越南。抵達占城後，又花了三個多月時間才抵達眞臘。
周達觀在眞臘停留約一年的時間，而於大德元年六月，即公元 1297 年時決定
回國，花了將近兩個月時間，於公元 1297 年 8 月 30 日抵達國門，即今浙江
的寧波。

　　因此，周達觀與眞臘之間的關係，可以簡略從公元 1296 年算起，到公元
1297 年。然而，這仍不能讓我們知道周達觀更清楚的生平。幸而，除了上述
資料外，周達觀曾爲當朝的林坤所著的《誠齋雜記》作序，在序後提到：

> 太史諱坤，字載卿。丙戌嘉平望日，永嘉周達觀撰。〔註3〕

這一年按夏鼐先生的說法是：

> 按元順帝至元六年丙戌，即公元 1346 年，上距隨奉使出洋眞臘之年
> （1296 年），已閱五十年。推知周達觀爲《誠齋雜記》撰此序言時，
> 已是年逾古稀之老翁矣。〔註4〕

其實，林坤在撰《誠齋雜記》時，已經看過並引用周達觀《眞臘風土記》的
文字：

> 眞臘有石塔，塔中一銅臥佛，臍中常有水流，味如中國酒，易醉人。
>
> 〔註5〕

這段文字引自《眞臘風土記》第一則「城郭」，證明林坤是讀過《眞臘風土記》
的。

　　以這個時間點往前推算，則周達觀當年奉命隨使到眞臘時，應該還只是

〔註2〕〔元〕周達觀著，夏鼐校注：《眞臘風土記校注》，頁 16。
〔註3〕〔元〕林坤：《誠齋雜記》（臺北：新文豐出版社，1985 年，《叢書集成新編》
　　　　第八十二冊），頁 616。
〔註4〕〔元〕周達觀著，夏鼐校注：《眞臘風土記校注》，頁 188。
〔註5〕〔元〕林坤：《誠齋雜記》，頁 617。

一個二十歲出頭的青年罷了！這個年紀，再加上周達觀又爲「南人」，〔註6〕
因此除非特別優秀，否則周達觀是不可能擔任外交正使，甚至也不能稱上副
使，而只能是隨團出使罷了。因此，《元史》中沒有周達觀的傳記很容易理解，
並且很有可能，周達觀在出使眞臘後，也沒有較好的仕途發展，歷經五十年
而爲林坤《誠齋雜記》作序，也反映了周達觀可能只在隨團出使眞臘後，在
中國擔任一個平常的公務員，或是傳統的讀書人身分地位。

　　小結以上說明，可知周達觀生長的年代，約爲從蒙古滅宋後不久，至元
朝結束前不久，時代約與元朝相當。

二、家　鄉

　　周達觀的家鄉，《四庫全書總目提要》稱他爲「溫州人」，而《誠齋雜記》
序中自記爲「永嘉」。廣義來稱，溫州即是永嘉，位於今天浙江省。狹義來稱，
則今日溫州爲市，永嘉爲縣，溫州更爲接近甌江出海口，而永嘉則位於甌江
北側。在《元史‧地理志》中錄有溫州路：

> 溫州路，唐初爲東嘉州，又改永嘉郡，又爲溫州。宋升瑞安府。元
> 至元十三年，置溫州路。戶一十八萬七千四百三，口四十九萬七千
> 八百四十八。領司一、縣二、州二。
>
> 錄事司。
>
> 縣二：永嘉，樂清。
>
> 州二：瑞安州。唐瑞安縣，宋因之。元元貞元年，升州。　平陽州。
>
> 唐平陽縣，宋因之。元元貞元年，升州。〔註7〕

這種分法也大致與今天浙江省溫州市的行政區域類似。

　　溫州或永嘉在中國文化史上的特色可以從幾個著名人物來觀察，例如詩
壇中的南朝詩人謝靈運以及宋朝時的「永嘉詩派」、思想界中南宋時以葉適爲
主的「永嘉學派」、畫壇中元朝四大畫家之首的黃公望，均是永嘉著名的人物。

　　其中，謝靈運因受永嘉山水感動，在此創作了當時流行的山水文學，極
盡刻畫山水風貌，例如〈初去郡〉詩：「溯溪終水涉，登嶺始山行。野曠沙岸
淨，天高秋月明。憩石挹飛泉，攀林搴落英。」〔註8〕呈現的是一種較爲清新

〔註6〕　所謂「南人」指的是元滅宋後的漢人，在蒙古四階級的畫分中，屬於地位最
　　　　低的一層百姓。

〔註7〕　〔明〕宋濂等撰：《元史》，頁398。

〔註8〕　〔晉〕謝靈運著，魯迅編：《謝靈運集》（上海：古籍出版社，1986年），頁

的山水風格，將與山水有關的景物如明月、飛泉等書寫進來，讓讀者也能感受其中的清新感受。

　　永嘉一地及其附近不僅詩風盛行，也相當程度反映在繪畫的成就上。元朝最常被畫史提及的畫家，如四大家之黃公望、倪瓚、吳鎮、王蒙，以及趙孟頫等，其中除倪瓚爲江蘇無錫人外，黃公望從小就過繼到永嘉黃氏家，吳鎮爲嘉興人，王蒙及趙孟頫均爲湖州人。嘉興、湖州在永嘉之北，都屬浙江省。

　　因爲缺乏資料記載，我們無法瞭解周達觀是否曾跟這些文藝界人物來往？但基本上，周達觀和上述元朝畫家的活動年代是相當的，而如果再論及元代散曲大家張可久的話，他於公元 1270 年生於浙江寧波，卒於公元 1348 年，生長年代幾乎和周達觀重疊。因此，周達觀縱使不曾與這些人物來往，但因都屬浙江人，年代也接近，周達觀應該聽過這些人，以及他們的文藝成就。

　　另外，永嘉一地在哲學史的特色，乃爲以葉適爲主的「永嘉學派」，這派學術是南宋時期與朱熹、陸九淵等較爲不同的哲學流派。簡單而言，永嘉學派較強調功利，可能也與永嘉地區自來就是貿易城市，有海港之利，因此在哲學觀念上，也能發展與商業功利相映的思想，這也進一步說明了永嘉一地的地方色彩。

　　小結來說，周達觀正是這個同時兼具文藝繁榮與商業興盛的永嘉人，具有一定的文藝素養，及具備對外商業交通的視野，而這或許也是周達觀被選爲出使異國的隨團使節原因之一。

三、職　業

　　周達觀爲溫州永嘉人，此地位處海港，擁有貿易便利。前段推測周達觀應該具有相當的對外知識，所以被選爲隨團使節，從上引僅有的記錄來看，這大約是周達觀二十歲左右的工作。

　　既然只是隨團副使之一，可見並不具有太大的重要性。按元朝制度，出國使節官員列位於「招討司」，在官位爲正三品。其中又有上萬戶府，管軍七千人，以及萬戶一員，都是正三品，出使時佩帶虎符。另有副萬戶一員，則爲從三品，也是佩帶虎符。再下，則爲中萬戶府，管軍五千人，萬戶一員，則是從三品，出使佩帶虎符。另有副萬戶一員，則是正四品，出使只佩金牌。

24～25。

〔註9〕然而不管從那個方面來看，周達觀應該都不可能是以上官銜，隨團出使時自然身上也沒有佩帶虎符或金牌。

不過，《眞臘風土記》中倒是有提到曾經前往眞臘鄰國占城的正使：

> 聖朝誕膺天命，奄有四海。唆都元帥之置省占城也，嘗遣一虎符萬戶，一金牌千戶，同到本國，竟爲拘執不返。〔註10〕

這裡唆都所遣的使節佩帶的即是萬戶虎符。關於這點，夏鼐先生也有進一步的考證說明如下：

> 唆都所遣往眞臘之使節，未詳姓名。伯氏新注云《元史‧占城傳》謂至元十九年十二月（1283 年 1 月）招眞臘國使速魯蠻請往招諭占城（卷 210）。此速魯蠻或即唆都所派之使節，其前往眞臘或在至元十八年（1281 年）十月庚戌。據《元史‧世祖本紀》，是日詔諭干不昔來歸附。（卷 11）干不昔即柬埔寨之異譯。速魯蠻（即速剌蠻）其人亦見于《元史》卷士一，十七年十二月戊寅（1281 年 1 月 2 日）條，謂"以奉使木剌由國速剌蠻等爲招討史，佩金符"。當此時，其階級尚爲金符千戶。由木剌由國歸後，乃再奉使赴眞臘。眞臘歸後，又請往招諭占城。但周氏謂唆都所派往眞臘之使節，"竟爲拘執不返"。而速魯蠻使眞臘之後不久，尚再往占城。可見唆都所派者當爲別人，並非速魯蠻。否則，當由于周氏將奉使他國被執未返之使節，誤與使眞臘者混爲一談。〔註11〕

這段分析極精采，說明兩點重要狀況：（一）元朝在周達觀的年代已積極經營東南亞，雖未見出使眞臘正使的記載，但至少有佩虎符的萬戶使前往；（二）此人官階不低，但可能被眞臘所拘，竟然不能返國，說明眞臘在某種程度對元政府的挑戰味道。由以上兩點可以補充說明：（一）招討使官階甚高，不是佩虎符就是佩金牌，而周達觀均不能達到這個標準，所以只是隨從人員；（二）因爲眞臘的挑戰意味，所以元成宗時再度遣使到眞臘，除了訪問性質外，也有宣揚國威的味道。因此，《眞臘風土記》中說：「元貞之乙未六月，聖天子遣使招諭，俾余從行。」〔註12〕指的就是這個情況。

〔註 9〕〔明〕宋濂等撰：《元史》，頁 602～603。
〔註10〕〔元〕周達觀著，夏鼐校注：《眞臘風土記校注》，頁 16。
〔註11〕〔元〕周達觀著，夏鼐校注：《眞臘風土記校注》，頁 39。
〔註12〕〔元〕周達觀著，夏鼐校注：《眞臘風土記校注》，頁 16。

　　小結以上所說，周達觀僅是當時招討使下的一員隨使，並無太大的重要性。然而，我們仍不能因此否定這員隨使回國後撰成的《眞臘風土記》一書的價值。

四、交　遊

　　如第二小段所說，周達觀和當代文化界人物如黃公望、趙孟頫、王蒙、吳鎮、張可久等人約爲同時代，並且都居住在浙江省一帶，但不知他們彼此間是否有交遊的情形？從現有資料來看，周達觀可考的交遊對象僅有一人，即吾邱衍。另有一個周達觀曾提及，但可能並未謀面的林坤。

　　關於吾邱衍，《四庫全書總目提要》中說：

> 達觀作是書成，以示吾邱衍。衍爲題詩，推挹甚至。見衍所作《竹素山房詩集》中，蓋衍亦服其敘述之工云。〔註13〕

這段記載讓我們知道周達觀在寫成《眞臘風土記》後，便出示給吾邱衍看，而吾邱衍對《眞臘風土記》也非常推崇。

　　吾邱衍又稱爲吾衍，生卒年代爲公元 1268 年至 1311 年，是元朝有名的書法家、篆刻家。主修《元史》的宋濂在〈邸衍傳〉說：

> 衍通聲音律呂之學，善效李賀詩。工隸書，尤精於小篆。〔註14〕

而王禕的〈吾丘子行傳〉中也有類似的說法：

> 行嗜古學，通經史百家言，工於篆籀，其精妙不在秦唐二李下，而於音律尤精。然性放曠不事檢束。〔註15〕

而比吾邱衍稍晚的陶宗儀在《南村輟耕錄》說得更仔細：

> 吾子行先生衍，太末人，大父爲宋太學諸生，因家錢唐。先生曠放，高不仕之節。……兼通聲律呂之學，工篆書。初，先生年四十未娶，所知宛丘趙君天錫。〔註16〕

從前面諸人的記錄推論得知，周達觀返國寫成《眞臘風土記》時約爲公元 1298 年，大約只是二十出頭的年紀。吾邱衍這時大約也不過是 30 歲左右，因此，周達觀應比吾邱衍略小一些，但兩人都屬於年輕人，也都居住在中國東南一帶，可能吾邱衍在文藝界上已經有較好的名聲，因此周達觀將《眞臘風土記》

〔註13〕〔清〕永瑢等撰：《四庫全書總目提要》，頁 2～535。

〔註14〕〔元〕宋濂：〈邸衍傳〉（臺北，藝文印書館，1971 年，《叢書集成三編》第十八輯，吾邱衍：《竹素山房集》附錄），頁 3。

〔註15〕〔元〕王禕：〈吾丘子行傳〉，同前註，頁 3。

〔註16〕〔元〕陶宗儀：《南村輟耕錄》（北京：中華書局，2008 年），頁 76。

出示給吾邱衍，大概是希望能得到吾邱衍的欣賞。

《四庫全書總目提要》說吾邱衍對《眞臘風土記》推挹甚至，而吾邱衍也送了周達觀三首詩，表達推崇的意思：

〈周達可隨奉使過眞臘國作書紀風俗因贈三首〉

裸壤無霜雪，西南極目天。豈知雲海外，不到斗牛邊。異域聞周化，奇觀及壯年。揚雄好風俗，一一問張騫。

絕域通南舶，炎方接海濤。神化比徐黻，使者得王敖。異俗書能記，夷音孰解操。相看十年外，回首興滔滔。

漢界踰銅柱，蠻邦近越裳。遠行隨使節，蹈海及殊方。鴂舌勞重譯，龍波極大荒。異書君已著，未許劍埋光。〔註17〕

從詩意來看，吾邱衍以揚雄、張騫、徐黻、王敖等人來比論周達觀，自然是對周達觀的推崇。而「裸壤無霜雪，西南極目天」等句子，也說明了吾邱衍透過《眞臘風土記》，可以遙想眞臘等國的異域風光。然而，作爲中國傳統知識分子，吾邱衍也以「蠻邦」、「鴂舌」等傳統說法來形容眞臘，仍無法客觀大方地接受眞臘擁有偉大文明的事實。這三首詩主要是在讚嘆周達觀將這樣的奇風異俗記錄下來，並期許周達觀「鴂舌勞重譯」，即能進一步對眞臘有深入的研究了解。然而，單從這三首詩來看，吾邱衍對眞臘的了解其實仍是非常有限。

關於林坤，也是元朝人，周達觀曾經提到他，但從文字上看不出周達觀曾經與林坤會面：

余家藏《誠齋雜記》，記事甚奇，目所未見者什九，第不著集者姓名。近覽《孤穴餘編》，有會稽林太史載卿者，少好程朱之學，以誠意爲入道之要訣，故額其齋曰誠。……祇以其中多艷異事，非宿士所宜述，故遂隱其名。昔孔子刪詩，淫奔仍載，釋迦說法，摩登弗遺，安在其諱。〔註18〕

從上文中可知，周達觀考訂了《誠齋雜記》是林坤的著作，因此也爲它補了一篇序。之所以補序的原因，則在於其中所記錄的事情，都新奇怪異，而且是周達觀所不曾見過的。然而，林坤所記的這些訊息，因爲有許多都是傳統儒道之士不喜歡的艷異事，所以書成以後，編輯人的名字也不太爲人知。不過，周達觀倒是有較爲開放的胸襟，認爲這些仍是珍貴的風俗資料，應該還是要予以彰

〔註17〕〔元〕吾邱衍：《竹素山房集》，頁4。
〔註18〕〔元〕林坤：《誠齋雜記》，頁616。

揚。這時周達觀已經是七十歲的老翁了，但從周達觀對《誠齋雜記》表現的重視，可以知道周達觀倒非腐儒書生，較能接受與傳統不一的新知。

這種想法可以看成是一直延續《真臘風土記》而來的結果，當周達觀看到《誠齋雜記》所記頗多風俗現象時，不免產生心有戚戚的感受。我們也可猜測，周達觀在撰成《真臘風土記》到爲《誠齋雜記》補序的這五十年時間中，應該仍持續關注著奇風異俗的消息。可惜的是，這五十年間周達觀的所有著作都已消失不見，令人遺憾。

可以附帶一提的是，《誠齋雜記》一書中，也偶爾地記錄了真臘的情形：

真臘王身嵌聖鐵，縱使利刃斫之不能爲害。〔註19〕

這裡所說大概就是所謂的「護身衣」，以金屬製成，所以可以抵擋刀刃。類似的記載在《真臘風土記》中並沒有看到，可以聊備一說。然而，因爲林坤不曾到過真臘，所以就真實性來講，自然也沒有周達觀的信度來得高了。

小結以上所說，周達觀一生約長達七十年左右，交遊狀況資料稀少，只得吾邱衍一人，稍微可惜。

五、著　作

周達觀的著作，除前段所引替林坤《誠齋雜記》所寫的序外，就是《真臘風土記》了。根據夏鼐先生的考證，這本書在元朝時已經有抄本，而到今天則約有十餘種的版本，有優有劣。〔註20〕

前段也曾說過，周達觀可能還有別的著作，但早已不可考，因此，《真臘風土記》成爲了解周達觀最重要的一本書。而且也因《真臘風土記》的重要性，進一步成爲了解十三世紀時，中國華人對海外異域觀察的一本書。

總之，因爲周達觀生平資料過於缺乏，本文只以相關資料旁敲側擊，試圖勾勒出周達觀的可能形象，但要瞭解周達觀及其著作，最主要的仍應從《真臘風土記》文本來探討。

第二節　《真臘風土記》其書

前節說過，《真臘風土記》是周達觀唯一一本著作。關於這本書，因屬地

〔註19〕〔元〕林坤：《誠齋雜記》，頁620。
〔註20〕見夏鼐《真臘風土記版本考》一文，收於《真臘風土記校注》，頁191以後。

理遊記一類，在中國以經史爲正統主流的學術領域裡，並不受到特別的重視，但在今日，因世界成爲一村，而細部的學術也相對重要的情況下，《眞臘風土記》因此也取得高度的重視，反而成爲當代名著之一。

一、著作年代與記錄對象

關於周達觀的《眞臘風土記》，夏鼐先生在《眞臘風土記版本考》一文中有簡單的概括說明：

> 元朝初年周達觀奉使到眞臘國（今柬埔寨）；歸後，他把所見聞的該國風俗記下來，寫成《眞臘風土記》一書。這書是研究當時眞臘國風俗和它同中國交通關係的重要參考書，受到了中外學者的重視。〔註21〕

這段概括文字說明了幾個關於《眞臘風土記》的重點敘述：（一）此書寫作的年代是在元朝初年。（二）此書的作者是元人周達觀。（三）此書記錄的對象是當時名爲眞臘，今名爲柬埔寨的國家。（四）此書記錄的內容主要以風俗爲主。（五）此書除了研究眞臘風俗外，也可以看成是中、眞之間的交通參考書。（六）此書在今天受到中外學者的重視。

夏鼐先生是截至目前爲主，國人校注研究《眞臘風土記》最詳最實的學者，因此，本節的梳理方式，基本上依前段引文作說明。也因夏鼐先生對《眞臘風土記》的考證詳實，本書中所引用的《眞臘風土記》原文，均依夏鼐先生的《眞臘風土記校注》爲主。

首先，《眞臘風土記》一書成於元朝初年，應無疑義，這點在《眞臘風土記》一書總敘已經明言，前文也已初步探討。總敘中提及周達觀隨團出使眞臘返國的時間爲元成宗大德元年八月十二日，即公元 1297 年 8 月 30 日，若以返國後一年寫成，則《眞臘風土記》成書的年代可定爲公元 1298 年。

其次，《眞臘風土記》一書的作者爲周達觀，也沒有疑義，只是不同的著錄處，字有差別。首先，在《四庫全書總目提要》記錄爲「《眞臘風土記》一卷，元周達觀撰。」〔註22〕而在清朝錢曾的《讀書敏求記》則記錄爲「周建觀《眞臘風土記》一卷。」〔註23〕這裡的「建」字應該是「達」字的誤書。而在清朝

〔註21〕〔元〕周達觀著，夏鼐校注：《眞臘風土記校注》，頁191。

〔註22〕〔清〕永瑢等撰：《四庫全書總目提要》，頁2～534。

〔註23〕〔清〕錢曾：《讀書敏求記》：「建觀自元貞乙未，隨使招諭眞臘，至大德丁酉始歸。述其風土國事甚詳，是冊從元鈔校錄說海中刻者牴牾錯落，十脫六七，幾

孫詒讓的《溫州經籍志》則記錄爲「周草庭《眞臘風土記》，元貞元年隨使諭眞臘時所作。」〔註24〕這裡的「草庭」應爲周達觀的字號。另外前引吾邱衍所撰贈詩三首則記錄爲《周達可隨奉使過眞臘作書紀風俗因贈三首》，這裡的「達可」應該是「達觀」的又名。而夏鼐先生校注《眞臘風土記》所依的底本《古今逸史》則記錄爲「元永嘉周達觀撰」，並考訂在其它版本，另有夾注「號草庭逸民永嘉人」等字，〔註25〕這裡的「草庭逸民」爲周達觀的號。

因此，綜合以上著錄及版本來看，可以確認《眞臘風土記》一書爲周達觀所撰，另外周達觀還有周達可的別名，字號則爲草庭逸民。

第三，《眞臘風土記》一書所記自然是眞臘這個國家，而這個國家大體上也就是今天的柬埔寨。《眞臘風土記》總敘開頭說：

> 眞臘國或稱占臘，其國自稱曰甘孛智。今聖朝按西番經，名其國曰
> 澉浦只，蓋亦甘孛智之近音也。〔註26〕

這裡提到四種國名：眞臘、占臘、甘孛智、澉浦只。其中，「眞臘」一名應無疑義，就是周達觀當時抵達的這個國家的稱號。其次，周達觀當時也聽聞眞臘這個國家又有「占臘」的說法，而「甘孛智」則是眞臘當地的語言說法。另外，周達觀引用所謂的《西番經》，認爲書中的「澉浦只」也是「甘孛智」的近音。之所以有這麼多不同的名辭，應是翻譯之故，上述甘孛智、澉浦只，都接近今日的柬埔寨譯音。其實，從《明史》一書來看，元朝的甘孛智到了明朝，已稱爲柬埔寨：

> 其國自稱甘孛智，後訛爲甘破蔗，萬曆後又改爲柬埔寨。〔註27〕

不論如何，周達觀隨團出使時，是到眞臘一國則無可疑。關於眞臘，在中國史書中最早出現的是《隋書》中的〈眞臘傳〉，隨後的《唐書》、《宋書》也有記載，但資料仍不夠詳細，因此《四庫全書總目提要》這麼推論：

> 眞臘本南海中小國，爲扶南之屬，其後漸以強盛，自隋書始見於外
> 國傳。唐宋二史並皆記錄，而朝貢不常至，故所載風土方物往往疎

不成書矣。」（臺北：藝文印書館，1966年，《百部叢書集成初編》第六十輯），頁55。

〔註24〕〔清〕孫詒讓著，潘猛補校補：《溫州經籍志》（上海：上海社會科學院出版社，2005年），頁512。

〔註25〕〔元〕周達觀著，夏鼐校注：《眞臘風土記校注》，頁15。

〔註26〕〔元〕周達觀著，夏鼐校注：《眞臘風土記校注》，頁15。

〔註27〕〔清〕張廷玉等撰：《明史》（北京：中華書局，1997年），頁2149。

略不備。〔註28〕

這樣的說明到了明人修《元史》時更加明顯，《元史》中根本未立眞臘傳。當然，這並不意味眞臘在元朝便沒有與朝廷的關係存在。事實上，經由前章的部分推論，我們也可以知道眞臘與元朝廷的關係，也和《四庫全書總目提要》所說的「而朝貢不常至」相同，而對元朝一向以對外征伐爲基本國策的作風而言，總是難以忍受，因此，周達觀隨團出使，除了訪問性質外，恐怕也帶有某種宣示招諭意味。

第四，《眞臘風土記》一書所記的內容主要以風俗爲主，這點從書名便可得知。在《四庫全書總目提要》中也是如此說法：

　　諳悉其俗，因記所聞見爲此書，凡四十則，文義頗爲賅贍。〔註29〕

從周達觀出發到回國，包含資料準備、實地所聞見，前後大約是三年時間，對於認識一個國家，雖不能算長，但也不算短，因此《四庫全書總目提要》說「諳悉其俗」，是對周達觀的肯定說法。也因爲「諳悉其俗」，所以「文義頗爲賅贍。」

然而，此處仍不免有疑義，即以出發的動機而言，周達觀因爲是隨團出使，因此最強烈的動機應該是考察政治生態，其次則應該是經濟與軍事，最後才應該是民俗風情。但從《眞臘風土記》所記四十則看來，關於政治、軍事記載的部分只占極少部分，而關於經濟的記錄，也大多是從風俗的觀察而來，這裡無疑仍有詮釋的空間。

可能原因之一，或許因爲周達觀並非正使，而只是一個幕僚，或是見習員罷了！因此，主要的考察報告還輪不到周達觀來書寫，而可能當時另有正式記錄，但已經失傳。周達觀因職位較低，加上只是二十出頭的年輕人，見識等各方面都尚未成熟，對政治的分析、軍事情勢的判斷等，都還不到足以擔當大任的階段。因此，回國後將記錄重點放置於風土民情，也可以理解。

再說，以一個中國傳統青年書生，初到一個完全新奇的地方，則在風俗民情的吸引力上，也絕對大過對政治、軍事的分析。今日遊客抵達柬埔寨時，必然也是會先對風光感興趣，其次才會將重點置於政、經的觀察。周達觀因爲職級較低之故，讓他得以有更爲輕鬆的心情，只對自己感興趣的事物作記錄，而讓《眞臘風土記》成爲大半只是風土記錄的書籍。

〔註28〕〔清〕永瑢等撰：《四庫全書總目提要》，頁2～534。
〔註29〕〔清〕永瑢等撰：《四庫全書總目提要》，頁2～534。

因為對異國風光感到好奇，加上周達觀並非嚴謹的記錄，在《眞臘風土記》中，也不免透露傳統華人觀點對異國景物的判斷心理，更因周達觀年輕，有時判斷也不免有所差失，因此，《四庫全書總目提要》批評周達觀：

> 惟第三十六則内記瀆倫神譴一事，不以為天道之常，而歸功於佛，
> 則所見殊陋。〔註30〕

按，《眞臘風土記》第三十六則為「異事」，全則如下：

> 東門之裏，有蠻人淫其妹者，皮肉相粘不開，歷三日不食而俱死。
> 余鄉人薛氏，居番三十五年矣，渠謂兩見此事。蓋其國聖佛之靈，
> 所以如此。〔註31〕

第三十六則所敘的狀況，確實應如《四庫全書總目提要》所說，只是人間的一種正常的狀況，雖然特殊少見，但實在與聖佛之靈沒有關係，但周達觀在這裡卻用聖佛來詮釋，難怪《四庫全書總目提要》要批評周達觀在這點上是見識淺薄的。

不論如何，周達觀所記雖然有較獨斷、甚至偏頗的看法，然而《眞臘風土記》確實保存許多當時眞臘的風俗資料，即以這點已屬難能可貴。因此《四庫全書總目提要》中說：

> 然元史不立眞臘傳，得此而本末詳具，猶可以補其佚闕，是固宜存
> 備參訂，作職方之外紀者矣。〔註32〕

這種講法是公允的，尤其今日柬埔寨因歷史沒落，加上近代戰火連年的緣故，當初眞臘以往、以降的紙本、書面資料都已消失不見，《眞臘風土記》成了當時僅存的風土書面資料，價值自然值得世人參考。

二、價　值

第五，《眞臘風土記》一書是當時中、眞之間的交通參考書。周達觀不僅記錄了眞臘的風土民情，而在書前總敘時，也很清楚說明了這個使節團，如何從中國出發？走那條海路？遇到怎樣的困難？最後又怎麼回國？對於當時的人來說，的確具有相當的參考價值。

其實，周達觀的年代，中國在科技、航海的技術上都已臻成熟，忽必略

〔註30〕〔清〕永瑢等撰：《四庫全書總目提要》，頁2～534。
〔註31〕〔元〕周達觀著，夏鼐校注：《眞臘風土記校注》，頁178。
〔註32〕〔清〕永瑢等撰：《四庫全書總目提要》，頁2～254～255。

動輒可以出動數以萬計的海師，正說明其中技術的純熟。陳高華先生與陳尚勝先生所著的《中國海外交通史》對這個時期的海上成就，也有簡明的分析：

> 宋、元時期還是中國歷史上科學技術突飛猛進的時期。其中造船工藝和航海技術的進步，對海外交通的發展，也有著密切的關係。這一時期，海船的載重量和抗沉性能都有明顯的提高。南宋時的記載說：「海商之船，大小不等。大者五千料，可載五、六百人。中等二千料至一千料，亦可載二、三百人。餘者謂之鑽風，大小八櫓或六櫓，每船可載百餘人。」據估算，五千料船載重約為五千石，應合三百噸左右。〔註33〕

我們難以考證當初周達觀乘坐的商船是屬於那一種，然而，從《真臘風土記》「總敘」中所說：「過崑崙洋，入港。港凡數十，惟第四港可入，其餘悉以沙淺故不通巨舟。」〔註34〕不難推測，周達觀一行人所乘坐的商船，接近「巨舟」，吃水較深，因此在岸邊的港口，只有周達觀稱為「第四港」的港口可以進入。〔註35〕從中推測周達觀乘坐的商船，最少應該可以搭乘一、二百人，甚至更多，間接印證了宋元時期航海技術已經發展到鼎盛的說法。

因為周達觀找到了「第四港」並留下記錄，後來中國的船隻再來真臘時，便有依循，不致嘗試新的錯誤。因此，《真臘風土記》對中、真的交通參考，足證有它的價值。

另一價值表現在周達觀對航海方位的貢獻。宋、元時期，中國的航海方位定位技術也發展到相當的成就，上引《中國海外交通史》中說：

> 在航海技術方面，這一時期最突出的成就是全天候的磁羅盤導航技術和以量天尺為工具的大洋天文定位技術。至遲到十二世紀初，中國海船上已使用指南針。「舟師識地理，夜則觀星，晝則觀日，陰晦則觀指南針。」〔註36〕

周達觀為十三世紀末時代人，已距羅盤航海術發展後兩百年，可想而知更為

〔註33〕陳高華、陳尚勝：《中國海外交通史》（臺北：文津出版社，1997年），頁86。

〔註34〕〔元〕周達觀著，夏鼐校注：《真臘風土記校注》，頁15。

〔註35〕夏鼐先生《真臘風土記校注》引法國考古學家伯希和的說法，認為這裡的「第四港」，指的應該是今天的「美萩港（Mytho）」，頁31。這個港口位於湄公河的出海口北側，吃水較深，周達觀當初應該就是從這裡沿湄公河而上，先抵金邊一帶，再往北到吳哥。

〔註36〕陳高華、陳尚勝：《中國海外交通史》，頁87。

純熟。這種航行術的優點在於，不必再沿著海岸陸地行進，而可以進入大洋，在行駛的速度上將加快許多，也不致顯得過於笨拙。從《真臘風土記》「總敘」來看，周達觀也運用了這種技術：

> 自溫州開洋，行丁未針。歷閩、廣海外諸州港口，過七洲洋，經交
> 趾洋到占城。又自占城順風可半月到真蒲，乃其境也。又自真蒲行
> 坤申針，過崑崙洋，入港。〔註37〕

這裡所謂的「丁未針」及「坤申針」，即是羅盤定位。其確實的方位角，夏鼐先生說明如下：

> "丁未針"之方向為"南、南西"，即二百零二度三十分（方位角），
> 或"南二十二度三十分西（方位）"。"坤申針"之方向為"南西
> 1/6 西"，亦即二百三十二度三十分（方位角），或"南五十二度三
> 十分西（方位）"。〔註38〕

這樣的考證幾乎已是百分之百的方位，完全可以還原出當日周達觀的路線。因此，從這樣的方位來看，當初周達觀的路線，應該就是從今日浙江的溫州出發，然後往西南經過臺灣海峽，再走到海南島右下的海域，最後沿著南中國海一路而下，並在越南等地暫停補給，最後由湄公河的出海口，沿河北上進入真臘，路線非常清晰，也給了後代的商船一個可靠的依據。因此，《真臘風土記》對中、真之間的交通的確具有相當參考價值。

第六，《真臘風土記》一書成於十三世紀末，但在中國並沒有得到太大的重視。雖然有許多刻本收入《真臘風土記》，但因為傳統知識並不特別強調這方面的價值，因此《真臘風土記》並沒有得到太大的彰顯。反而在西方，《真臘風土記》卻意外被西方考古學家發現，並陸續整理出吳哥此一重大考古文明及相關的歷史資料，在今天受到了中外學者的重視。

最早將《真臘風土記》介紹到西方的學者是法國人雷慕沙（A. Rémusat）。公元 1819 年，雷慕沙根據《古今圖書集成》版本將《真臘風土記》譯成法文，正式介紹了《真臘風土記》，其後並再版三次。

其次，著名考古學家兼漢學家伯希和（P. Pelliot）則根據《古今說海》本重新將《真臘風土記》翻譯成法文，並以自己的考訂為《真臘風土記》作箋注，也被認為是《真臘風土記》成書以來最好的箋注本，說明《真臘風土記》

〔註37〕〔元〕周達觀著，夏鼐校注：《真臘風土記校注》，頁 15。
〔註38〕〔元〕周達觀著，夏鼐校注：《真臘風土記校注》，頁 25。

在西方引起的重視超越在中國的重視。其實，前文已談及《眞臘風土記》在中國古代傳統知識界並沒有得到太多重視，頂多只是被視爲一個具有旅遊見識的文人所書寫的一部印象式的書籍罷了！傳統認爲，《眞臘風土記》缺乏深刻的哲學思想，也沒有豐贍深遠的詩文境界。至於吾邱衍所說的「異書君已著，未許劍埋光」多半也是文人間的過溢之詞，其實反映不出《眞臘風土記》在中國的眞正價值。

《眞臘風土記》確實要等到法國人的重視才得到進一步的研究，除伯希和等人以嚴謹的箋注態度來看待《眞臘風土記》外，另一位法國學者亨利‧穆奧（Henri Mouhot）更根據《眞臘風土記》的記載，於公元 1863 年抵達柬埔寨，重新發現了吳哥的偉大古文明。這點不免是中國知識界的感慨，從中也說明中國傳統知識體系的建立缺乏完整的系統，因而面對今日世界一村的學術環境後，相對突顯許多研究領域的不足。因此，就傳統角度而言，《眞臘風土記》雖然只是一本筆記式的地理遊志，但在今天，我們認爲《眞臘風土記》應該得到更多的研究。

至於中國對《眞臘風土記》的研究則發展較遲，除了古代部分學者曾徵引片段文字，或如《四庫全書總目提要》所作的簡要評論外，較有系統的研究或校注應以香港中文大學陳正祥先生於 1975 年出版《眞臘風土記研究》，及臺灣學者金榮華先生於 1976 年的《眞臘風土記校注》爲發端，做出較有系統的研究。其後中國著名考古學家夏鼐先生則於 1980 年根據古本、伯希和等人箋注本、陳正祥先生等人研究本，以更爲科學的方法重新校注《眞臘風土記》，是目前校注、研究《眞臘風土記》最完整的一部，本文許多研究，即以夏鼐先所完成的基礎，再進一步擴充而成。

除上述學者外，另有類似陳顯泗先生和楊海軍先生合著的《神塔夕照——驚艷吳哥文明》一書，以其它書寫方式介紹《眞臘風土記》，此書在引言中也提及了《眞臘風土記》在當代應該獲得的重視價值：

> 一本《馬可‧波羅遊記》使歐洲人知曉了中國，知曉了東西。……
> 在亞洲，在中國，一個人和他的一本書所產生的影響同樣不可忽
> 視。……如果說馬可‧波羅和他的「行記」早已婦孺皆知的話，周
> 達觀和他的《眞臘風土記》所產生的影響卻很少爲人所瞭解，這是
> 很不公平的，是需要向人們大聲疾呼的。〔註39〕

〔註39〕陳顯泗、楊海軍：《神塔夕照——驚艷吳哥文明》（臺北：世潮出版社，2002

確如陳、楊兩位先生所言,在學術界中,《眞臘風土記》與《馬可‧波羅遊記》兩書所引起的重視與研究不可同日而語。因此,本文認爲今日站在前述學者的基礎上再對《眞臘風土記》作更爲完備的研究意義在於:(一)西方人得以從《眞臘風土記》瞭解古吳哥文明,進而整理吳哥文明,這點成就恐怕中國學者已無法再超越西方;(二)但中國人卻得以從《眞臘風土記》得知傳統知識分子對異域的觀察,進而從風俗學記錄中,整理傳統知識分子的思維認知。在這點上,中國學者仍有研究的空間,也是上述研究中較少被觸及的部分,經由這樣的補述研究,才能對《眞臘風土記》一書作出完整的研究。

三、章則架構

前文所述爲《眞臘風土記》一書的基本價值及研究成果。其次,將略爲說明《眞臘風土記》一書的架構。

據《四庫全書總目提要》說此書「凡四十則」,而在四十則前面則有「總敘」,因此可以廣義看成《眞臘風土記》共有四十一則記載。除總敘外,依序爲:城郭、宮室、服飾、官屬、三教、人物、產婦、室女、奴婢、語言、野人、文字、正朔時序、爭訟、病癩、死亡、耕種、山川、出產、貿易、欲得唐貨、草木、飛鳥、走獸、蔬菜、魚龍、醞釀、鹽醋醬麴、蠶桑、器用、車轎、舟楫、屬郡、村落、取膽、異事、澡浴、流寓、軍馬、國主出入。從條目看,確實符合以「風土」爲主要的記載對象。

四十則中,部分章則文字較多,部分章則文字較少,全書大約爲八千五百字左右。因爲記載詳略不一,部分章則足以清楚反映當地的風土民情,相對來講,部分章節則顯得敘述較爲薄弱。四十則記載中,並沒有一定的連貫性,而是以筆記式的單則記錄,因此在取材上也無法全面兼顧,是較缺乏整體系統的筆記性著作。如果要對這四十則作出簡單粗略的畫分,那麼全書大約可以畫分成幾大部分:(一)宮室與貴族;(二)百姓與習俗;(三)語言與文字;(四)自然界與動植物;(五)經濟與貿易;(六)交通與軍事;(七)部落型態;(八)奇風異俗等。

第一部分「宮室與貴族」可以包含:城郭、宮室、服飾、官屬、三教等則;

第二部分「百姓與習俗」可以包含:人物、產婦、室女、奴婢、野人、正朔時序、爭訟、病癩、死亡等則;

年),頁13。

第三部分「語言與文字」可以包含：語言、文字等則；

第四部分「自然界與動植物」可以包含：耕種、山川、草木、飛鳥、走獸、蔬菜、魚龍等則；

第五部分「經濟與貿易」可以包含：出產、貿易、欲得唐貨、醞釀、鹽醋醬麴、蠶桑等則；

第六部分「交通與軍事」可以包含：器用、車轎、舟楫、軍馬、國主出入等則；

第七部分「部落型態」可以包含：屬郡、村落、流寓等則；

第八部分「奇風異俗」可以包含：取膽、異事、澡浴等則。

以上畫分並無必然性，只為進一步說明《真臘風土記》的側重點。經由這樣的畫分，基本可知《真臘風土記》大致觸及的對象、著墨的重點，以及可能被忽略的地方。在對象上，人、事、物兼具，「人」的方面，上至皇室，下至百姓野人，均有涉及；「事」的方面，側重在經濟貿易，從中推測周達觀此行目的，最大的可能性應為商業訪察行為；「物」的方面，勾勒了山川景物與百姓器用，也能呈現地方特色。

此外，《真臘風土記》因為強調風土性，不可避免忽略其它條則，例如歷史、制度、文藝、建築技術等，都相當程度地被周達觀忽略了。並且，就算周達觀曾提及關於法律、各行各業等項，但也不免出現記錄不詳，或是欠缺某些行業等。這都說明《真臘風土記》一書其實可以在章則上、內容上有更完整的擴充，但周達觀畢竟只是點到為止，殊為可惜。

總之，《真臘風土記》一書因為只是中國出訪使團中的某個隨行者的非正式的官方記錄文字，它其實只呈現了一個曾經參與海外訪問行旅的年輕人的回憶記錄，因此《真臘風土記》並不能被稱為嚴格的、全面性的著作。今日要更加全面地探討《真臘風土記》的價值時，必須站在《真臘風土記》已有的資料，再補充以其它相關研究，例如今日的吳哥遺址成就、柬埔寨吳哥一地尚存的風俗民情等，才能讓《真臘風土記》有更為清晰的面貌，還原出十三世紀末中國華人在域外的觀察與文化交流情形。

第三節　相類著作比較

本節擬以進一步探討《真臘風土記》在中國典籍文獻上的價值，這方面

的探討可以透過與相類書籍的比對而呈現。本節主要探討兩個方向：其一是
縱的方面，探討《眞臘風土記》與之前的《諸蕃志》，以及之後的《島夷志略》
的傳承連貫關係；其二是橫的方面，探討《眞臘風土記》與西方的《馬可波
羅遊記》的異文化思維寫作。

先討論第一個方面。周達觀《眞臘風土記》成書於十三世紀末，在這之
前與《眞臘風土記》近似或相關的著作，首推南宋趙汝适的《諸蕃志》。《眞
臘風土記》之後，在這方面有所延續的著作，首推元末汪大淵的《島夷志略》。
對這兩本相類的著作有進一步說明的必要。

一、《諸蕃志》

《諸蕃志》爲南宋趙汝适所著，成書的年代大約爲宋理宗寶慶元年，即
公元 1225 年左右。當時趙汝适官至朝散大夫，並提舉福建路市舶司，《諸蕃
志》一書就是提舉市舶司時所著。這個職位相當於沿海對外貿易管理部門，
因而趙汝适有較多的機會，可以接觸許多擁有海外從商經驗的人士，因此將
所見聞，以及所聽聞，記錄成《諸蕃志》一書。《諸蕃志》分上、下兩卷，上
卷主要記國，下卷主要記物。上卷記國的部分總共記錄五十八個國家，最遠
甚至到達非洲北部，從中足以證明南宋時期的航海技術已發展到非常成熟的
階段，才能擔任如此的遠行。至於下卷記物的部分，也是琳瑯滿目，共記載
四十七種物，動植物都有，其中尤以香料爲大宗。

據趙汝适《諸蕃志》自序，寫作的原因如下：

> 汝适被命此來，暇日閱諸蕃圖，有所謂石床長沙之險，交洋竺嶼之
> 限，問其志則無有焉，迺詢諸賈胡，俾列其國名，道其風土，與夫
> 道里之聯屬，山澤之蓄產，譯以華言，刪其穢渫，存其事實，名曰
> 《諸蕃志》。海外環水而國者以萬數，南金象犀珠香瑇瑁珍異之產，
> 市于中國者，大略見於此矣。噫！山海有經，博物有志，一物不知，
> 君子所恥，是志之作，良有以夫。〔註40〕

從中可以觀察幾點訊息：（一）趙汝适寫作《諸蕃志》，其實有職務上的需求；
（二）《諸蕃志》所錄的國家，大部分都是從商人處得來的訊息，趙汝适本人
可能沒有出海的經驗；（三）《諸蕃志》記錄的重點，許多也在於風土；（四）
趙汝适試圖以華言介紹這些外域國家的狀況；（五）書中的重點除國家國名

〔註40〕〔宋〕趙汝适：《諸蕃志》（臺北：廣文書局，1969 年），頁 1。

外,更著重在奇珍異產的介紹,這些顯然都與貿易有關;(六)附帶提及的是,趙汝适認爲傳統知識分子應該有博物的觀念,否則是君子之恥。

　　趙汝适《諸蕃志》的寫作原由,和周達觀《眞臘風土記》相較來看,實有許多相同處,即兩書同樣都是因爲職務上的需求或機會而撰成;記錄的重點強調在風土與珍異物品,而這應與對海外貿易的需求或瞭解有關。不過,趙汝适與周達觀寫作的切入點也有相異處,趙汝适所記爲多國,而周達觀所記爲眞臘單一國。此外,趙汝适認爲身爲一個君子或讀書人,應該有博物的觀念,但周達觀則較少強調這點,只有在《眞臘風土記》中間接透露一些儒、佛的思維觀念,博物的觀點並不明顯。

　　其次,據周達觀《眞臘風土記》總敘中記說「按《諸番志》稱其地廣七千里」,可知周達觀應該看過《諸蕃志》,因此,兩書其實有著頗多的相似性,尤其是對奇珍異物的記錄,記錄的立意是相通的。例如《諸蕃志》中記載「吉貝樹」這種東南亞常見的樹種:

> 吉貝樹類小桑,萼類芙蓉,絮長半寸許,宛如鵝毳,有子數十,南
> 人取其茸絮,以鐵筋碾去其子,即以手握茸就紡,不煩緝績,以之
> 爲布,最堅厚者謂之兜羅綿,次曰番布,次曰木棉,又次曰吉布,
> 或染以雜色,異紋炳然,幅有闊至五六尺者。〔註41〕

「吉貝樹」其實即木棉花樹,這個樹種在周達觀的《眞臘風土記》也有幾處類似的記載:

> 「野人」:近地亦有以種苣蔲、木綿花、織布爲業者,布甚粗厚,花
> 紋甚別。
>
> 「蔬菜」:木綿花樹高可過屋,有十餘年不換者。
>
> 「蠶桑」:土人皆不事蠶桑,婦人亦不曉針線縫補之事,僅能織木綿
> 布而已。亦不能紡,但以手捏成條。〔註42〕

不難發現,《諸蕃志》與《眞臘風土記》兩書在記載上的相似性。顯然,趙汝适與周達觀都發現這種東南亞特殊的植物,而這種植物是可以產出布料的。今天,吳哥古跡群中仍然常見這種植物,它的特色之一正如周達觀所說是「木綿花樹高可過屋。」而它的粗長根莖更成爲盤蝕吳哥古建築的破壞物。因此,從《諸蕃志》或是《眞臘風土記》的記載,確實有助我們對異域國家物產的

〔註41〕〔宋〕趙汝适:《諸蕃志》,頁103。

〔註42〕〔元〕周達觀著,夏鼐校注:《眞臘風土記校注》,頁117,156,163。

更多認識。

　　兩書相較來看，《諸蕃志》寫作年代在前，《眞臘風土記》寫作年代在後，不論周達觀是否見過《諸蕃志》一書，但透過內容對比，《眞臘風土記》一書顯然比《諸蕃志》所述更爲進步，不僅及於單純的動植物記錄，也有更多的風土民情記載。並且，在對異域國家的記錄上，也從多國轉而只單記一國，這種記法自然更爲精細，可算是更專業的作品。

二、《島夷志略》

　　《眞臘風土記》之後，作爲異域地理志中最著名的作品，當推元朝人汪大淵所著的《島夷志略》。

　　《島夷志略》成書的年代約爲元順帝至正九年，即公元 1349 年左右。關於汪大淵的生平，史料也頗爲缺乏，但從汪大淵的交往看來，應該曾和當時的知識分子來往，而從《四庫全書總目提要》中的「嘗附賈舶浮海」來看，〔註43〕汪大淵曾經隨著商船出海，〔註44〕回國後寫成《島夷志略》，並曾經作過修改。此書和《諸蕃志》一樣，採用記錄多國家的體例，《島夷志略》總計國名、地名爲二百二十餘個，比起《諸蕃志》所記五十八個國家多出數倍。與《諸蕃志》不同的是，《諸蕃志》是趙汝适聽聞所得記錄而成，《島夷志略》卻是汪大淵親身所歷，兩者在可信度上自然不可同日而語。

　　就地理志而言，作者親歷實爲重要，《眞臘風土記》與《島夷志略》兩書都是作者親歷後的記錄，說明到元朝時，地理學已有更大進步，能清楚認識唯有實地尋訪，才能得出較詳實、嚴謹的記載。汪大淵捨趙汝适的方式，而採周達觀的方式，證明「可信地理志」的觀念正在成長之中。可以說，從《諸蕃志》到《眞臘風土記》再到《島夷志略》，正標明了這門學問的成長歷程。

〔註43〕〔清〕永瑢等撰：《四庫全書總目提要》，頁 2～254～255。

〔註44〕關於汪大淵的出海情形，蘇松柏先生在〈汪大淵〉一文中說：「元朝賈舶乘客主要由兩部分人組成，一是船主招募而來的綱首（船長）、副綱首（副船長）、雜事（總務長）、部領（水手長）、直庫（管理武器者）、火長（管指南針的領航員）、舵工、碇手等職事人員；一是船主招集而來的"人伴"。"附舶"的汪大淵當然不會是前者，而必然是屬於後者。"人伴"一般是指搭乘船主的船舶從事海外貿易的中小商人。但是從上述三序記述的情況來看，汪大淵並不是爲經商而浮海。」由此來看，汪大淵在出海的性質與周達觀有部分的相似性。蘇文見：譚其驤先生主編：《中國歷代地理學家評傳》（濟南：山東教育出版社，1990 年），頁 285。

　　和《眞臘風土記》一樣，《島夷志略》所記也以風土爲主，包羅萬象，例如《眞臘風土記》提及的山川、自然、氣候、耕種、風俗、居住、服飾等，《島夷志略》均有所記載，另外，《島夷志略》則補充了《眞臘風土記》較爲欠缺的部分如宗教、婚喪喜慶等。從中推論，汪大淵很可能看過周達觀的《眞臘風土記》，並接收《眞臘風土記》的優點，補充不足的地方。

　　以對眞臘這個國家的觀察，《島夷志略》與《眞臘風土記》兩書均有相關的記載，例如記載吳哥都城時，周達觀如此記錄：

> 州城周圍可二十里，有五門，門各兩重。惟東向開二門，餘向皆一門。城之外皆巨濠，濠之上皆通衢大橋。〔註45〕

而汪大淵如此記錄：

> 州南之門，實爲都會。有城周圍七十餘里，石河廣二十丈，戰象幾四十餘萬。殿宇凡三十餘所，極其壯麗。……外名"百塔洲"，作爲金浮屠百座。一座爲狗所觸，則造塔頂不成。〔註46〕

汪大淵在此所記的「百塔洲」應該是當時中國人稱這個城市的名字，因爲這個城市有超過百座以上的塔廟，這是周達觀在《眞臘風土記》不曾提及的，應該是汪大淵時才有的稱呼。另外，汪大淵還提到一座爲狗所觸的石塔，應是今日的「塔高寺」，也是周達觀沒有記錄的，都可補充《眞臘風土記》的不足。

　　另外，汪大淵的《島夷志略》也提到《眞臘風土記》中所記「室女」一則的風俗：

> 生女九歲，請僧作梵法，以指挑童身，取紅點女額及母額，名爲"利市"，云如此則他日嫁人，宜其室家也，滿十歲即嫁。〔註47〕

汪大淵補充了周達觀《眞臘風土記》所提到的「陣毯」此一眞臘習俗，但在《眞臘風土記》中，「陣毯」是眞臘的語音，但汪大淵則補充「陣毯」的意思即中國人的「利市」，也就是好運的意思，這也提供後世研究《眞臘風土記》時，在詮釋及語音對比的參考。

　　從兩書的比較可以得知，汪大淵可能看過《眞臘風土記》，因此在《島夷志略》有類似的記載，而對於《眞臘風土記》所提及較爲欠缺的部分，汪大淵也嘗試作出補充，例如提到眞臘的貨產時說：

〔註45〕〔元〕周達觀著，夏鼐校注：《眞臘風土記校注》，頁43。
〔註46〕〔元〕汪大淵著，汪前進譯注：《島夷志略》，頁87。
〔註47〕〔元〕汪大淵著，汪前進譯注：《島夷志略》，頁87。

> 地產黃臘、犀角、孔雀、沉速香、蘇木、大楓子、翠羽，冠於各番。
> 〔註48〕

這種說法指出眞臘在這些物產的品質上，是東南亞最好的，也因此吸引中國人到此做生意的誘因，進一步補充、強調《眞臘風土記》的敘述重點。

小結以上說法，我們可以觀察出從《諸蕃志》到《眞臘風土記》再到《島夷志略》的完成，其實正標記從十二世紀末到十三世紀到十四世紀時，中國對南洋的觀察痕跡。十二世紀末時，中國擁有一定程度的對南洋國家的掌握，並且，此時的航海技術已經發展到成熟階段，足以提供商賈進行跨國的貿易行為，並且，他們也掌握了許多關於異國的風土資料。

到了十三世紀末時，技術、時機更為成熟，原有的對外貿易機構不僅被延續下來，且有擴增的趨勢，而政府也派遣考察團至異國進行參訪，從《眞臘風土記》來看，此時更已有不少中國人在東南亞定居，可推知雙方已有頻繁的互動往來，進行相當程度的貿易活動。

到了十四世紀時，中國得以十三世紀末的成績為基礎，嘗試進行更大規模的探索活動，嘗試對更多異域國家、異域文化進行更全面的瞭解。較可惜的是，此時元朝政府國力已出現下降趨勢，汪大淵《島夷志略》成書後約二十年元朝滅亡，從中推知這二十年中，中國處於較混亂狀態，對進行更大規模的跨國活動力有未逮。

正因為元朝國祚較短，在跨國行為必須牽涉較繁複的制度面、技術面、企圖心因素下，元朝雖出現《眞臘風土記》、《島夷志略》等具有較進步意義的著作，但就整個中國而言，整體提昇成就仍為不足，例如蕭啓慶先生在〈蒙元統治對中國歷史發展影響的省思〉一文中便認為元代的地理知識並未大增：

> 元朝未曾產生馬可波羅（Marco Polo）那樣遠行絕域，而又撰寫震撼性報導的漢人。耶律楚材、丘處機、常德雖曾西行，並留下遊記，但是所歷不遠，並未拓寬中國人的視野。《元史》係根據元朝官方資料編寫，其〈地理志〉、〈外國傳〉記載中國及漢文化區國家，如高麗、日本、安南甚詳，而關於蒙古帝國西部，僅有〈地理志〉末〈西北地附錄〉的簡單記錄，不過是一串地名而已，可見元人對西北所知不多。民間地理記載亦多無新義。顯然，中國人的華夏中心世界

〔註48〕〔元〕汪大淵著，汪前進譯注：《島夷志略》，頁87。

> 觀，未因蒙元世界帝國的統治而有所改變。有如傅海波教授所說：「以
> 中國爲中心的概念未受眞正挑戰，漢族士大夫並未產生中國以外事
> 物的好奇心。」〔註49〕

蕭啓慶先生爲我國研究元史權威學者，上述引文確實指出元朝在地理學上的
幾個重大問題：（一）元朝並未產生像馬可波羅那樣的人，在世界觀上，中國
漢人仍然狹隘；（二）中國文化仍延續傳統，以中國爲中心，對華夏世界外的
好奇心不大；（三）大部分的地理志多無新義。

　　這三項問題牽引頗大，間接說明中國人具有一種大中國主義，不太能吸
收異邦夷狄文明的文化特色，顯得封閉，值得我們予以反省。事實上，不僅
元朝一代，即以中國歷史來看，除了《大唐西域記》等屈指可數的作品外，
在地理觀察上我們的確難以找出可與《馬可波羅遊記》匹敵的遊記。包含《諸
蕃志》、《眞臘風土記》、《島夷志略》等著作，整體來說都無法達到《馬可波
羅遊記》的高度。此中原因，應與蕭啓慶先生所說「華夏中心世界觀」，或是
傅海波先生所說「沒有好奇心」的心態有關。

　　其次，中國地理志或遊記一類著作，它的書寫方式往往也是「即興筆記
式」的，例如中國許多哲學理論著作採用「語錄體」，中國文學理論著作採用
「詩話體」，這種著作方式往往是即興式的、而非嚴密系統架構的寫作方式。
《眞臘風土記》一類書籍都顯示這種較爲隨意的寫作方式，它的缺點即是缺
乏一種對嚴謹學問的專注態度，也往往較不以爲意地出現錯繆之處，後人必
須對全書有極爲通盤的瞭解，才能梳理該書的價值。

三、《馬可波羅遊記》

　　比較一下《眞臘風土記》與《馬可波羅遊記》兩書，它們的著作年代約
略相當，可爲我們理解《眞臘風土記》時提供某些反省。

　　《馬可波羅遊記》一般被認爲是義大利人馬可波羅（Marco Polo）所著，
他在中國元朝時，大約公元 1275 年左右到達中國，在中國停留約十七年的時
間，在公元 1295 年回到義大利。公元 1296 年時，在一次威尼斯與熱那亞的
海戰中被俘，隨後馬可波羅在獄中向人口述在中國及東方的所見、所聞情形，
並由一個名爲魯思弟謙（Rusticiano）的人記錄成書。〔註50〕

〔註49〕蕭啓慶：《元朝史新論》（臺北：允晨出版社，1999 年），頁 69。
〔註50〕關於馬可波羅的考證爭議仍多，但上述說明爲一般性說法，書見義大利人馬

不難發現《馬可波羅遊記》與《眞臘風土記》的巧合之處,兩書幾乎是在同一個時間寫成,即公元 1296 年至 1298 年左右。《馬可波羅遊記》是一位義大利人到中國後,回國將所見印象記錄成書;《眞臘風土記》是一位中國華人到眞臘後,回國將所見印象記錄成書。然而,因爲兩人文化背景不同,思維方式有異,因此在書寫及記載上產生頗多差異性。

我們可以先從蕭啓慶先生所說的「遠行絕域,而又撰寫震撼性報導」爲出發討論兩書的差異。

在「遠行絕域」上,兩人都有相同經驗。以周達觀而言,他的路線由浙江溫州港出發,行經臺灣海峽,過海南島進入南中國海,再從湄公河出海口進入柬埔寨的洞里薩湖(Tonle Sap)一帶,這一段主要是海域水路。當周達觀進入東南亞後,除河流水路外,已經出現部分叢林及平原地形。大致來說,這段路途可以稱得上遙遠,不過,當時航海技術發達,加以是國家派遣的訪問團,推知這段路途雖遠但對周達觀一行人並不至構成太大的障礙,可能造成的困擾只有在抵達東南亞時,爲了尋找正確的入河港口而略有遲疑:

> 然而彌望皆修藤古木,黃沙白葦,倉卒未易辨認,故舟人以尋港爲難事。〔註51〕

雖然一時難以辨認,但憑藉船員的經驗,周達觀等人不久便找到入口港,沿路順利抵達眞臘,從出發到抵達,全程並沒有太大的問題。

馬可波羅的旅程則更爲遙遠、複雜,從《馬可波羅遊記》書中四卷標題分爲「馬可波羅自地中海赴大汗忽必略駐夏之上都沿途所經之地及傳聞之地」、「記大汗忽必略及其宮殿都城朝廷政府節慶遊獵事,自大都西南行至緬國記沿途所經諸州城事,自大都南行至杭福泉州記東海沿岸諸州事」、「日本、越南、東印度、南印度、印度洋沿岸及諸島嶼、東非洲」、「君臨亞洲之成吉思汗系諸韃靼宗王之戰,亞洲北地」來看,馬可波羅的行跡幾乎已橫跨歐、亞兩洲,儘管許多學者認爲馬可波羅不見得親身走過上述各地,但馬可波羅至少通過陸路及沙漠,橫跨歐、亞抵達中國,並由當時元朝首都大都再往南行至東南沿海,則無可疑。單以這段路程,已符「遠行絕域」的形容,加以馬可波羅的出遊並不像周達觀等人是由國家派遣的考察團隊,因此沿路可能遇到的阻礙、挫折險惡,理應超過周達觀所遇見的困難。

可波羅原記,馮承鈞譯:《馬可波羅行記》(臺北:臺灣古籍出版社,2003 年)。
〔註51〕〔元〕周達觀著,夏鼐校注:《眞臘風土記校注》,頁15。

　　再以「撰寫震撼性報導」這個角度來看《眞臘風土記》與《馬可波羅遊記》。《眞臘風土記》全書計有四十則，從「城郭」記到「國主出入」，在風土內容記載上可稱豐富，部分記錄也足以開拓中國人士的眼界，例如首則記眞臘都城的字句，的確令人震撼：

> 州城周圍可二十里，有五門，門各兩重。惟東向開二門，餘向皆一門。城之外皆巨濠，濠之上皆通衢大橋。橋之兩傍，共有石神五十四枚，如石將軍之狀，甚巨而獰，五門皆相似。橋之闌皆石爲之，鑿爲蛇形，蛇皆九頭。五十四神皆以手拔蛇，有不容其走逸之勢。城門之上有大石佛頭五，面向四方。中置其一，飾之以金。門之兩旁，鑿石爲象形。城皆疊石爲之，高可二丈。石甚周密堅固，且不生繁草，却無女牆。〔註52〕

這段記載印證於今天柬埔寨吳哥城遺址，幾乎完全符合，足以證明當初周達觀所記錄的正確，而從記錄中呈現的城牆、巨濠、大橋、石雕氣象，再加上今日吳哥城內的巴戎寺、城外的吳哥寺等雄偉建築的話，那麼這片雄偉的石造建築群，在中國實在難以找到與之匹敵的建築，就這點來看，《眞臘風土記》應具有某種震撼性的記錄。不過，正如蕭啓慶先生所說，中國人以自我文化爲中心思考，因此，當時人看到周達觀這段記錄，或許並不認爲它具有什麼震撼性也說不定。

　　相對來看，《馬可波羅遊記》全書總共記載二百二十九章，和周達觀一樣，其中也不乏震撼性的記錄，例如同樣記宮廷一節：

> 周圍有一大方牆，寬廣各有一哩。質言之，周圍共有四哩。此牆廣大，高有十步，周圍白色，有女牆。此牆四角各有大宮一所，甚富麗，貯藏君主之戰具於其中，如弓箙弦、鞍、轡及一切軍中必需之物是已。四角四宮之間，復各有一宮，其形相類。由是圍牆共有八宮甚大，其中滿貯大汗戰具。但每宮僅貯戰具一種，此宮滿貯戰弓，彼宮則滿貯馬轡，由是每宮各貯戰具一種。

> 此牆南面闢五門，中間一門除戰時兵馬甲仗由此而出外，從來不開。中門兩旁各闢二門，共爲五門。中門最大，行人皆由兩旁較小之四門出入。此四門並不相接，兩門在牆之兩角，面南向，餘二門在大

〔註52〕〔元〕周達觀著，夏鼐校注：《眞臘風土記校注》，頁43。

門之兩側。如是布置，確使此大門居南牆之中。〔註53〕

馬可波羅在此敘述的方式與周達觀頗為類似，同樣地，那是足以令人為之震撼的。

然而，《真臘風土記》雖在記錄「城郭」具有震撼性的記載，但其它篇章卻顯得薄弱許多，實在浪費周達觀此行難得的遊歷所見。最明顯的例子即是只以「魯般墓」等二十字帶過雄偉的吳哥寺，至為可惜。這種近於粗略的記載間接反映傅海波先生所說中國人好奇心不足的說法，周達觀在選材上竟然略過非凡雄偉的吳哥寺不談，實在是《真臘風土記》極大的缺憾之處。

不僅記建築呈現薄弱的字句，某些風土記錄也常見同樣情景，例如前文曾引到的第三十六則「異事」：

> 東門之裏，有蠻人淫其妹者，皮肉相粘不開，歷三日不食而俱死。
> 余鄉人薛氏，居番三十五年矣，渠謂兩見此事。蓋其國聖佛之靈，
> 所以如此。〔註54〕

《四庫全書總目提要》早就批評此則「所見殊陋」。《四庫全書總目提要》所評是周達觀的見解角度，但即使不以見解來論，單就所記文字、內容的詳細來看，第三十六則也顯得薄弱非常。周達觀在真臘停留一年，走過地方應該不少，所見的事物應該頗多，但在「異事」的記載，卻只有這數十文字，不免過於簡單，這樣的記載，實在無法概括真臘異事的全貌。

同樣簡單的記錄所在多有，如第二十三則「飛鳥」：

> 禽有孔雀、翡翠、鸚哥、乃中國所無。其餘如鷹、鴉、鷺鷥、雀兒、
> 鸕鷀、鸛、鶴、野鴨、黃雀等物皆有之。所無者，喜鵲、鴻雁、黃
> 鶯、杜宇、燕、鴿之屬。〔註55〕

此則記錄，除犯了過於簡單的毛病外，也可能有所錯誤。夏鼐先生便考訂說：

> 按孔雀、鸚哥，今日我國境內西南邊區近熱帶亦有野生者，但當時
> 周達觀或無所知。但翡翠在我國東部及南部乃常見之鳥，周氏家鄉
> 溫州一帶即有之，卻謂"中國所無"，不知何故？〔註56〕

夏鼐先生的說法指出周達觀的局限，即除簡單外還可能因知識不足產生的錯

〔註53〕〔義〕馬可波羅原記，馮承鈞譯：《馬可波羅行記》，第83章，頁219。
〔註54〕〔元〕周達觀著，夏鼐校注：《真臘風土記校注》，頁178。
〔註55〕〔元〕周達觀著，夏鼐校注：《真臘風土記校注》，頁152～153。
〔註56〕〔元〕周達觀著，夏鼐校注：《真臘風土記校注》，頁153。

誤記錄，這顯然是《眞臘風土記》的缺憾，必須指出。

同是對鳥類的記載，《馬可波羅遊記》便詳細許多：

> 此地有鶴五種，一種軀甚大，身黑如烏。第二種全白，其翼甚美，
> 其圓眼上呈金色，此鶴爲諸類中之最大者。第三種與我輩地方所產
> 者同。第四種較小，耳旁有長羽甚美，下垂作紅黑色，第五種甚大，
> 全身灰色，頭呈紅黑色。此城附近有一山谷，君主建數小屋於其中，
> 畜養鷓鴣無數，命數人守之，大汗至時，取之惟意所欲。〔註57〕

同樣是對鳥類的記載，周達觀只引述鳥類的名稱，但馬可波羅則記錄了同一種鳥類的不同體型、分類、顏色、羽形，也提及該種鳥類給予人們的視覺美感，還提及中國的鳥類與義大利鳥類所有的品種。最後，馬可波羅還提及中國君主畜養鳥類的地點、派遣人力的多寡，以及它最終的用途。這樣的詳細記錄已經接近科學的角度，而不像周達觀只是隨興的、印象式的說法。平實而論，單以這點來說，義大利人《馬可波羅遊記》的成就超出中國人《眞臘風土記》的成就。

這種對比突顯蕭啓慶先生所提出的元朝「地理知識並未大增」的深層思考。其實，前文曾提及元朝因爲蒙古入主緣故，相對打開中國與西方、東洋、南洋的交通，並且在許多方面如婚姻、服飾、習俗等各種文化層面，提供了更好、更多的融合機會，照理來說，這種契機應該是中國人拓展視野，以之爲參考、學習、損益的良好時機。但如蕭啓慶先生所言，在這方面，中國人在基本內涵上並沒有太大的改變：

> 元代東西文化接觸對西方確實產生頗大影響。中國發明之西傳，在
> 歐洲文明之發展史上具有觸媒作用。東西接觸更導致歐洲人地理知
> 識之增加、世界觀之改正，並間接成爲十五世紀地理大發現的一個
> 動力。
>
> 東西接觸在中國卻未產生類似的影響，既未能改變中國人的世界
> 觀，中國文化的主要內涵亦未因而發生變化。〔註58〕

蕭啓慶先生所言確實是中國元朝文明中值得反思之處。探究其中原因，在於「華優夷劣」此一觀念實在根深蒂固於中國知識分子心目之中，兩千多年來，中國始終難以認同、突破夷人比中國偉大、強盛的觀念，從而也極少思考它

〔註57〕〔義〕馬可波羅原記，馮承鈞譯：《馬可波羅行記》，73章，頁182。
〔註58〕蕭啓慶：《元朝史新論》，頁69。

可能對中國產生的退步或不利。中國歷史上，只偶爾出現零星的有識之士，以較恢宏的心胸面對夷族文化，但大部分的人均認為中華文明定於一尊，沒有改易的必要，相對中國之外皆為夷狄，他們或許武力強大，但畢竟屬於蠻族，非教養之地，是為無文之人。因此，中國對夷狄負有教化的任務，但並不需向之學習、接受。

蕭啟慶先生已指出元朝即有這種現象。其實，不僅元朝如此，元以下的明朝、清朝，乃至今日，這種觀念都依然持續。明、清兩朝，他們其實有很好的機會可以向外國學習，明朝已經擁有足以航行半個地球的海事能力，例如鄭和的成就即是著例，他從公元 1405 年到 1433 年前後二十八年的時間中，〔註59〕七次率領龐大艦隊南下西洋，根本已是世界第一的壯舉，然而，這個時代整體而言仍極少向中國以外的國家學習其它文明。清朝也是同樣狀況，清朝的疆土遼闊，顯然應有泱泱大國之風，當時也已經有許多外來學者進入中國，然而，直至清亡，中國整體的文化學習狀況仍沒有太大的改變。直至今日，中國知識分子仍不少具有「華優夷劣」的觀念，或許必須假以時日，蒂固兩千餘年的「華優夷劣」才能得到較大的肆放與理解。

例如前文已一再質疑周達觀《真臘風土記》提及「魯般墓（吳哥寺）」時，為何竟不加以詳細記錄？假如周達觀能以最基本的考古文化學對之研究，將可以為中國建築帶來多少靈感與技術的提升？因此，周達觀的行為突顯了蕭啟慶先生所提的問題核心，在某種程度上，這裡仍隱然有「華優夷劣」的心態作祟。關於這點，陳正祥先生《真臘風土記研究》有如下的解釋：

> （魯般墓）實無其它建築可以相當。由於這石頭大廟非常雄偉，故土人相傳為神工 Visnukarman 所造。周達觀大概對印度教混沌的神話不感興趣，又鑑於此廟建築的奇異，才聯想到建築界的祖師魯般（魯班）來，于是象徵式的稱之為魯般墓。〔註60〕

這段解釋闡明周達觀的心態，其實就如傅海波先生所說的「缺乏好奇心。」應予批判的是，身為一個知識分子，實在不應只以土人的傳說來說明一座偉大建築的形成過程。再就寬宏的心胸而論，一個知識分子也不應對一個影響深遠的信仰產生極端的漠然感受。凡此都說明周達觀的中國華文化中心觀點，而它產生的影響，也間接呼應蕭啟慶先生所提「未能改變中國人的世界

〔註59〕這段時間即明成祖永樂三年至宣德八年時。

〔註60〕陳正祥：《真臘風土記研究》，頁45。

觀。」就算在今天，仍有不少人不太相信在東南亞一個名為「柬埔寨」的落後國家中，曾經在一千年前左右出現一個強盛的文明。本文認為，假如這種觀念持續不變，則中國華人成長進步的空間實為有限。

　　因此，今日解讀《真臘風土記》一書，應從更為全面的角度來看待。首先，應該正視《真臘風土記》實在有其不可多得的價值，作為中國華人對南洋的探測活動行為，周達觀的《真臘風土記》可視為一個中介轉關點，具有獨特重要性，透過此書，我們得以理解一個曾經偉大的文明的片段。然而，因為這些片段記錄有詳有略，因此必須在周達觀的基礎上，給予更多的梳理與論述。其次，從《真臘風土記》一書，我們也應該指出周達觀有意或無意透露出來的狹隘或錯誤觀念，而不能只像吾邱衍所說「異書君已著，未許劍埋光」這種應酬式的美評，或《四庫全書總目提要》所說「文義頗為賅贍」這麼簡單的推崇說法罷了！經由梳理研究，我們才能較多地理解十三世紀末中國華人對海外文明的觀察活動、交流情形與思維心態，並作為我們可以借鏡、思考、成長的方向。

第四章　《眞臘風土記》梳理論述（上）

　　本章及下章分別梳理周達觀《眞臘風土記》一書，全書四十則中，依性質類似分爲幾個章節：一、城市與建築；二、人物與風俗；三、語言與時序；四、山川與出產；五、器用與軍馬；六、其它。分類只爲梳理方便，並沒有絕對必然性，且不依原書章則順序。本章先梳理前面三部分，下章梳理後面三部分。

第一節　城市與建築

　　作爲一部地理遊記著作，周達觀首先觀察到的自然是這個國家的城市建築，因爲它最直接標誌一個國家的強弱現象，反映這個國家的氣象與格局。《眞臘風土記》第一則記載「城郭」，第二則記載「宮室」，正可以看出周達觀的首要切入點。這方面的探討，因爲周達觀具有出使身分，因此《眞臘風土記》當時可以看成是返國後的非正式報告文字，而在今天，這個部分更啓發近代法國考古學家，經由周達觀的記載而重新發現吳哥古文明。從《眞臘風土記》的記載來看，這個都城是一個經過良好規劃、以石材爲主要建材的高聳城市建築群，並且裝飾金、銅等物的大城市。這樣的大城市，是周達觀在中國土地上不曾見過的。

一、城　郭

　　首先梳理第一則「城郭」，全文如下：

州城周圍可二十里，有五門，門各兩重。惟東向開二門，餘向皆一門。城之外皆巨濠，濠之上皆通衢大橋。橋之兩傍，共有石神五十四枚，如石將軍之狀，甚巨而獰，五門皆相似。橋之闌皆石爲之，鑿爲蛇形，蛇皆九頭。五十四神皆以手拔蛇，有不容其走逸之勢。城門之上有大石佛頭五，面向四方。中置其一，飾之以金。門之兩旁，鑿石爲象形。城皆疊石爲之，高可二丈。石甚周密堅固，且不生繁草，却無女牆。城之上，間或種桄榔木，比比皆空屋。其內向如坡子，厚可十餘丈。坡上皆有大門，夜閉早開，亦有監門者，惟狗不許入門。其城甚方整，四方各有石塔一座。曾朋斬趾刑人亦不許入門。

當國之中有金塔一座，傍有石塔二十餘座。石屋百餘間，東向有金橋一所。金獅子二枚，列於橋之左右。金佛八身，列于石屋之下。金塔之北可一里許，有銅塔一座，比金塔更高，望之鬱然。其下亦有石屋數十間。又北一里許，則國主之廬也。其寢室又有金塔一座焉。所以舶商自來有“富貴真臘”之襃者，想爲此也。

石塔山在南門外半里餘，俗傳魯般一夜造成。魯般墓在南門外一里許，周圍可十里，石屋數百間。

東池在城東十里，周圍可百里，中有石塔、石屋。塔之中有臥銅佛一身，臍中常有水流出。味如中國酒，易醉人。

北池在城北五里，中有金方塔一座，石屋數十間。金獅子、金佛、銅象、銅牛、銅馬之屬，皆有之。〔註1〕

這則記載約五百餘字，但已將吳哥都城作出扼要完整的描述。周達觀所記錄的城郭，在書中雖未稱呼其名，但今日此城通稱爲「Angkor Thom」，譯爲「吳哥通」，即爲「吳哥城」，旅遊界俗稱「大吳哥」，經由一百多年的考古挖掘，今日大致城牆、建築已被整理出來，呈現面貌和周達觀當日所記幾乎完全相同，可知周達觀《真臘風土記》所記的信度。

　　周達觀抵達吳哥時爲公元 1296 年，當時真臘在位的國君爲「蘇耳因陀羅跋摩（Sridravarman，公元 1295 年至 1307 年在位）」，〔註2〕 主要規劃、建

〔註1〕 〔元〕周達觀著，夏鼐校注：《真臘風土記校注》，頁43～44。
〔註2〕 本文所記真臘國君名稱及在位期間，採自 Michael Freeman，Claude Jacques

築吳哥城的國君則為「闍耶跋摩七世（Jayavarman Ⅶ，公元 1181 年至約 1220
年在位）」。周達觀抵達眞臘時，距離闍耶跋摩七世建造吳哥城大約已有七、
八十年的時間。這段時間中，眞臘的國力已經開始走下坡，但因眞臘曾經輝
煌一世，所以還遺留當時繁華的風貌，因此周達觀所看、所記的狀況仍和眞
臘盛世相去不遠。

以今日來看，殘存的遺跡依然撼動人心。周達觀記錄吳哥城「州城周圍
可二十里」，夏鼐先生以為「元代之二十里，至多約相當于八公里」，〔註3〕那
麼這座方形的城市，每邊約為二公里。今日從空照及平面測量，則吳哥城遺
址每邊約為三公里，較周達觀所記為大。周達觀所述略不精密的原因，第一
種可能為當時無精密測量，大概只憑印象判斷，第二種可能是周達觀原記為
「三十里」但誤刻為「二十里」。不論如何，這是一個規劃嚴整、氣象撼人的
大城市，則無可疑。

周達觀記吳哥城牆共開有五道門，而在東向部分則開有兩座，其餘方向
各為一座，這也和今天的遺址完全吻和。周達觀記錄城牆外有護城河，跨越
護城河上則有大石橋，橋上各有神像的說法，也都正確無誤。今天的五門，
只在遺跡狀況與維修情形有所差異，佈局則一樣。不可得知的是，當初周達
觀進入吳哥城主要是從那座進入？但今日遊客通常從南門進入，以其維修的
狀況是最好的，而從南門的狀況來看，幾乎和周達觀所敘一模一樣。

首先是橋上的「石神五十四枚」，〔註4〕五門都是如此，這也是進入吳哥
城時最令人視覺為之震撼的畫面。這五十四枚石神，是五十四個高約二米半
的石雕，均背向城門，面向進城者，周達觀記錄這些石神被刻成將軍的模樣。
其實，因為周達觀對印度教並沒有深刻的瞭解，因此在《眞臘風土記》的記
錄上，對五十四個石神也沒有進一步的說明。這五十四個石神，實為代表印

合著之"ANCIENT ANGKOR"，Bangkok，Amarin Printing and Publishing，
2004，頁 13。"ANCIENT ANGKOR"亦有台譯本，即〔法〕傅利曼、賈克斯
著，邱春煌譯：《吳哥深度旅遊聖經》（臺北：貓頭鷹出版社，2007 年），以下
引文以中文版為主。另陳顯泗、楊海軍著：《神塔夕照──驚艷吳哥文明》則
稱該國君為「因陀羅跋摩三世（1295～1308 在位）」，略有出入，見該書頁 89。

〔註3〕 〔元〕周達觀著，夏鼐校注：《眞臘風土記校注》，頁 47。
〔註4〕 許多《眞臘風土記》的版本，「共有石神五十四枚」作「各有石神五十四枚」。
陳正祥先生《眞臘風土記研究》更正為「共有石神五十四枚」，夏鼐先生以陳
正祥先生為「理校」，是正確的。今日至吳哥現場，也確認以前抄本及版本有
誤。

度教中「善」、「惡」兩方神祇,進行印度教傳說中的「乳海攪拌」此一神話故事。

　　今人傅利曼、賈克斯在《吳哥深度旅遊聖經》中對此有簡單扼要的說明:

> 南門的入口通道跨越護城河,雕像夾道,每尊皆緊抓一條巨蟒(七頭蛇怪)的身體,彷彿在進行一場拔河大賽:站在左手邊的是善神,站在右手邊的面目猙獰的阿修羅(惡神)。顯然與「乳海攪拌」有諸多相似之處,尤其是吳哥寺長廊上的雕刻,甚至頭飾也一模一樣。問題是,以曼陀羅山為支軸的「乳海攪動」發生在那裡?最有可能是此城的國廟——巴戎寺。此論點的依據是巴戎寺沒有廟牆和壕溝,顯示係以城牆與護城河代替。果真如此,此不啻是一個宏偉宗教象徵意涵的體現,因其涵蓋了整座城市。〔註5〕

所謂「乳海攪拌」是印度教傳說的創世紀神話,世界的產生來自善神與惡神的協調,他們以曼陀羅山為支柱,以巨蛇綁住,各牽引一方,最後攪拌乳海中的生命,創造了世界。

　　傅利曼、賈克斯所述甚詳,但周達觀的記錄卻略有疑義。第一、周達觀並不知道這些神祇的名稱,也未知有分善惡,只是統稱以「石神」。然而,這兩邊各二十七個的石神,因為分別代表善、惡之故,所以雕刻風格差異很大,面對觀者的左方是為善神,面目祥和,面對觀者的右方是為惡神,面目較為猙獰,但周達觀都用「甚巨而獰」來統稱它們,顯然以偏蓋全。

　　第二,周達觀記錄這些石神所牽拔的巨蛇,為九頭蛇,今天細數蛇頭則只得七個,因此,正如夏鼐先生所說:

> 不僅吳哥城門外大道兩側,如聖劍寺(Preah Khan)正殿至大門之大道上亦有之。但一般僅有七首,城門外大道上者亦然。不知周氏何以致誤?……或周氏由于土人傳說王宮中有九頭蛇精而致誤歟?
> 〔註6〕

而金榮華先生在《真臘風土記校注》則說:

> 七頭之蛇名那伽(Naga),神話中之蛇王;印度教以其象徵生命之源,佛教以其為佛之護衛;其頭或五,或七,或九,或十一,古柬埔寨之宮殿寺廟多以其形為欄飾。吳哥所見之那伽乃七頭,皆昂舉;居

〔註5〕　〔法〕傅利曼、賈克斯著,邱春煌譯:《吳哥深度旅遊聖經》,頁75。
〔註6〕　〔元〕周達觀著,夏鼐校注:《真臘風土記校注》,頁49。

> 中者高且巨，離地約四公尺，餘者分位兩旁，依次低下，相聯成扇
> 狀。〔註7〕

此兩說法均足以提供參考，但也說明周達觀在記錄上產生的誤差。

第三，傅利曼、賈克斯引出周達觀未曾思考的問題，即「乳海攪拌」的曼陀羅山，應該是城中心的巴戎寺。周達觀因爲對印度教神話不熟悉，便也忽略了這一宗教象徵意涵的體現。

然而，周達觀所記雖有小誤差，難得之處在於，從《眞臘風土記》保存了今日遺址已無法看見的面貌。在過了五十四個石神後，即是吳哥南城門入口，周達觀說這道城門上有五個大石佛的頭，頭分別面向四方，但在今日吳哥遺址考古發掘後，城門上方的確有一座佛頭塔，各有四個佛像臉部朝向四方，然而，卻找不到第五個佛頭，但按周達觀的記錄，顯然應該有五個佛頭，第五個佛頭應該在四個佛頭的中央位置，並且，第五個佛頭應該飾之以金。

記載與今日遺址不符，但夏鼐先生認爲周達觀應該不會記錯，因爲「若以爲周氏受愚，誤信人言，則周氏居此城達一年之久，乃竟有此誤，殊爲異常。」〔註8〕

因此，城門上有五個佛頭應該是確定的，中間的佛頭應該最高，而且外在應該包覆著黃金或銅片之類金屬。後來，吳哥王朝沒落，中間的金銅片因有價值，被人所盜破壞，而有今天的模樣。但這點因爲已找不到考古證據，只能作爲推測，但本文認爲周達觀此類記載，應是屬實，也提供今天對昔日模樣的想像。

與此相同的記載也出現在本則中的「金塔」，這座金塔即爲吳哥城中的「巴戎寺」，是吳哥城中最主要的建築，一般認爲建築者是闍耶跋摩七世，建築期間也是吳哥王朝國力達到最巔峰的階段。因此，《眞臘風土記》記載中的「金」，應該不只是形容詞罷了，而是眞的在這座建築的最高部分，裝飾金片。這個證明也可與「城郭」則下記載的「銅塔」相呼應，銅塔應該覆蓋以銅片，因爲兩者地位不同，所以裝飾的金屬也有程度上的差別。和城門佛頭飾之以金的情形相同，因爲被盜，今日的考古都已無法證明。

再由金塔（巴戎寺）延伸的問題是，周達觀仍然在細部的觀察上產生了錯誤。《眞臘風土記》說「傍有石塔二十餘座，石屋百餘間」顯然也有問題。

〔註7〕金榮華：《眞臘風土記校注》（臺北：正中書局，1976年），頁19。

〔註8〕〔元〕周達觀著，夏鼐校注：《眞臘風土記校注》，頁50。

陳正祥先生說：

> 如果指的是 Bayon 正中「有金塔一座」，則「傍有石塔二十餘座」應
> 有兩個可能的解釋，一是指的僅屬於接近金塔的部分石塔，二是二
> 十餘座係五十餘座之誤。〔註9〕

陳正祥先生的說法，認爲一種可能是周達觀只取隨意印象說法，一是周達觀
又產生記錄錯誤。今日至巴戎寺，如果仔細計算的話，則石塔的數字約在三
十七個左右，這個數字說明兩個狀況，第一，當日石塔的數目至少超過三十
七個，而最合理的解釋應該是四十九到五十四個。〔註 10〕第二，巴戎寺的石
塔絕不可能只有二十餘座。

　　顯然地，周達觀在記載上，在某種程度上都是僅憑印象，在精準的數字
計較上並不是那麼在意。然而，續下文所記的「東向有金橋一所。金獅子二
枚，列於橋之左右。金佛八身，列于石屋之下。」則應不致有太大差誤。可
惜的是，今天考古並沒有在巴戎寺的東方發現這座金橋、金獅子、金佛，理
由很容易推測，即是前文提到的因爲金片昂貴具價值，早在吳哥王朝沒落時
便被掠奪一空。但從周達觀的記錄來看，巴戎寺一帶當日呈現的金碧輝煌情
形，一定令人印象深刻。

　　接續「金塔」記載後所提到的重要城郭，即爲「銅塔」，從《眞臘風土記》
所記「金塔之北可一里許，有銅塔一座，比金塔更高，望之鬱然。其下亦有
石屋數十間。」可以得知，銅塔指的即是今日吳哥遺址中的「巴普昂寺
（Baphuon）」，今日從巴戎寺北方出口往西北方向行走，約兩百公尺可抵達巴
普昂寺前的參道。這座參道長達一百七十二公尺，在視覺效果上更加突顯巴
普昂寺的宏偉。今按巴普昂寺的高度可能接近五十公尺：

> 臺上中央之主要建築物已毀壞無存。巴曼提埃以爲當係木結構建
> 築。發掘結果，證明原有木結構，並估計可能高達 50 米。（按此估
> 計似根據周達觀"銅塔一座比金塔更高"一語。金塔（巴雲寺）之
> 中央塔，高達 45 米。）此木塔當時似貼以金色之銅葉，當時銘刻中
> 稱之爲"金寺"。〔註11〕

〔註 9〕陳正祥：《眞臘風土記研究》，頁 44。

〔註 10〕理由在於，從橋上五十四個石神看來，五十四應該爲當時具代表性的數字，
因此，巴戎寺本身可能有四十九座石塔，另外再加五個城門的石塔，則得五
十四之數。

〔註 11〕陳正祥：《眞臘風土記研究》，頁 56。

陳正祥先生的推測爲是，加上參道的視覺導引，所以周達觀說「望之鬱然」，也點明了巴普昂寺給人的崇高感。可惜的是，巴普昂寺今日損壞嚴重，目前仍在修復當中，今日之視覺效果還不能稱上「比金塔更高，望之鬱然。」〔註12〕

　　接「銅塔」之後，《眞臘風土記》記錄「又其北一里許，則國主之廬也。其寢室又有金塔一座焉。所以舶商自來有"富貴眞臘"之褒者，想爲此也。」本段推測證之今日吳哥遺址，也無錯誤，而此座「金塔」即是今日被稱爲「國王宮殿」或「空中宮殿」的金字塔形紅磚石造建築。然而，周達觀所敍略有模糊之處，因此有梳理的必要。

　　其中，「國主之廬」指的應該是一處大範圍的說明，在巴普昂寺以北約一里左右的區域。按《眞臘風土記》第二則「宮室」有補充說明：

> 國宮及官舍府第皆面東，國宮在金塔、金橋之北，近北門，周圍可
>
> 五六里。〔註13〕

前面已提及，這裡的「金塔」即巴戎寺，再配合周達觀對「國主之廬」的方位來看是吻合的，而這一帶也是古皇宮所在位置，測得周圍距離大約兩公里，也約略和周達觀的敍述差不多。

　　值得補充說明的是，除了方位記載外，周達觀在這一小段的觀察重點在於發現眞臘屋舍的開門方位，均是朝東。之所以如此，夏鼐先生以爲漢人習俗屋室開門方位大都面向南方，因此周達觀特別注意到眞臘異域與中國的不同，將之記錄下來。

　　其次，在國主之廬中的這座「金塔」，除了「城郭」一則的記載外，「宮室」一則對這座金塔，有如下補充：

> 其内中金塔，國主夜則臥其下，土人皆謂塔之中有九頭蛇精，乃一
>
> 國之土地主也。係女身，每夜則見，國主則先與之同寢交媾，雖其
>
> 妻亦不敢入。二鼓乃出，方可與妻妾同睡。若此精一夜不見，則番
>
> 王死期至矣。若番王一夜不往，則必獲災禍。〔註14〕

以字數的多寡來看，則周達觀對俗稱「空中宮殿」的這座金塔的記錄，要比

〔註12〕〔法〕傅利曼、賈克斯著，邱春煌譯：《吳哥深度旅遊聖經》中說：「從此廟現在廢墟狀態，難以看出昔日的重要性，目前正在進行修建，預計二〇〇七年前完成，不過由於問題嚴重，可能需要更久。」頁103。截至筆者2007年時抵此座廟宇，仍未完成修建，周達觀所記仍只能想像。

〔註13〕〔元〕周達觀著，夏鼐校注：《眞臘風土記校注》，頁64。

〔註14〕〔元〕周達觀著，夏鼐校注：《眞臘風土記校注》，頁64。

對巴戎寺這座金塔，或巴普昂寺這座銅塔的記錄要來得多，這也隱藏了某種周達觀在記錄時的想法。

今按傅利曼、賈克斯所記這座建築並不是特別宏偉：

> 磚紅壤金字塔不大，東西寬僅三十五公尺、南北長二十八公尺，三層高各爲十二公尺。〔註15〕

比起巴戎寺或巴普昂寺，這座金塔的高度顯得低矮許多，然而，周達觀卻對之有更多補充說明，第一，周達觀認爲流行在船商中的「富貴眞臘」這類讚美眞臘富庶的話，在這座金塔中可以得到印證，因爲這座金塔也是貼以金片或金色銅葉，看來奢華；第二，周達觀在觀察這座金塔時，重點置於流行在當時眞臘百姓中的傳說，即國主每夜與蛇精交媾的傳說。對於巴戎寺那座金塔，周達觀卻沒有類似的記錄，可見《眞臘風土記》寫作的切入點仍多在於風俗傳說，或許周達觀認爲這樣更能呈現一個異域國家的風貌。

從這則「國王與蛇精交媾」的記錄來看，又可延伸對幾個問題的解決：第一，《眞臘風土記》許多版本記「其內中金塔，國主夜則臥其下」時，多記爲「其內中金塔，國主夜則臥其上」，從理校的層面來看，國主應該是在晚上時，睡在金塔下的宮室中，而不是每逢夜裡便睡在金塔之上，因此，應作「夜則臥其下」爲是。這點可能周達觀本身記錯，也可能抄寫刻印時出錯。

第二，國主應是睡於金塔之下，原因之一也在於這座金塔不應是俗名的「空中宮殿」，而仍應該是一座寺廟。於此，夏鼐先生的說法爲：

> "空中宮殿"乃今日之俗稱，古名"金角山"，乃寺廟名；在古代碑文中，常與"王宮"並舉，可知其本身並非王宮，且乃石砌結構，亦與王宮之爲木結構者不同。〔註16〕

夏鼐先生說法爲是，從今天對吳哥古皇宮一帶考古發現，當日皇宮因爲木造之故，都已經腐朽，而寺廟則以石造，所以今日仍在。

第三，關於這段傳說，周達觀是從土人處得知的，它透露了周達觀並沒有太多機會進入皇宮，因此對「金塔」的掌握度也不是很清楚。從傳說來看，其與眞實的情況也相差甚遠，一國國主似不太可能天天做此事，但在民間發展類似接近荒謬的傳說，則情有可原。周達觀在此顯得聰明，只說從土人處聽來，但自己並不對這件傳說作判斷與評價。

〔註15〕〔法〕傅利曼、賈克斯著，邱春煌譯：《吳哥深度旅遊聖經》，頁112。

〔註16〕〔元〕周達觀著，夏鼐校注：《眞臘風土記校注》，頁73。

不過，周達觀雖然沒有太多機會進入皇宮，但應該在隨團到達時，有過幾次的機會進入皇宮，所以可以對皇宮作出記載：

> 其正室之瓦以鉛爲之；餘皆土瓦，黃色。梁柱甚巨，皆雕畫佛形。
> 屋頗壯觀，修廊復道，突兀參差，稍有規模。其蒞事處有金窗，櫺
> 左右方柱，上有鏡，約有四五十面，列放於窗之旁。其下爲象形。
>
> 聞內中多有奇處，防禁甚嚴，不可得而見也。〔註17〕

這段記錄應該可信，從中也可以看出眞臘的富庶與氣派，這種氣派顯然震懾了周達觀，所以記錄仔細。周達觀也提到，因爲自己只是一個外國使節，地位並不足以進入皇宮內部，所以其它奇處並不得而知。這也再次印證周達觀對皇宮後方的「金塔」，缺少較多的掌握度，所以只能憑土人傳說，想像這一帶。

從以上的分析可以看出，周達觀對於皇宮一帶，因爲宮禁的關係，掌握度低，記載較模糊，但對土人傳說則顯示相當的興趣。然而，這種記載卻也引發考古學上的遺憾，即對於如此壯麗的吳哥文明，周達觀竟然著墨如此之少。雖然周達觀此行不必具備考古的任務，但今人閱讀《眞臘風土記》時，不免產生遺憾。

最大的遺憾在於《眞臘風土記》記載世界七大奇跡「吳哥寺」（或俗譯吳哥窟）時只有「魯般墓在南門外一里許，周圍可十里，石屋數百間。」二十個字的記載，相對偉大文明，卻只有零星數字的記載，確實是《眞臘風土記》遺留下的極大疑點。於此，陳正祥先生說：

> 魯班墓係指 Angkor Vat 或安哥窟，意爲塔之城，周圍約三公里，而
> 且在這一帶除了 Angkor Vat 外，實無其他建築可以相當。由於這石
> 頭大廟非常雄偉，故土人相傳爲神工 Visnukarman 所造。周達觀大
> 概對印度教混沌的神話不感興趣，又鑑於此廟建築的奇異，才聯想
> 到建築界的祖師魯般（魯般）來，于是象徵式的稱之爲魯般墓。其
> 實周達觀稱此廟爲墓，也是頗有根據的，因爲 Suryavarman 二世葬
> 在這廟裡，另有幾個國王和王室大臣的骨灰也寄存在這個廟裡。在
> 安哥所有的廟中，只有 Angkor Vat 是朝西的；而在當時的眞臘，西
> 方正是埋葬死者的方向。〔註18〕

〔註17〕〔元〕周達觀著，夏鼐校注：《眞臘風土記校注》，頁64。

〔註18〕陳正祥：《眞臘風土記研究》，頁45。另，陳正祥先生說吳哥窟即名爲「Angkor Vat」似較不宜，應名爲「Angkor Wat」較恰當。Wat 即柬埔寨一帶寺廟的意

按陳正祥先生此文已點出周達觀的缺失所在，而解釋成是周達觀對印度教不感興趣。然而，這點理由仍稍嫌薄弱，因爲周達觀在真臘一年，幾乎每天都會看到這座龐大建築，但回國竟然只以二十個字交待，實在不合常理。這座建築之巨大，金榮華先生有簡要的說明：

> 魯班墓即今吳哥寺，音譯作安哥伐（Angkor Wat）甚壯麗，乃現存最完整之柬埔寨古建築。寺門向西，寺外環以巨濠，寬兩百公尺；繞濠一週約五公里半，可十里也。濠上石橋寬十五公尺，兩旁石欄鑿成那伽蛇身，蛇頭向西高昂，離地四公尺左右，今僅存半斜面而已。廟中九塔，其五建於頂層，皆雄偉高聳，而中央主塔尤甚，塔尖距地可四二公尺。〔註19〕

而夏鼐先生則有更詳細的數據記錄：

> 吳哥寺遺跡，在吳哥城南門外約一公里，位于大道之東，故其正門向西。和吳哥一般建築大門向東者不同，四周有圍牆及巨濠。以濠之外邊計算，東西1500米，南北1300米，周圍共5.6公里即約十一華里。濠寬190米。寺建于平臺上，凡三層：第一層高出地面3.5米，成長方形，東西長215米，南北寬187米，即著名迴廊雕刻之所在地。第二層平臺，又高出7米，長寬爲115×100米。第三層又高出13米，長寬爲75米見方。此平臺上築五塔，其中央一塔最高，達42米，即高出地面65.5米。〔註20〕

按金榮華先生與夏鼐先生所記均比周達觀詳實太多，說明這是一座含外邊界在內總共達到將近兩百公頃的龐大建築群，難怪被譽爲世界七大建築奇跡之一。

因此，周達觀不詳記吳哥寺確實值得檢討。這座寺廟建築於公元1113年至1150年間左右，約比歐洲著名的巴黎聖母院稍早數十年，置於當日世界來看，吳哥寺比起巴黎聖母院，可說有過之無不及，當時的真臘文明恐怕也不在歐洲文明之下。周達觀畢竟忽略對這些偉大建築的記錄，或許周達觀覺得真臘雖然富庶，但畢竟是島夷之國，因此縱使真臘建有吳哥寺這麼偉大的建築，亦不必過於在意。

思。夏鼐先生等人亦作 Vat，宜應今日通作 Wat 改正爲宜。

〔註19〕金榮華：《真臘風土記校注》，頁28。

〔註20〕〔元〕周達觀著，夏鼐校注：《真臘風土記校注》，頁59～60。

　　不過，周達觀以「魯般墓」來稱呼吳哥寺，則點出這座建築的特性之一，在於「以廟爲陵」的觀念，因此陳正祥先生說周達觀這種講法是有根據的。夏鼐先生《眞臘風土記校注》書中也有相同看法：

> 戈岱司最初（1911 年）以爲此寺乃蘇利耶跋摩二世（1113-約 1150）所建之供奉毘濕奴之廟，但國王死後改作國王陵墓。戈氏後來認爲此乃國土死後之“享殿”（funeary temple）。普喜魯斯基（J. Przyluskī）謂當爲陵墓，其理由爲：僻處郊外，不與生人混處，位于州城東南，而東南爲死者所居，大門向西，乃日落方向；迴廊雕刻題材之次序由左向右，乃印度教中舉行儀禮時在陵墓中巡行之方向，而非廟宇中之方向也。（布氏書 204 頁）〔註21〕

這種說法強調了「以廟爲陵」或是作爲「享殿」的作法，衡諸古代文明，確實也有類似的情形，應該可信。上段說法也提出了吳哥寺著名迴廊浮雕的題材次序，是由左向右發展，這也說明當時印度教在陵墓禮儀中的方向。然而，吳哥寺是作爲廟宇而先建成，其後再作爲國王陵寢，但從迴廊浮雕由左向右發展看來，則當日蘇利耶跋摩二世在建造吳哥寺時，已經有將此廟作爲陵寢的想法。

　　今日進入吳哥寺，正是從西方的大門進入，穿越中央參道後，來到吳哥寺本體。在參觀迴廊浮雕時，一般從西南角樓先看，角樓中的浮雕刻繪「乳海攪拌」與吳哥寺所供奉的主神「毘濕奴」的事跡。從此角樓往右，即往東向行走，便遇到「蘇利耶跋摩二世和他的軍隊」浮雕，盡頭處則是「閻摩的審判」和「天堂與地獄」。〔註22〕這樣的安排，正是從「世界創生」——「國王的人間」——「死後的世界」，顯然具有將吳哥寺作爲陵寢的構思。

　　此外，吳哥寺之所以既爲廟又爲陵的構思，也可以從蘇利耶跋摩二世的王名得出訊息，此王名據吳虛領《東南亞美術》中說：

> 蘇利耶跋摩的名字從梵文翻譯過來，就是“受太陽神保護的人”，因而吳哥窟才有這樣巧妙的設計，將蘇利耶跋摩二世、太陽和毘濕奴的神迹自然地結合起來，達到神化國王的目的。〔註23〕

〔註21〕〔元〕周達觀著，夏鼐校注：《眞臘風土記校注》，頁 60。
〔註22〕更爲詳細的資料，可參考〔法〕傅利曼、賈克斯著，邱春煌譯：《吳哥深度旅遊聖經》，頁 57～62。
〔註23〕吳虛領：《東南亞美術》（北京：中國人民大學出版社，2004 年），頁 138～139。

同理可推吳哥寺正門之所以面向西方，而與吳哥其它廟宇正門通常面向東方不同之處在於，太陽從西方而落，也代表了蘇利耶跋摩二世此一結合太陽神意味的神王，卒後正如太陽西落。

從上述分析可知周達觀稱吳哥寺爲「魯般墓」，應屬正確。之所以如此，可能因爲周達觀抵達真臘時，當時真臘人已經如此看待、稱呼吳哥寺，所以周達觀也自然將吳哥寺稱爲「墓」。

除此外，周達觀對吳哥寺的記載，另有三個重點：（一）吳哥寺在大吳哥城南門外，大約一里多的地方；（二）吳哥寺的周圍大約爲十里；（三）吳哥寺有石屋數百間。其中，以方位及距離來說，周達觀每日在這一帶活動，記載自然沒有太大的錯誤，而從今日考古測得的距離長度，吳哥寺的周圍爲5.6公里，也和周達觀所述接近，問題不大。

較大的問題是「石屋數百間」。按這種記錄是周達觀記載吳哥一帶建築的描繪性用詞，例如記載巴戎寺有「石屋百餘間」，記載巴普昂寺「有石屋數十間」等，均是如此。然而，這種記錄法仍是中國筆記式的大略印象記錄，實在缺乏考古上的較精確數字，前引夏鼐先生校記吳哥寺的基本資料，即在補足周達觀的模糊不足處。

「石屋數百間」的用詞突顯許多中國傳統文士的含糊籠統用法，它很可能被誤以爲是在吳哥寺下，有數百間獨立的、以石頭建築成的屋子。事實上，這裡的石屋指的是吳哥寺中的「空間」而言，這些空間有不同的用途，例如供奉佛像、僧侶齋沐、置放經書等，整體而言，都隸屬吳哥寺這一建築。

以空間數來講，「數百」之稱也不準確，大概周達觀看到吳哥寺巨大無比，所以稱這個數字。周達觀雖在真臘一年，但絕非從事考古工作，不可能細算，只能由建築的體積大小作模糊陳述，例如比吳哥寺稍小但也頗巨的巴戎寺，便記爲百餘間，而與巴戎寺相當，但結構看來卻更紮實的巴普昂寺，則只記爲數十間，凡此都說明中國文人在面對此類陳述時，透露出的鬆懈及無力感。

最後，在《真臘風土記》「城郭」一則中，周達觀還記有「東池」及「北池」兩處建築，需再作補充梳理。

周達觀稱東池爲「東池在城東十里，周圍可百里，中有石塔、石屋。塔之中有臥銅佛一身，臍中常有水流出。味如中國酒，易醉人。」從方位來看，「東池」指的是今日被稱爲「東梅蓬寺（East Mebon）」的地方，據《吳哥深度旅遊聖經》的記載是：

環繞東梅蓬寺的廣闊的東芭萊湖，長七・五公里、寬一・八三公里，約早寺廟半個世紀由耶輸跋摩一世築成，此湖……現已乾涸，但當水位達四公尺時，能儲存約五千五百萬立方公尺的水。……這間古刹實際上不是一座寺廟水，予人高聳的感覺係因周圍沒有水。東美蓬寺由御用建築師迦維因陀羅梨摩多那所建，主神羅貞陀羅史跋羅在九五三年一月二十八日星期五早上約十一時奉祀。〔註24〕

從中仍可見出周達觀的記載錯誤之處，東池的周圍絕不到百里，而是十八公里多。不過，周達觀說東梅蓬寺有石塔、石屋則是正確的，今從遺跡看來，東梅蓬寺的特色即爲有五座尖塔，而寺中也有許多石造空間等。

值得注意的是，周達觀的記錄中說明寺中有一具「臥銅佛」，從東梅蓬寺主祭印度教中的濕婆神看來，這具「銅佛」應是濕婆神像。然而，這座神像可能已經遺佚，較難證明周達觀所說。因此，從與東梅蓬寺基本對稱的西梅蓬寺來看，在 1936 年時發現了一尊銅製的臥神像，可以推知東梅蓬寺或許也有相同的臥銅神像。〔註25〕

至於周達觀提到從臥銅佛臍中流出的水，味道如中國的酒，喝了易醉。大概周達觀也曾飲用過，而從水味如酒看來，可能是祭祀時經過處理的水液，含有類似酒精一類成分之故。

《眞臘風土記》城郭一則最後的記載爲「北池」：「北池在城北五里，中有金方塔一座，石屋數十間。金獅子、金佛、銅象、銅牛、銅馬之屬，皆有之。」從中來看，北池應該是指位於大吳哥城東北方的「龍蟠宮（Neak Pean）」及其附近的較大面積的「闍耶塔塔迦湖（Yaco-dharatataka）」，這座池子原大小爲長 3.7 公里，寬 0.9 公里，但今日已經乾涸。至於周達觀所說的金方塔部分，則仍保有幾處較小的池子，分別是中央一個長寬各約爲七十米的主池，及東

〔註24〕〔法〕傅利曼、賈克斯著，邱春煌譯：《吳哥深度旅遊聖經》，頁 161。

〔註25〕〔法〕傅利曼、賈克斯著，邱春煌譯：《吳哥深度旅遊聖經》中謂：「（西梅蓬寺）一九三六年格萊茨聽一名農夫說他做了找到神像的夢，之後便在此處發現一尊宏偉的銅製毗濕奴神像，可能即周達觀所指的銅製佛像。」頁 188。夏鼐先生在《眞臘風土記校注》中也引戈岱司的說法，稱「東池或爲西池之誤，西池之西湄本寺（十一世紀中葉建），不僅有臥銅佛（1938 年發現頭部）、上身及臂部殘件，而其塔中有二井，一以汲水，一以盛佛臍中流出之水。」頁 61。然而，從周達觀《眞臘風土記》來看，這裡仍應指東池爲宜，較折中的講法應是兩池都有類似的臥銅神像，或者是周達觀是在西池所見，但又誤記到東池來。

西南北四方各一個長寬約爲二十五米的小池，每個池子池水都已經乾涸，但中央主池在夏日雨季時則仍可蓄水。

中央主池中心點的地方，即是金方塔。值得注意的是，這座塔是建築在一座圓形的臺基上，臺基的形狀爲蛇神盤繞，中央點則是方形的廟塔，供奉濕婆神。從周達觀的記錄來看，這座今名龍蟠宮的廟塔，外表應該覆以金箔或銅片，而與圓形的臺基配合來看，整體充滿神聖的宗教意味。

主池四方，又有四個小池，每個小池與主池間各連接一座祭祀殿，祭祀殿之中除祭臺外，各有一座動物頭部石雕，石雕後方與中央主池池水連接，池水經由引道從石雕口中流出。這四種動物分別是位於南方的獅、北方的象、東方的牛、西方的馬，與周達觀所記一樣。不同的是，不知什麼時候，今天東方的牛已被人像所取代，牛像已不在？至於周達觀原提到的「金佛」則也已經消失不見。此處的金佛應該置於中央圓壇上方塔裡，並且外覆金箔或銅片，供人膜拜。並且，從夏鼐先生《眞臘風土記校注》引北池附近「聖劍寺」發現的碑文中有「一島屹立，綠水環繞，風景宜人，凡與接觸之人，所有罪惡之泥，皆將蕩滌潔清，慈航普渡。」〔註 26〕可以知道，北池之中央主池，除具有神聖的宗教意涵外，也有洗滌罪惡，甚或是水療的功能。

需要補充的是，周達觀在這小段提到有「石屋數十間」，則較爲突兀，因爲如今考古遺跡並沒有那麼多的數目，可能當日周達觀所記，是包含整個闍耶塔塔迦湖而言，或是如金榮華先生所校：

> （石屋數間），「間」上原有「十」字，據遺跡，依説郭六十九卷十刪。……
>
> 四邊飾以小池，堤上有石龕，當是周氏所記之石屋也。〔註27〕

最後，周達觀也忽略了中央主池中的一座「飛馬救人」石雕，這座石雕刻畫觀音菩薩化身解救苦難人間的故事，是非常精美的藝術傑作，周達觀忽略不記，確實有所遺憾。此外，夏鼐先生《眞臘風土記校注》一書考證嚴謹，但在這裡卻出現一個小錯誤：

> 尼奔寺之寶物，其中以一人頭像代四獸中之馬，但另有一巨馬石雕群像，當即周氏書中之"銅馬"。此石馬（按此馬爲觀音菩薩之化身），周圍擁聚有人群。〔註28〕

〔註 26〕〔元〕周達觀著，夏鼐校注：《眞臘風土記校注》，頁 63。

〔註 27〕金榮華：《眞臘風土記校注》，頁 31。

〔註 28〕〔元〕周達觀著，夏鼐校注：《眞臘風土記校注》，頁 62～63。

按四獸之中，人像取代者爲銅牛，而非銅馬。另外，周達觀所記的金獅子、金佛、銅象、銅牛、銅馬等，是對等來記錄，代表中央與四方位，而不致於以一較大型的石雕取代原本應置於祭祀殿中的銅馬，故夏鼐先生在此的講法，似有重新考證的必要。

二、宮　室

　　以上爲對《眞臘風土記》「城郭」一則的分解。其次梳理第二則「宮室」，全文如下：

> 國宮及官舍府第皆面東。國宮在金塔、金橋之北，近北門，周圍可五六里。其正室之瓦以鉛爲之；餘皆土瓦，黃色。梁柱甚巨，皆雕畫佛形。屋頗壯觀，修廊複道，突兀參差，稍有規模。其莅事處有金窗，櫺左右方柱，上有鏡，約有四五十面，列放於窗之旁。其下爲象形。聞內中多有奇處，防禁甚嚴，不可得而見也。
>
> 其內中金塔，國主夜則臥其下，土人皆謂塔之中有九頭蛇精，乃一國之土地主也。係女身，每夜則見，國主則先與之同寢交媾，雖其妻亦不敢入。二鼓乃出，方可與妻妾同睡。若此精一夜不見，則番王死期至矣。若番王一夜不往，則必獲災禍。
>
> 其次如國戚大臣等屋，制度廣袤，與常人家迴別；周圍皆用草蓋，獨家廟及正寢二處許用瓦。亦各隨其官之等級，以爲屋室廣狹之制。
>
> 其下如百姓之家，止用草蓋，瓦片不敢上屋。其廣狹雖隨家之貧富，然終不敢倣府第制度也。〔註29〕

本則是第一則「城郭」的補充，但更集中記錄眞臘國宮狀況，在細部描繪上補充了吳哥城的宮廷建築樣貌，整體來看，眞臘國宮可謂金碧輝煌，足與前則提及的偉大廟宇建築交相輝映。較可惜的是，當初這座宮廷建築有絕大部是以木頭建構，儘管當初金碧輝煌，但畢竟已不敵時間摧磨及叢林吞蝕，如今只剩少數勉強可辨的地基罷了！但從周達觀所記，宮廷建築「皆面東」則無疑義，這個方位正與代表死亡的西方位對比。今日到吳哥城中，從僅存的遺址也可以證明當時國宮面東。

　　其次，在第一則「城郭」中，周達觀對大部分的廟宇建築的方法少有提

〔註29〕〔元〕周達觀著，夏鼐校注：《眞臘風土記校注》，頁64～65。

及，但在本則中開首便提及面東的方位，這點夏鼐先生的說法是：

> 但今仍有遺蹟可見之古代皇宮，確爲東向開戶。漢人特加注意其方
> 向者，以漢人習俗以南向開戶爲上。住宅之朝向，和其居民坐位所
> 尚之方向，息息相關。〔註30〕

頗能成理。至於本座宮殿的面積，夏鼐先生注爲：

> 王宮 600×250 公尺，周圍約 1.7 公里，（按：如從南北兩外圍牆起
> 算，則近二公里），圍牆高 7 公尺，東邊爲大宮門，南北兩邊皆有
> 宮門二。此宮牆及宮門，似爲闍耶跋摩五世（968 年至 1001 年）
> 時所建，較空中宮殿爲稍晚。至于宮殿，當爲木結構，已蕩然無存
> 矣。〔註31〕

說法也是正確的。

　　值得留意的是，宮殿因以木造而蕩然無存，但在宮殿之前則有一道「鬥
象臺（Elephant Terrace）」仍保留至今。金榮華先生認爲它應該是國主蒞事處
之一：

> 「國宮」指今之御苑（國主之盧）及象台（國主蒞事處）。御苑地廣
> 南北二五〇公尺，東西六〇〇公尺；象台在御苑之前，亦御苑之東
> 牆，南北長三五〇公尺，寬十四公尺，繞御苑及象台一周約兩公里
> 半，合當時四華里半左右。……台上之建築皆無存，台基之巨象浮
> 雕猶在，爲數甚眾。〔註32〕

從中來看，記錄是正確的，但鬥象臺是否即爲當時眞臘國主蒞事之處，仍可
考慮。以周達觀書中所記「其蒞事處有金窗，櫺左右方柱，上有鏡，約有四
五十面，列放於窗之旁。其下爲象形。聞內中多有奇處，防禁甚嚴，不可得
而見也」來看，它更可能是某些接近或辦公的空間，位置可能在鬥象臺之西。
它離鬥象臺應該頗爲接近，但距離眞正的宮殿又有一個過渡之處，所以周達
觀說「不可得而見也」，也就是說周達觀只能停在較爲外圍的接見室，但眞臘
國主所在位置則在接見室後方，周達觀在此可以看到某些金碧輝煌的裝飾
物，例如金窗、方柱、鏡子，象形雕飾等，但再往裡面的情形，因爲周達觀
身分只爲隨團副使，加以眞臘宮禁森嚴，周達觀便無所見而不得知了。

〔註30〕〔元〕周達觀著，夏鼐校注：《眞臘風土記校注》，頁 65。

〔註31〕〔元〕周達觀著，夏鼐校注：《眞臘風土記校注》，頁 66～67。

〔註32〕金榮華：《眞臘風土記校注》，頁 33。

　　不過，鬥象臺自然可以視爲國主蒞事的地方，以今日遺跡來看，鬥象臺面東之處，有一大片廣場，那麼，鬥象臺可以看成類似「閱兵臺」一類的功能。當初眞臘國主可能在此校閱部隊，因此鬥象臺也可視爲蒞事處。從以上的討論，我們大約可以猜測周達觀觀見的路線，應是從鬥象臺登上階梯，當初，台上可能有某些華麗的裝飾物。其後，周達觀走下鬥象臺，來到王宮前的接待廳，在這裡他可以看到位於接見廳後方的眞臘國主，然而，他卻無法得知眞臘國主眞實的宮殿是何模樣？只知華麗非凡，足以彰顯一國之主的氣象。

　　正因爲無法進入國主的宮殿，所以接下對宮殿的描述，周達觀只能憑他人所說，並提及蛇精的傳說。這點已於前則論及，不再續論。不過，在國主的宮殿或寢宮之外，對外其它政府官員或一般民宅，周達觀便可敘述較詳細，因爲周達觀在眞臘停留時間較久，所以得出較準確的觀察。

　　總之，本則記錄重點在於：（一）從國主以下，臣民的住屋有分等級；（二）大分法爲政府官員與一般民眾，最明顯的差別在於可不可以用瓦；〔註33〕（三）細分法是政府官員依照等級，畫出住屋的寬廣或狹窄，百姓則依照貧富，畫出住屋的寬廣或狹窄；（四）政府官員與百姓的住屋有極大分別，極好辨認；（五）就算百姓富有，但無論如何是不敢仿效政府官員的建築形制，作逾矩之想。

　　這種情況也反映了眞臘的「王」－「臣」－「民」階級畫分法，非常嚴謹而明顯，從中也透露當時眞臘的統治，基本正是神王統治的社會形制，國家大部分財富、資源，集中在國主及宮廷，而國戚大臣則協助國主行事，相對也在利益上取得較大享受。至於百姓，大約以安居樂業爲最理想的生活結果，但大致不會有強烈的非分之想。

　　小結以上對周達觀在《眞臘風土記》一書關於吳哥城市與建築的記載，可以得出幾個大要方向：

　　（一）周達觀因抵達眞臘時，仍值眞臘富庶時期，所以記載了當時城郭的資料，大致都爲可信，也提供了後世考古的佐證資料。例如吳哥都城的分布，附近的大致地形、建築的基本形制、方位等，大體上並不差。因爲周達觀所見仍停留在眞臘富庶期，他的描述也讓今人面對已成廢墟的吳哥建築

〔註33〕夏鼐：《眞臘風土記校注》中說：「按土黃色瓦，當即指黃色琉璃瓦。」頁68。
或許，這種瓦片也接近中國瓦，因此周達觀印象也較深刻。

群，產生更多復原的考據想法。

（二）因爲周達觀個人的企圖出發點之故，以致周達觀所記的城郭狀況，和今日一般的著重點不同，例如只以二十個字記吳哥寺即是遺憾的著例。這種遺憾，相對也對今日考古產生較多的阻礙，若當初周達觀得以較嚴謹詳實的心態記錄，《眞臘風土記》或許可以成爲更重要的學術著作。

（三）《眞臘風土記》畢竟不是學術著作，在於周達觀多處只憑印象記載，以致不免出現錯誤，這點有待於今日考古的釐清與補正。經由釐清與補正，我們可以更加還原眞實的眞臘景象。

（四）因爲是中國印象筆記式的書寫，周達觀的記載出現許多模糊處，因此，我們應該面對《眞臘風土記》一書在與《馬可波羅遊紀》等書相提並論的情況下，留意中國式的書寫確實有許多斟酌之處，這也是研究《眞臘風土記》必須面對的缺憾。

第二節　人物與風俗

周達觀《眞臘風土記》首記城郭宮室，其次則將觀察重點置於人物及風土之上。四十則中，與此有關者大約占了一半，從而點出《眞臘風土記》的性質。廣義來看，從第三則「服飾」，到第二十一則「欲得唐貨」都屬於這個範疇。而在《眞臘風土記》的後半部中，如「取膽」、「異事」等，也都是與人物或風俗相關的記錄。本節先談與人物、風俗較相關之部，約從第三則到第九則。

一、服　飾

首先梳理第三則「服飾」，全文如下：

> 自國主以下，男女皆椎髻袒裼，止以布圍腰。出入則加以大布一條，纏於小布之上。布甚有等級，國主所打之布，有直金三四兩者，極其華麗精美。其國中雖自織布，暹羅及占城皆有來者，往往以來自西洋者爲上，以其精巧而細美故也。

> 惟國主可打純花布。頭戴金冠子，如金剛頭上所戴者；或有時不戴冠，但以線穿香花，如茉莉之類，周匝于髻間。頂上戴大珍珠三斤許。手足及諸指上皆帶金鐲，指環上皆嵌貓兒眼睛石。其下跣足，足下及手掌，皆以紅藥水染赤色。出則手持金劍。

　　百姓間惟婦女可染手足掌，男子不敢也。大臣國戚可打疎花布，惟官
　　人可打兩頭花布；百姓惟婦人可打之。若新唐人雖打兩頭花布，人亦
　　不敢罪之，以其暗丁八殺故也。暗丁八殺者，不識體例也。〔註34〕

就一個外國人的角度而言，當周達觀初抵眞臘時，當地奇風異俗自然吸引目
光，通常地，首先映入眼簾的大致是當地百姓的穿著。相較記錄城郭時往往
因爲數據偏差而導致相對錯誤而言，周達觀在「服飾」記載上就顯得清晰明
白許多，因爲長期接觸、熟悉的結果，文字中透露出周達觀自信的觀察結果。

　　本則記錄中，周達觀觀察的重點在於：（一）眞臘人的穿著與裝飾，而其
中又分國主與百姓；（二）眞臘與中國的相異處；（三）眞臘已有能力從事世
界性的貿易活動；（四）風俗除上下有別外，男女也有別；（五）新到眞臘的
中國人與當地風俗的小隔閡等。

　　首先是髮型。眞臘人的髮型，不論男女都是「椎髻」，說明十三世紀時，
眞臘人是蓄長髮，但會將長髮挽起，在頭頂上或頭後方形成像椎狀的髮髻，
這點和今天的柬埔寨人一般留短頭髮不一。因此，夏鼐先生《眞臘風土記校
注》引聖安東尼奧關於公元 1598 年至 1600 時柬埔寨人之記載謂：

　　俗人長髮。

而推斷爲：

　　剪髮之俗，似于 1600 年至 1640 年之間開始傳入柬埔寨。〔註35〕

周達觀於十三世紀末抵達眞臘，當時並沒有剪髮的習俗。今日，從吳哥城中
巴戎寺的迴廊浮雕中發現，當時一般百姓確實束有髮髻，位置在頭部正中稍
偏後方。此外，在許多位階較高的神像，或是國主貴族等，很明顯地在頭上
梳一個椎形的髮髻，幾盤頭髮捲起，越盤愈小，明顯是椎形。巴戎寺建造年
代約比周達觀抵眞臘時早七十年左右，因此周達觀所謂的「椎髻」應該就是
這種髮型。值得注意的是，迴廊浮雕中刻畫軍隊戰士時，許多並不作成椎髻
模樣，而是髮式較短，整編貼在後腦，可能是因爲作戰便利的緣故。

　　「袒裼」即露出衣服底下的內衣，或是露出身體的意思，從中可知眞臘
人不論男女，應該都裸露上身，只用一條布圍在腰際。之所以如此穿著，一
因東南亞天氣較炎熱，二因佛教中「偏袒」本來並非羞恥之意，加上眞臘文
明不重繁文縟節上，不像中國那麼保守、道德化，因此袒裼是自然的行爲。

〔註34〕〔元〕周達觀著，夏鼐校注：《眞臘風土記校注》，頁 76～77。
〔註35〕〔元〕周達觀著，夏鼐校注：《眞臘風土記校注》，頁 77。

巴戎寺的迴廊浮雕依然可證這點，不論男女，都會露出上身。

　　除以布圍腰之外，當眞臘人外出時，則會再加一條較大的布，方式是纏在小布之上，並且，也從所纏大布看出身分高低，或是經濟富窮。尤其國君所使用的布料，價值黃金三、四兩，可知貴重，並且，這種布料來自西洋，算是「舶來品」。夏鼐先生認爲這裡的西洋布，應是指印度的棉布：

> 此西洋布，當指印度棉布。印度棉布，元代即已著名。《馬可波羅遊記》謂印度默忒菲里國（今海德拉巴之東北）出產之細棉布爲世界最好、最美麗、最精緻之布。〔註36〕

當時眞臘與外域交通頗爲發達，從印度進口布料並不困難，因爲精美，所以作爲國主及上流社會用途，以別於一般百姓較粗糙的布料。

　　國主裝束除身上所穿布料精美不同一般百姓外，最明顯的則表現在頭上的佩飾。首先是王冠，和世界上的皇帝、法老、國王都會頭戴王冠顯示身分尊貴一樣，眞臘國主也戴冠，且在材質通常使用黃金爲材料，如周達觀所說的「金冠子」，這點自無疑問。在眞臘，國主所戴王冠類似宗教神像所佩戴的頭冠，考諸吳哥寺及巴戎寺等地浮雕，都可以發現周達觀所述爲是，國主頭上的確佩戴有如神像上頭冠，間接說明眞臘國主地位近似於神祇。

　　不過，眞臘位於東南亞，典型的熱帶雨林氣候，整日佩戴黃金冠顯得沉重悶熱，因此在頭冠形制上，有時也以編織的花卉替代，可能在一些較不重要的場合，或是休閒時刻，便可以這種花飾頭冠出現。這種花冠大約就是花環，以線穿花，戴在頭上，今天許多海島或海岸地區，或包括柬埔寨一類雨林內陸國家，仍可時常看到這種裝飾，具有原始、野性純樸之美的特色。

　　其次，眞臘國主也佩戴寶石，周達觀觀察到其中主要的兩種：珍珠與貓兒眼睛石。黃金之外，大凡世人也都重愛寶石，眞臘國主也不例外。較有趣味的是，周達觀記國主頭上往往佩戴三斤多的珍珠，可想而知並不舒服，目的應是爲彰顯一己華貴罷了！而搭配以手上的金鐲子，以及腰間所佩戴的飾以黃金的劍器，也具有相當的國主風采。

　　除此外，本小節所呈現的眞臘人身上裝束，較特殊的地方在於「其下跣足，足下及手掌，皆以紅藥水染赤色。」跣足即是不穿鞋子，這對來自強調全身衣冠規矩的中國人周達觀來說，自然別具特色。眞臘人不僅不穿鞋，還以紅藥水將手足染成紅色。這種紅藥水應該是從某些植物提煉出來，情形有

〔註36〕〔元〕周達觀著，夏鼐校注：《眞臘風土記校注》，頁87。

點像是今日非洲等地一些原住民等，都會在身上某個部位塗以顏色，帶有裝飾或宗教性的意味。不過，我們從周達觀的文字記載上似乎看不出眞臘人染紅藥水具有宗教性意味，應只是裝飾罷了！附帶一提，據夏鼐先生《眞臘風土記校注》引伯希和說法，今天柬埔寨已無此習慣：

> 伯氏注云：按柬埔寨今已無此染手足之習。〔註37〕

至於民間百姓，在染手足這點上，只有女子可以染，男子則「不敢」染。至於國主因身分崇高，也不似一般民間男子較具粗相，所以可以紅藥水染色，以示美麗。這種裝飾性的美麗也反映在身上的布匹花色之美，同樣地，百姓女子可以略作裝飾，而百姓男子則以素樸為主。

周達觀記載至此時，逐漸出現拿中國與眞臘作比較，本則引到中國華人到眞臘時，在衣著上與當地的比較，說「若新唐人雖打兩頭花布，人亦不敢罪之，以其暗丁八殺故也。暗丁八殺者，不識體例也。」這段資料說明當中國人來到眞臘時，在衣著上也希望得以華美，因此，他們會打兩頭花布，這其實是眞臘官員以上的人才可以打的。然而，當眞臘人看到中國人也打兩頭花布時，他們並不怪罪，說明眞臘人在此擁有一定的包容力，才容許中國人也能如此裝束。

眞臘人之所以包容的原因是「暗丁八殺」。暗丁八殺的意思，據周達觀的解釋是不識體例，也就是中國人不太清楚眞臘的風俗民情，以至誤闖眞臘習俗。據夏鼐先生《眞臘風土記校注》整理「暗丁八殺」的意思為：

> 許肇琳亦以為暗丁八殺可能為柬語 at-deng peasa 的音譯，即“不懂語言”之意。唐人新來，未諳柬語，對於柬俗自無所知，故周氏意譯為“不識體例”是也。〔註38〕

此說頗合情理，周達觀的記錄為後人留下當日柬語對音，以及從之而來所產生的文化隔閡差異，更說明眞臘對不同文化的包容力，實在值得我們理解與反思。

二、官　屬

其次梳理第四則「官屬」，全文如下：

> 國中亦有丞相、將帥、司天等官，其下各設司吏之屬，但名稱不同

〔註37〕〔元〕周達觀著，夏鼐校注：《眞臘風土記校注》，頁89。
〔註38〕〔元〕周達觀著，夏鼐校注：《眞臘風土記校注》，頁91～92。

耳。大抵皆國戚爲之，否則亦納女爲嬪。其出入儀從各有等級。用
金轎杠、四金傘柄者爲上；金轎杠、二金傘柄者次之；金轎杠、一
金傘柄者又次之；止用一金傘柄者，又其次之也。其下者止用一銀
傘柄者而已，亦有用銀轎杠者。金傘柄以上官，皆呼爲巴丁，或呼
暗丁。銀傘柄者，呼爲廝辣的。傘皆用中國紅絹爲之，其裙直拖地。
油傘皆以綠絹爲之，裙却短。〔註39〕

本則重點有四：第一，眞臘官屬有一定等級，說明眞臘在十三世紀時的政治制
度已有一定規矩或規模。據周達觀之說，最基本的畫分爲三，其一是與中國「丞
相」一類相當的文職官員，其二是與中國「將帥」一類相當的武職將領，其三
是與中國「司天」一類相當的天文、曆法等官員。雖然周達觀並沒有進一步詳
記官員的正式名稱，但可知眞臘朝廷運作得宜，內有文臣，外有武將，並且在
天文的成就上應也不低。事實上，從今日吳哥遺址分布來看，眞臘時期可能已
經有頗高的天文成就，因此，美國學者葛瑞姆・漢卡克（Graham Hancock）在
《天之鏡》一書中，將吳哥遺址視爲是天龍星座的翻版：

如同埃及偉大的基沙金字塔仿造自南方獵戶星座的帶狀星體一
樣，吳哥中主要的寺廟建築乃是仿造北邊天龍星座的迴旋狀星系。
〔註40〕

埃及基沙金字塔模仿獵戶星座的說法，大致已得到學界認同，漢卡克所說吳
哥遺址模仿天龍星座，目前則仍在證實中。然而，從漢卡克比較吳哥遺址與
天龍星座，確實有相當驚人的近似性，因此，從中推測眞臘當時天文成就應
該不低，所以周達觀在記錄主要的文臣武將，特別標舉「司天」一職，應也
是觀察到眞臘在這方面的特殊成就。

周達觀粗分官職種類大要，其後補充說明下設各種單位，讓我們得知眞
臘已有一定的官僚體系，單憑這點，我們便不能稱眞臘爲夷狄之邦，它其實
擁有一定規模的政治運作模式。其次，周達觀也說明一個現象，即這些官員
的任用，大部分都是從國戚而來，這本來就是古代封建統治的常見現象，周
達觀所處的元朝政府如此，眞臘也是類似的情形。

較有爭議的是「否則亦納女爲嬪」。從字面意看，是說王室會進納女性爲

〔註39〕〔元〕周達觀著，夏鼐校注：《眞臘風土記校注》，頁92。
〔註40〕〔美〕葛瑞姆・漢卡克：《天之鏡Ⅱ》（臺北：臺灣先智出版社，2000年），頁
31。

嬪妃，例如金榮華先生引伯希和說法爲：

> 伯希和據說海本「否則亦納女爲嬪」，譯作「否則亦獻女爲王之嬪妾」。〔註41〕

然而，金榮華先生並不贊同伯希和的說法，認爲周達觀原文應爲「亦納女爲嬪」，而無「否則」兩字，並應作以下解釋：

> 此言眞臘國之丞相將帥諸官亦如王之置嬪妾。〔註42〕

金榮華先生的解釋是：

> 若依伯希和說，非國戚之任官者則獻女爲嬪，是任官者皆國戚矣，上文無需云「大抵」皆國戚爲之。又，下文「貿易」條：「唐人到彼，必先納一婦人」云云，亦足明「納」之爲「娶」也。〔註43〕

金榮華先生以理校說法，所說較伯希和爲勝。可以補充說明的是，《眞臘風土記》本則記錄眞臘官屬，周達觀來自中國，他對中國官屬應有一定熟悉度，《元史》中記有百官制度，甚爲複雜，自然不是眞臘可及。而在嬪妾選拔也是相同現象，《元史》載有〈后妃表〉，並說：

> 后妃之制，厥有等威，其來尚矣。元初，因其國俗，不娶庶姓，非此族也，不居嫡選。當時史臣以爲舅甥之貴，蓋有周姬、齊姜之遺意，歷世守之，固可嘉也。然其居則有曰斡耳朵之分；沒，復有繼承守宮之法。位號之淆，名分之瀆，則亦甚矣。累朝嘗詔有司修后妃傳，而未見成書。內廷事秘，今莫之考，則其氏名之僅見簡牘者，尚可遺而不錄乎？且一代之制存焉，闕疑而慎言，斯可矣。〔註44〕

從中來看，中國的嬪妃選拔制度，仍有頗爲嚴謹的方式，而元朝政府在國俗上，或在中國歷代的制度傳承上，仍有一定標準，並非隨意選拔，可知在「納女爲嬪」這點上，中國整體仍較眞臘爲嚴謹。

　　第二，這些官屬，按他們的職位等級不同，儀從裝飾也不一樣。在此，周達觀主要描繪的是出入時的儀從，而以最明顯的「轎杠」與「傘柄」爲例。其中「杠」字在它版本常作「扛」，易讓人誤以爲是抬轎之意，因此夏鼐校訂爲「杠」，指的是「抬轎輿類之粗棍。」〔註45〕因此，在等級上，愈高者的轎

〔註41〕金榮華：《眞臘風土記校注》，頁40。
〔註42〕金榮華：《眞臘風土記校注》，頁40。
〔註43〕金榮華：《眞臘風土記校注》，頁40。
〔註44〕〔明〕宋濂等撰：《元史》，頁699。
〔註45〕〔元〕周達觀著，夏鼐校注：《眞臘風土記校注》，頁92。

杠，用的是金色，其次是銀色。相同地，傘柄的狀況也是如此。其次，愈高者，在數目上相對愈多，從此來判定官員職等的高低。

至於傘的形狀，周達觀並沒有作太多描寫，只略爲提到「裙」的長短。陳正祥先生《眞臘風土記研究》中說：

> 這種傘和一般的傘不同，其周圍以布幔繞成，作大圓柱狀。此處所謂裙，係指下垂的布幔而言。現今柬埔寨和泰國的國王出行，仍沿用此項大傘。〔註46〕

陳正祥先生所說爲是，今日從吳哥遺址浮雕，仍可見這種傘的形狀，而在東南亞一帶，也仍持續使用。

第三，周達觀在此節中，爲後人留下當時眞臘官員的三種稱呼：「巴丁」、「暗丁」、「厮辣的」。從《眞臘風土記》來看，這三種稱呼並非特定的官職名，而是統稱的稱號，其中，「巴丁」的稱號應較尊貴，大約近似貴族之意，而「暗丁」也近似之。至於「厮辣的」則地位稍低，可能仍爲統領階級，但在貴族身分上略比前兩者低一些。

最後，周達觀在此節提到官員儀從出入的傘具材質，主要以絹爲之，而主要也從中國進口。中國自來便是絲綢發達國家，前節曾說明眞臘本身產布，但品質不能與中國相比，因此從中國進口。周達觀這段簡單補白，再次印證中國與東南亞的絲路交通狀況，及貿易的情景。

三、三 教

其次梳理第五則「三教」，全文如下：

> 爲儒者呼爲班詰，爲僧者呼爲苧姑，爲道者呼爲八思惟。
>
> 班詰不知其所祖，亦無所謂學舍講習之處，亦難究其所讀何書。但見其如常人打布之外，於項上掛白線一條。以此別其爲儒耳。由班詰入仕者，則爲高上之人。項上之線終身不去。
>
> 苧姑削髮穿黃，偏袒右肩，其下則繫黃布裙，跣足。寺亦許用瓦蓋，中止一像，正如釋迦佛之狀，呼爲孛賴。穿紅，塑以泥，飾以丹青，外此別無像也。塔中之佛，相貌又別，皆以銅鑄成，無鐘鼓鐃鈸，亦無幢幡寶蓋之類。僧皆茹魚肉，惟不飲酒。供佛亦用魚、肉，每日一

〔註46〕陳正祥：《眞臘風土記研究》，頁47。

齋，皆取辦于齋主之家，寺中不設廚竈。所誦之經甚多，皆以貝葉疊成，極其齊整。於上寫黑字，既不用筆墨，但不知其以何物書寫。僧亦用金銀轎杠、傘柄者，若國主有大政亦咨訪之。却無尼姑。

八思惟正如常人，打布之外，但於頭上戴一紅布或白布，如韃靼娘子罟姑之狀而略低。亦有宮，但比之寺院較狹。而道教者，亦不如僧教之盛耳。所供無別像，但止一塊石，如中國社壇中之石耳，亦不知其何所祖也。却有女道士。宮觀亦得用瓦。八思惟不食他人之食，亦不令人見食，亦不飲酒。不曾見其誦經與人功課之事。

俗之小兒入學者，皆先就僧家教習，暨長而還俗，其詳莫能考也。〔註47〕

本則記載眞臘的三種宗教，較爲詳細，但不能從字面之「儒、僧、道」理解爲等同中國之儒家、佛家與道家。〔註48〕這裡所謂的三教，應該都是當時主要奉行的印度教與佛教，及其旁支宗教而言。

首談「儒」，周達觀記錄其名爲「班詰」。關於班詰，夏鼐先生《眞臘風土記校注》中說：

> 伯氏初注：「按班詰顯然爲婆羅門博士（按：伯氏原文作 Les lettrés，似以譯爲」學者「爲較妥，乃指通曉梵文、科學、法律、宗教之印度教學者）」Paṇḍita 之對音。現在〔柬埔寨〕以巴科斯（bakous）爲其代表，其在宮殿掌儀並保管王劍者，皆由其 Pram（梵語曰婆羅門 Brahmana）或 Borohet（梵語作 Purohita 此言國師）爲之。觀後文項上掛白線一語，班詰確爲婆羅門無疑。〔註49〕

從中知道，所謂「儒」指的並非中國的儒士人物，而是宗教人物。「婆羅門教」原指在印度發展的一種宗教，它後來融合佛教及印度民間信仰而成婆羅門教，之後傳播於東南亞等許多地方，包含眞臘在內。就廣泛意義來說，婆羅門教即印度教，在眞臘的歷史上，它有極長一段時間爲眞臘的國教。今日吳哥遺址中的吳哥寺等廟宇，即是供奉印度教的主要神祇。在古代一般百姓較

〔註47〕〔元〕周達觀著，夏鼐校注：《眞臘風土記校注》，頁94～95。
〔註48〕關於「三教」，比周達觀略晚的元人陶宗儀在《南村輟耕錄》中說：「上問曰：三教何者爲貴？對曰：釋如黃金，道如白璧，儒如五穀。」見〔元〕陶宗儀：《南村輟耕錄》，頁57。這裡的「三教」是傳統的講法，和周達觀所說的眞臘三教是不同的。
〔註49〕〔元〕周達觀著，夏鼐校注：《眞臘風土記校注》，頁95。

無法掌握知識的社會中，婆羅門得以掌握較高的知識能力，因而可以講經、詮法，他們也往往得到國主信任，被延以爲國師。周達觀在記錄三教時，將印度教置在首位，應是觀察到這個明顯現象。

然而，周達觀顯然不熟悉印度教，因此說「班詰不知其所祖。」今考婆羅門教或印度教，最重要的供奉者有三大主神，即分司創造、保護、破壞之梵天神、毗濕奴神、濕婆神。著名的吳哥寺即供奉毗濕奴神，而其它遺址如斑蒂絲蕾寺（Banteay Srei）則供奉濕婆神等。另外，印度教還有許多神祇，例如「因陀羅（Indra）」等神，而眞臘歷史上也有國主以此神祇爲國主名稱，例如九世紀末在位的「因陀羅跋摩一世（Indravarman Ⅰ）」，及周達觀在眞臘時的國主「因陀羅跋摩三世（Indravarman Ⅲ）」等即是。周達觀提到的班詰，應就是婆羅門教或印度教中的講經者，因爲宗教信仰的崇高，相對班詰的地位崇高，他們對上述諸神及教義，應有較深的理解與詮釋。

其次，因爲周達觀對印度教並不熟悉，所以也無從知道印度教的經典。今日從吳哥寺等遺址中的迴廊浮雕所刻繪的宗教神話來看，均可發現印度教兩大史詩《羅摩衍那》及《摩訶婆羅多》的重大影響，尤其是《羅摩衍那》一書，又比《摩訶婆羅多》來得重要，登上吳哥寺西南角閣樓，即可發現許多羅摩的故事，而羅摩即是吳哥寺供奉主神毗濕奴的化身。周達觀雖在眞臘停留一年，但從《眞臘風土記》一書幾乎可以推斷周達觀對此一無所知，或許，我們只能以周達觀實在缺乏對印度教的興趣來說明這個現象！

因爲周達觀缺乏對印度教的探討動機，因此對印度教供奉的神祇、研讀的經典都無法作細部說明，只能對屬於外在的形象加以著墨，例如班詰在項上會掛一條白布，以此來分別他是近於儒者的地位。周達觀說這種儒者因爲掌握較多知識經典，得以入仕，也是社會地位較高階層的人士。

周達觀所記三教的第二教爲「苧姑」，關於苧姑，夏鼐先生《眞臘風土記校注》中說：

> 伯氏初注謂"苧姑顯然爲〔小乘〕佛教僧人，此名暹羅語中有之。暹羅語謂僧人曰 Phrah brah，僧稱曰 bat luong 或 pad luon，古稱曰 chau kou，即苧姑也。此時（按指十三世紀末）柬埔寨尚未受暹羅之影響，而其僧人之稱，竟用暹羅語言，可以使人主張柬埔寨人所宗南方佛教，非從錫蘭直接輸入，而由緬甸、暹羅佛紹輸入之說"。〔註50〕

〔註50〕〔元〕周達觀著，夏鼐校注：《眞臘風土記校注》，頁96。

因此，苧姑即指佛教徒。關於佛教，粗略可分爲大乘佛教與小乘佛教，同樣
是由印度發源而傳播至亞洲等地的宗教。其中大略，大乘佛教較多往北、往
東傳播，主要影響中國一地；小乘佛教則往南傳播，主要影響東南亞一地。
以眞臘來說，則大乘佛教與小乘佛教都曾具有相當影響力。伯希和認爲小乘
佛教在十三世紀末，也就是周達觀抵達的年代時，又比大乘佛教更爲重要，
在眞臘是僅次於印度教的宗教，而其僧人即稱爲「苧姑」。

　　其次，夏鼐先生《眞臘風土記校注》中補充說明周達觀抵達眞臘時期的
小乘佛教狀況如下：

> 闍耶跋摩八世于 1295 年在國都内東北部勝利大街與死亡大街之
> 間，建立一婆羅門寺廟，名之曰曼加拉薩寺（mangalartha 寺，即今
> 日所謂 487 號寺）。此爲吳哥時代最後之一座重要建築，表示其時婆
> 羅門教仍盛行。嗣王因陀羅跋摩三世（1296～1308 年在位）係其女
> 婿，即周達觀書中之“新主”，似已改奉小乘佛教。此種小乘佛教，
> 係由暹羅輸入，此時驟然盛行，凌駕婆羅門教之上。小乘佛教崇尚
> 苦行，故吳哥之大興土木之時代，遂一去不復返。〔註51〕

從中可知，周達觀抵達眞臘時，眞臘主要的宗教信仰應爲著重苦行的小乘佛
教。周達觀說「苧姑削髮穿黃」，按大乘佛教的僧衣通常爲紅色，而小乘佛教
的僧衣則爲黃色，可以知道當時小乘佛教較爲盛行。

　　周達觀來自佛教盛行的中國，當他記錄苧姑時，也能指出重點及與中國
相異之處，例如偏袒右肩、跣足等，從中得知眞臘佛教較接近印度或佛教經
典中所戴的僧侶穿著，而與中國顯然不大一樣。

　　其次則是佛塔及其中供奉的佛像，周達觀至少觀察到釋迦牟尼佛及其它
「相貌又別」的佛像，這些「相貌又別」的佛像，從今日吳哥遺址來看至少
包含觀音菩薩等。值得注意的是，周達觀當日記載眞臘佛像皆以銅鑄成，但
從今日吳哥遺址留下的佛像雕刻，則絕大部分是石雕。從中推知眞臘時期的
佛雕許多均以雕鑄爲主，但隨著王國衰退被滅，具有較高價值的銅鑄品多被
偷盜，而留下材質較不具經濟價值的砂岩雕刻。

　　再者，眞臘佛教與中國佛教不同之處在於眞臘僧人可以茹魚肉，供佛時
也以魚肉爲供品，說明眞臘佛教在某種生活程度上比起中國更近於一般百
姓。今日柬埔寨最主要的宗教仍爲小乘佛教，擁有將近百分之九十五的信仰

〔註51〕〔元〕周達觀著，夏鼐校注：《眞臘風土記校注》，頁 96～97。

人口，而柬埔寨男子也會在一生之中至少出家一次，並被認為是一種喜悅之事及成長必然歷程，從中瞭解柬埔寨的小乘佛教並非遺世而獨立，而與日常生活頗為貼近。今日前往吳哥遺址時，仍會看到許多小乘佛教僧侶，集體住在寺院中，而寺院旁便搭有簡易廚房，烹煮食物供僧侶食用，仍然不少魚肉之類，也印證了周達觀所說的「茹魚肉」、「寺中不設廚竈」等說法。〔註52〕

補充說明的是，周達觀因來自中國，所以對小乘佛教所誦的經典可能較為熟悉。不過，真臘當時所誦佛經文字應為高棉梵文，周達觀應該不識，只知經典甚多，而且佛經字句是寫在「貝葉」之上。今天，貝葉一物仍在柬埔寨使用，是一種以棕櫚植物製成乾燥的葉片，在其上書寫經文，片片疊之，作為課誦之用。可惜的是，周達觀並沒有為我們留下書寫的工具、顏料等資料。

最後，周達觀抵達真臘時，小乘佛教已漸取代印度教、大乘佛教而成為主要信仰，因此，除印度教中的「班詰」地位崇高外，小乘佛教中的「苧賴」也具有極高地位，出入也得享有如貴族般的金銀轎杠、傘柄，當國主遇到處理重大事務時，也會徵詢高僧的意見，情況大概類似中國所謂的「國師」一類。

周達觀所記三教的第三教為「八思惟」，關於八思惟，夏鼐先生《真臘風土記校注》中說：

> 此為印度教之別派。布氏頗疑此派乃由印度教中濕婆派發展而別為一派。印度教之主要派別為濕婆派，輸入真臘最早，成為國教。另一派別為毘濕奴派，至十一世紀初，蘇利耶跋摩二世信仰毘濕奴教，建立供奉此神之廟宇多座，包括著名之吳哥寺。當時毘濕奴教盛行。及至闍耶跋摩七世時，大乘佛教盛行，崇拜觀音菩薩。（布氏書193~194、227~229頁）周達觀至真臘時小乘佛教亦自暹國傳入。故其書中此則"三教"，為印度教，佛教及印度教之別派。〔註53〕

夏鼐先生從歷史的發展指出「八思惟」應是印度教的別派，今從吳哥遺址所供奉的神祇，確實呼應夏鼐先生所說。例如吳哥前期的「羅洛士遺址（Roluos）」、斑蒂絲蕾寺（約公元967年至1000年）等，都主要是供奉濕婆神。之後到十一世紀初時，毘濕奴神取得更大的信仰。考其原因，大約濕婆

〔註52〕筆者於2007年赴吳哥遺址之「羅雷寺（Lolei）」時，即見上述情況。感覺上，今日柬埔寨佛教僧侶與常民百姓幾無二致，宗教本身確實為國民男子應盡的義務。《真臘風土記》本則也說「俗之小兒入學者，皆先就僧家教習，暨長而還俗。」也說明這種風俗於真臘時就已開始。

〔註53〕〔元〕周達觀著，夏鼐校注：《真臘風土記校注》，頁98。

神主破壞，在較早的年代具有較大的威儷性，所以信仰者較眾，但到了蘇利耶跋摩二世時，眞臘國力已經穩定而強大，因此職司保護的毘濕奴神，在這個時候得到更大的認同感。

不論如何，如同「班詰」不是中國儒家者流，「八思惟」也不是中國的道教者流，它應是印度教的別派，尤其是主奉毘濕奴神的一派。周達觀之所以用「道教」來稱呼這一別派，可能受到下列眼見影響：（一）八思惟頭上戴紅布或白布，而它的形狀，有點類似蒙古女子的「罟姑」，這是一種較高而長的頭冠；（二）八思惟有「宮觀」，應該也是寺廟場所，但周達觀認爲比一般的寺廟略狹；（三）不像「苧姑」都爲男性出家眾，八思惟是有女眾的，所以讓人聯想中國的道姑。以上所見，讓周達觀以「道教」來形容八思惟，平實而論並不恰當。

其次，周達觀因不明印度教，所以記載提到八思惟所供奉者不像苧姑有釋迦佛像等，八思惟只供拜一塊石頭，說這塊石頭類似中國社壇的石塊。其實，此塊石頭即爲印度教中的神聖象徵物「林迦（linga）」，這是一塊形狀類似男性生殖器的石頭，在印度教中是濕婆神的象徵物。今日在吳哥遺址中，如巴肯寺（Bakheng）、斑蒂絲蕾寺等，都可見到林迦，至今仍有部分柬埔寨人對之供奉，以求生殖。周達觀因不明印度教，在此記錄產生誤解。

總之，應予釐清周達觀所謂三教之儒、佛、道的字面義與用詞詮釋，它往往讓人誤以爲和中國近似。其實，它分屬三個概念並與中國完全不類，其中「儒」爲印度教中具有學問僧人，其中「佛」則應屬小乘佛教，其中「道」則仍應爲印度教，乃爲其中別派。以上說明眞臘一地最主要的宗教爲印度教與佛教，並且，眞臘史上宗教僧侶也擁有相當的影響力，所以周達觀對宗教雖然沒有太大興趣，但仍爲我們留下不少文字記錄，見出宗教的影響。

四、人物

其次梳理第六則「人物」，全文如下：

> 人但知蠻俗人物粗醜而甚黑，殊不知居于海島村僻及尋常巷閭者，則信然矣。至如宮人及南棚婦女多有其白如玉者，蓋以不見天日之光故也。大抵一布纏腰之外，不論男女皆露出胸酥，椎髻跣足。雖國主之妻，亦只如此。
>
> 國主凡有五妻，正室一人，四方四人。其下嬪婢之屬，聞有三五千，

亦自分等級，未嘗輕出戶。余每一入內，見番主必與正妻同出。乃坐正室金窗中，諸宮人皆次第列於兩廊窗下，徙倚以窺視，余備獲一見。凡人家有女美貌者，必召入內。其下供內中出入之役者，呼爲陳家蘭，亦不下一二千。却皆有丈夫，與民間雜處，只於顖門之前，削去其髮，如北人開水道之狀，塗以銀硃，及塗於兩鬢之傍，以此爲陳家蘭別耳。惟此婦人可以入內，其下餘人不可得而入也。內宮之前後有絡繹于道途間。

尋常婦女，椎髻之外，別無釵梳頭面之飾。但臂中帶金鐲，指中帶金指環。且陳家蘭及內中諸宮人皆用之。男女身上，常塗香藥，以檀麝等香合成。家家皆修佛事。

國中多有二形人，每日以十數成群，行於墟場間。常有招徠唐人之意，反有厚饋，可醜可惡。〔註54〕

本則記錄人物，從文字來看，周達觀的重點置於女人爲多，尤其是宮中的女子，另外則補充了「二形人」這一特異於常人的人物。

周達觀首先觀察到當地女子的膚色。以一般百姓來說，大都是膚色較黑，相對也給人較爲粗醜的感受。周達觀抵達眞臘時爲公元十三世紀末，此時眞臘雖然已經發展高度的建築文明，國力在東南亞也是屬一屬二，然而，一般百姓大抵還無法進到較高的文明層次，仍給人較爲質樸的感受。加上東南亞地處熱帶，陽光熾烈，百姓的活動又以室外爲主，自然在膚色上顯得較爲黑黝，也顯得較爲乾燥，因此周達觀對之的印象是粗醜而甚黑，大致不差。可以討論者，在於周達觀在《眞臘風土記》的用字，往往透露來自較高文明的中國人士對異國土著居民的貶抑意味。

因此，周達觀接下將觀察重點置於皮膚顏色較爲白晳者，這種膚色較白的女子，大致來自兩處，其一是「宮人」，其二是「南棚」。宮人指的是宮中女子，南棚的意思，據夏鼐先生《眞臘風土記校注》中說：

東語此字指貴族富家，南棚乃府第人家也。〔註55〕

由此可知，因爲勞動分配，一般人家女子膚色較黑，而富貴人家及宮中女子因爲不必在烈日下工作，所以膚色較爲白晳，就日曬量而言是合理正常解釋。

關於眞臘女子的膚色問題，周達觀本則提及當地婦女有「白如玉者」，從

〔註54〕〔元〕周達觀著，夏鼐校注：《眞臘風土記校注》，頁101～102。
〔註55〕〔元〕周達觀著，夏鼐校注：《眞臘風土記校注》，頁103。

今日東南亞百姓居民種族膚色一般呈現較深來看，「白如玉」有可能指當時的不同住民種族女子也說不定。按眞臘當地種族，陳序經先生在《扶南史初探》中引《舊唐書》卷一百九十七〈林邑傳〉說：「自林邑已（以）南，皆卷髮黑身，通號爲"崑崙"。」而認爲：

> 崑崙是我國人給與東南亞人的一個種族名稱，可能是由於崑崙人是黑身，因而色黑的人也被稱爲崑崙。〔註56〕

又引慧琳《一切經音義》卷八十一說：

> 崑崙語，上音昆，下音論，時俗語便亦曰骨論，南海州島中夷人也，甚黑，裸形，能馴伏猛獸，犀象等，種類數般，即僧祇、突彌、骨堂、閣蔑等，皆鄙賤人也。國無禮義，搶劫爲活，愛啖食人，如羅刹惡鬼之類也。言語不正，異於諸蕃，善入水，竟日不死。〔註57〕

其中，「閣蔑」也就是「吉蔑」，是從扶南時代到眞臘時代，乃至到今日柬埔寨時代通稱的人種名稱，從慧琳解義來看，即是膚色黑。當然，慧琳提及這些種族與崑崙相關種族時所下的評語，也多帶有中國主觀意味，具貶抑性，僅能聊備參考。

從以上陳序經先生、慧琳等人說法，再配合中國史料記載來看，〔註58〕眞臘種族皮膚一般色黑，應無可疑。因膚色本黑，所以即使在宮內活動，或是富貴人家，大概也難以達到「白如玉」的程度，因此夏鼐先生《眞臘風土記校注》中認爲：

> 又據旅行家之記述，謂其婦女亦有白者，則其宮廷之中，必有他國婦女。〔註59〕

此說值得參考，但「他國婦女」不知何指？可能是來自中國，或甚至來自白種民族，因周達觀所記資料缺乏，已不能證明。

其次，周達觀說眞臘人不論女子色黑色白，也不論是男是女，更不論是

〔註56〕陳序經：《陳序經東南亞古史研究合集》，頁557。

〔註57〕陳序經：《陳序經東南亞古史研究合集》，頁558。

〔註58〕例如《晉書・扶南傳》說：「人皆醜黑拳髮，倮身跣行。性質直，不爲寇盜。」見〔唐〕房玄齡等撰：《晉書》（北京：中華書局，1997年），頁652。又如《梁書・扶南傳》說：「今其國人皆醜黑，拳髮。」見〔唐〕姚思廉撰：《梁書》（北京：中華書局，1997年），頁204。又如《新唐書・扶南傳》說：「其人身黑，鬖髮，倮行。」見〔宋〕歐陽修、宋祁等撰：《新唐書》（北京：中華書局，1997年），頁1608。記載大致相同。

〔註59〕〔元〕周達觀著，夏鼐校注：《眞臘風土記校注》，頁103。

百姓或貴族宮人，穿著的共通點都是以一塊布纏腰，並且露出上半身酥胸。這點記載也應無疑義，直到今日，在東南亞的一些國家或地區，例如柬埔寨、峇里島等較爲鄉下的地方，不論男女都還有類似穿著，足以說明周達觀所記大體無誤。

「人物」一則最特殊的是關於「陳家蘭」的記錄。從文義來看，「陳家蘭」指的即是宮女，來源是一般人家中生長美貌的女子，被召入宮廷中，從事宮中的各種庶務工作，以人數來說，至少有一、兩千人以上。真臘宮女較不像中國宮女，差別在於這些宮女是有丈夫的，沒有從事庶務工作時，她們會回到民間，陳家蘭經常在宮廷中與民間路途上絡繹往來，有別中國，頗具特色。

值得注意的是，分別陳家蘭的方法是「只於顖門之前，削去其髮，如北人開水道之狀，塗以銀硃，及塗於兩鬢之傍。」也就是在頭頂上方靠近額頭之處，剃掉部分頭髮，並且塗上銀硃，也會塗在兩鬢邊。周達觀因爲有機會在宮廷中見到陳家蘭的裝扮，所以記載是非常確實的。其後，當汪大淵《島夷志略》記載真臘女子時，因爲身分之故，沒有機會進入宮廷，所以只能憑傳聞記爲：

> 以錦圍身，眉額施珠。〔註60〕

認爲當地女子都是這種裝扮，其實已有偏差。從周達觀的記錄來看，這種裝扮應該是特指陳家蘭而言，由此也可見出實地印證對於風土地理記載的必要性。

除了陳家蘭外，一般的婦女裝飾便簡單許多，基本上就是「椎髻」，而不像中國女子頭上往往有許多裝飾。與中國不同的是，因爲真臘女子裸露上身，會在手臂上戴著金鐲子，在手指上戴著金指環，這顯然與中國女子不同，所以周達觀特別記錄下來。不僅一般婦女如此穿戴，陳家蘭及宮廷中的女子也是如此。

此外，真臘人不分男女，喜歡在身上塗以香藥，而且是以檀香、麝香一類較珍貴的香料合成。照理說，這類香料價值不低，還是要有一定經濟能力的人才能擁有，至於一般人家或許以別種香料塗身也說不定。

另外，「家家皆修佛事」說明周達觀抵達真臘時，真臘其時最主要的宗教是佛教而非印度教，所以家家皆修佛事。

最後，周達觀在「人物」這則中留下了「二形人」的記錄。所謂二形人，

〔註60〕〔元〕汪大淵著，汪前進譯注：《島夷志略》，頁87。

據夏鼐先生《眞臘風土記校注》中說：

> "二形人"一詞，伯氏譯爲"孌人"。布氏譯爲"同性戀愛者"。
>
> 此輩類似"男妓"。〔註61〕

因此，二形人指的即是同性戀者，而夏鼐先生更以爲這些同性戀者，可能也從事男妓的行爲。

夏鼐先生推測爲是，從周達觀原文看來，這類同性戀者每天都是十數成群，來往於市集附近，顯然有從事男妓的行爲。不過，周達觀又記這些二形人似乎對中國人頗有好感，他們會招徠中國人，並且不收銀錢，還反而有厚饋，的確是奇特的現象。當然，對於一個來自儒教觀念深厚的中國人來說，是無法接受這種以性爲貿易活動的行爲，因此周達觀最後用「可醜可惡」來形容二形人的行爲，說明周達觀對這種行爲或現象的厭惡。

五、產　婦

其次梳理第七則「產婦」，全文如下：

> 番婦產後，即作熱飯，拌之以鹽，納於陰戶。凡一晝夜而除之。於此產中無病，且收歛常如室女。余初聞而詫之，深疑其不然。既而所泊之家，有女育子，備知其事。且次日即抱嬰兒，同往河內澡洗，尤所怪見。
>
> 又每見人言：番婦多淫，產後一兩日，即與夫合。若丈夫不中所欲，即有買臣見棄之事。若丈夫適有遠役，只數夜則可，過十數夜，其婦必曰："我非是鬼，如何孤眠？" 淫蕩之心尤切。然亦聞有守志者。婦女最易老，蓋其婚嫁產育既早，二三十歲人，已如中國四五十歲人矣。〔註62〕

本則主要記錄「產婦」及其產後狀況，頗爲新異，確實與中國所見不一，因此周達觀記錄得特別詳細。周達觀來自中國，醫學文明的發展與生產調理的手法已臻至較高的成熟度，對於產婦產後狀況，也依循較爲平順、合乎藥理的程序，梁世鐸先生在《婦人病自療法》一書，以中醫角度提及產婦的各種調理方法：

> 女人產後宜閉目少坐。倚於枕上。立膝仰臥。令人不時喚醒。用醋

〔註61〕〔元〕周達觀著，夏鼐校注：《眞臘風土記校注》，頁104。

〔註62〕〔元〕周達觀著，夏鼐校注：《眞臘風土記校注》，頁105。

塗於鼻邊。更用手從心至臍下。使惡露不滯。如是三日。防產婦血暈血逆。宜頻食白粥少許。一月之後。進羊肉豬蹄。但仍須注意言語色慾寒暑洗腳。以百日爲度。凡產婦身體虛弱者。不計月日。否則患手足腰腿痠痛等症。其名蓐勞。最難治療。

產後血氣俱去。固多虛症。然有虛者。有不虛者。有全實者。凡此三者。隨症隨人辨其虛實。然後用藥。若概行大補。反致助邪。

初產時不可開口問男問女。蓋恐言語泄氣。或愛憎動氣。皆足以致病。夜間不可獨宿。恐一人膽小受虛驚。早晨起身洗臉。不可刮舌。恐傷心氣。不可刷齒。恐致血逆。須俟血氣平復。方保無虞。要知犯時微若秋毫。或病則重如山岳。可不慎哉。〔註63〕

這種說法整理、承襲中國古代醫學成就，說明中國自來對婦女病的醫療早已成熟而有系統，中國古代百姓大致也依類似的調理方式進行產後休養，很明顯地，這與周達觀在眞臘觀察到的「產後抹鹽」，在保養程度上實有天壤之異，只能解釋爲一種民俗療法，並沒有科學根據。然而，從《眞臘風土記》來看，這種民俗療法卻似乎有一定功效，並且，當地民間婦女也多半如此，產後隔天還抱著嬰兒同往河內洗澡，確實是奇風異俗，因爲就今日而言可能被認爲會感染疾病。周達觀說當日婦人多半如此，說明當時人認爲這並沒有什麼太大問題。

問題要到後續才產生，當地婦女可能因此感染疾病卻不知，但已縮短她們的平均壽命。通常來說，平均壽命較高的地區多半來自文明程度較高的區域，例如日本、歐美等，而平均壽命較低的地區則以較落後的區域爲主，例如非洲、南亞等，關鍵因素之一即在於衛生條件。我們可以發現，較落後地區的人們並不見得明顯自覺衛生條件爲他們所帶來的不利，《眞臘風土記》所記的「產婦抹鹽」及次日抱嬰兒一同在河中洗澡，可看成是這一類的狀況。

周達觀也觀察到眞臘婦女老化速度較快的現象，所持的理由在於當地婦女較早結婚，相對較早生育，所以二、三十歲的婦人，以面貌來看就像中國四、五十歲的婦人。今日至東南亞一帶，仍有相同感覺，原因除了周達觀所說的之外，應與東南亞位處熱帶，日照較多，對皮膚傷害性較大，因此容易老化。

〔註63〕梁世鐸：《婦人病自療法》（臺北：新文豐出版社，1977 年），頁 119。

其次，類似前面所提的產後抱嬰入河中洗澡的狀況，應也是加速老化的原因之一，只是當時婦女並不察，保養的觀念在當日並未興起，所以雖只二、三十歲，但面容看來較爲蒼老，不過一般百姓並不過於在意。

除奇風異俗外，「產婦」一則中最引起周達觀留意的在於眞臘的婦女「多淫」，並且引了《漢書》中的朱買臣故事佐以說明，是本則中頗具趣味的部分，也可以看出周達觀的某種想法。在這記載中，無非說明眞臘的婦女在性慾方面的需求甚爲強烈，這點與中國傳統儒士強調節制的房中生活有所衝突，因此周達觀記之甚詳。

首先，周達觀記眞臘婦女在產後才一兩日，便要與夫合，並且丈夫不中所欲的話，則有買臣見棄之事。按買臣見棄的典故出自《漢書》：

> 朱買臣字翁子，吳人也。家貧，好讀書，不治產業，常艾薪樵，賣以給食，擔束薪，行且誦書。其妻亦負戴相隨，數止買臣毋歌嘔道中。買臣愈益疾歌，妻羞之，求去。買臣笑曰：「我年五十當富貴，今已四十餘矣。女苦日久，待我富貴報女功。」妻恚怒曰：「如公等，終餓死溝中耳，何能富貴？」買臣不能留，即聽去。〔註64〕

然而，後來朱買臣位居高官，而在返回家鄉時見到其妻，但其妻羞愧而自殺身亡：

> 入吳界，見其故妻、妻夫治道。買臣駐車，呼令後車載其夫妻，到太守舍，置園中，給食之。居一月，妻自經死，買臣乞其夫錢，令葬。悉召見故人與飲食諸嘗有恩者，皆報復焉。〔註65〕

在買臣見棄典故中，朱買臣的妻子是因其夫貧窮而離去，但在周達觀所記的眞臘婦女，則是因爲其夫不能滿足妻子的性慾需求而離去，讀來確實令人發出會心一笑。不僅如此，周達觀又記眞臘婦女的丈夫若有遠行，只能待幾天罷了，如果經過數十夜，那麼眞臘的婦女則抱怨連連，說「我非是鬼，如何孤眠？」一類的抱怨趣話，眞是性慾需求渴烈之至了，因此周達觀說「淫蕩之心尤切」，反映了一個中國儒士對待此事所保持的拘謹看法。

周達觀於「產婦」一則持拘謹看法，並不免有所批評，應與中國傳統觀念認爲性生活並非正大光明的行爲有關。按元朝人忽思慧著有《飲膳正要》一書，對於性生活也頗多禁忌，例如：

〔註64〕〔漢〕班固：《漢書》（北京：中華書局，1997年），頁711。
〔註65〕〔漢〕班固：《漢書》，頁712。

終身之忌，勿燃燈房事。服藥千朝，不若獨眠一宿。……如患目赤
病，切忌房事，不然令人生內障。……醉不可接房事，小者面生點、
欬嗽，大者傷臟、澼、痔疾。〔註66〕

可以知道，在周達觀的年代仍然視房事爲不潔，甚至傷身之事。周達觀在此
記錄較詳，多少透露了身爲中國儒士的持守清高。

相對來看，對於眞臘婦女較不強調性慾需求的，周達觀則僅以「然亦聞
有守志者」一句帶過，較不強調這方面的敘述。總結來看，周達觀在「產婦」
一節中，置重點於產婦產後的奇風異俗，以及眞臘民間婦女多淫的記錄，但
忽略了守志的部分，顯然透露周達觀在性這方面的好奇心態。因此，接「產
婦」一則下爲「室女」，也呈現了思維的聯結。

六、室　女

其次梳理第八則「室女」，全文如下：

人家養女，其父母必祝之曰：「願汝有人要，將來嫁千百箇丈夫。」
富室之女，自七歲至九歲；至貧之家，則止於十一歲，必命僧道去
其童身，名曰陣毯。

蓋官司每歲於中國四月內，擇一日頒行本國應有養女當陣毯之家，
先行申報官司。官司先給巨燭一條。燭間刻畫一處，約以是夜遇昏
點燭，至刻畫處，則爲陣毯時候矣。先期一月，或半月，或十日，
父母必擇一僧或一道，隨其何處寺觀，往往亦自有主顧。向上好僧，
皆爲官戶富室所先，貧者亦不暇擇也。富貴之家，饋以酒米、布帛、
檳榔、銀器之類，至有一百擔者。該直中國白金二三百兩之物，少
者或三四十擔，或一二十擔，隨其家之豐儉。所以貧人之家至十一
歲而始行事者，爲難辦此物耳。富家亦有捨錢與貧女陣毯者，謂之
做好事。蓋以一歲之中，一僧止可御一女，僧既允受，更不他許。
是夜，大設飲食、鼓樂，會親隣，門外縛一高棚，裝塑泥人、泥獸
之屬于其上，或十餘，或止三四枚，貧家則無之。各按故事，凡七
日而始撤。既昏，以轎傘鼓樂迎此僧而歸。以綵帛結二亭子，一則
坐女于其中，一則僧坐于其中。不曉其口説何語。鼓樂之聲喧闐，

〔註66〕〔元〕忽思慧：《飲膳正要》（北京：人民衛生出版社，1986年），頁6～17。

是夜不禁犯夜。聞至期與女俱入房，親以手去其童，納之酒中。或
謂父母親隣各點于額上，或謂俱嘗以口，或謂僧與女交媾之事，或
謂無此。但不容唐人見之，所以莫知其的。至天將明時，則又以轎
傘鼓樂送僧去。後當以布帛之類與僧贖身。否則此女終爲此僧所有，
不可得而他適也。余所見者，大德丁酉之四月初六夜也。

前此父母必與女同寢，此後則斥於房外，任其所之，無復拘束隄防之
矣。至若嫁娶，則雖有納幣之禮，不過苟簡從事。多有先姦而後娶者。
其風俗既不以爲恥，亦不以爲怪也。陣毯之夜，一巷中或至十餘家。
城中迎僧道者，交錯於途路，間鼓樂之聲，無處無之。〔註67〕

「室女」一則是《眞臘風土記》中字數最多的一則，可知周達觀對這一則的
重視，且「室女」所反映的奇風異俗，也確實令人感到難以思議，所以周達
觀記之甚詳。「室女」所記主要在於三點：（一）眞臘的「陣毯」習俗；（二）
眞臘的民間婚姻習俗；（三）僧侶在眞臘的重要性。

　　第一，以中國傳統儒士觀點來看，眞臘的「陣毯」習俗是不可思議的。
所謂陣毯，指的是對一個尚未出嫁的女子，在十歲左右由僧道之士去其童身。
這個習俗，最早的記載即出自於《眞臘風土記》，而且從後來的著錄來看，陣
毯的風俗是確有其事的。夏鼐先生《眞臘風土記校注》引伯希和注說：

伯氏注云："按陣毯必爲一種譯音，今尚未能考其原名。昔日有無此
俗，今未可知，惟今日毫無蹤跡可尋耳。吾人在別二種中國撰述中亦
見記載此俗。一爲 1416 年馬歡撰《瀛涯勝覽》暹羅條云：'婚則僧
群迎婿至女家，僧取女紅貼於男額日利市，陋不可言。踰三日，僧暨
親黨擁檳榔綵舟送歸，乃開筵作樂。'二爲十六世紀末年王圻撰《三
才圖會》記眞臘風俗有云'生女至九歲，即請僧誦經作梵法，以手指
挑損童身，取其紅點額，其母亦用點額，喚爲利市。如此則其女他日
嫁人諧好歡洽。凡女滿十歲即嫁'。"（馮譯本 144 頁）〔註68〕

由此來看，昔日在東南亞應有陣毯此俗，但在今日則無此俗。其次，「陣毯」
應爲譯音，相對中國用語則名爲「利市」，顧名思義是一種吉祥性的用語，對
中國人而言，可能覺得陋不可言，但至少就十三世紀至十六世紀的東南亞部
分國家而言，仍是吉祥的習俗。

〔註67〕　〔元〕周達觀著，夏鼐校注：《眞臘風土記校注》，頁106～108。
〔註68〕　〔元〕周達觀著，夏鼐校注：《眞臘風土記校注》，頁108。

　　不過，伯希和所引記錄與《眞臘風土記》所記的陣毯略有程度上的差異，即馬歡及王圻所說，利市的習俗在於「僧取女紅」，並貼於新郎或母親的額頭，雖然仍令人覺得不可思議，但相對周達觀記錄完整的陣毯，在程度上則是較爲輕微的，似乎只是一種儀式性的作法，比較沒有情色淫亂的成分。

　　在周達觀所記的陣毯中，提到「聞至期與女俱入房，親以手去其童，納之酒中。或謂父母親隣各點于額上，或謂俱嘗以口，或謂僧與女交媾之事，或謂無此。」比起馬歡或王圻所記，多出了「嘗以口」及「僧與女交媾」，雖然周達觀強調這是從他人處聽來的，但「室女」一則顯然探討了眞臘女子在「僧取女紅」及其可能產生的文化風俗問題，仍值得再探討。

　　其實，世界各民族，包含文明及原始部族，都常見類似周達觀所提陣毯之事，例如埃及古俗，在某種祭祀性的場合中，室女必須與宗廟所準備的公牛進行交媾，其中公牛即象徵宗廟或王權。

　　又，印度許多廟宇中，常見各種性行爲畫面的雕刻作品，反映了性這一人類原始行爲，在印度民族心目中的重要性。而印度古俗也常見初嫁王妃，必須先與僧侶同房，而後才能與君主同寢的情況，和周達觀所記的陣毯，在象徵意義上相去並不遠。

　　之所以如此，朱雲影先生在《人類性生活史》中說：

　　　　一般原始人雖畏避處女，怕處女的出血加害自己，但以爲酋長、祭
　　　　司、君主、地主、長老們，有這種神秘的”魔力”，可以抵抗禍害。
　　　　酋長祭司們起初大概也不免自危，因爲仗著這”魔力”觀念的幫
　　　　助，積了數次經驗，漸知並無困難，便頻繁的執行了。〔註69〕

朱雲影先生所說的狀況，也能側面解釋眞臘所發生的室女陣毯情況。雖然從周達觀的記錄中看不出是否當地百姓害怕處女出血會加害自己的說法，但應該相信僧道擁有某種力量，可以帶來吉祥。此外，僧道素質難免良莠不一，部分僧道產生「頻繁執行」的狀況，在眞臘中應也是存在的現象。

　　因此，當眞臘進行陣毯時，不僅爲一般習俗罷了，且有一定的社會法律程序，必須在每年四月進行，而且進行陣毯的室女，還需報部申請。至於陣毯所選擇的僧侶，也有一定的來源，並且有等級之分，地位較高的，往往先被富貴人家選取，而貧窮家庭仍需舉行陣毯，但較不具有選擇的餘地。

　　因爲是正式的、合法的且具規範性的習俗，因此在經費的供給上，也頗

〔註69〕朱雲影：《人類性生活史》（上海：上海社會科學院出版社，1988年），頁6。

具規模，周達觀詳細記錄了應花費多少金錢，以及該具備的禮物或供品，都說明陣毯在當時確實是一般人家重視的風俗。也因此，當富貴人家資助貧窮人家進行陣毯時，民間則視之爲做好事，更加說明這一習俗的普及重要性。

當然，周達觀在這則記載最引爭議的地方在於進行陣毯時，僧人是否應與室女交媾？雖然周達觀以「或謂」及「不容唐人見之」來說明這個不確定的情況，但從文意上看來，周達觀似乎是較傾向這種陋俗說法的，因此，周達觀說：「余所見者，大德丁酉之四月初六夜也。」以確定的日期記載，說明這一風俗的可能性。

關於這段爭議性的風俗記載，在許多民族中都不乏例子，通俗來看，即是「初夜權」的問題，例如歐洲中古社會的莊園制度，莊園主人擁有合法的農奴女性的初夜權等，說明了這一風俗往往不僅爲風俗罷了，而在某種意義上是得到允許認同且具法律效用。甚至到今日，我國社會仍不乏信眾女子委身於道廟神棍的社會新聞，說明純粹以道德倫理角度看待此事，往往難以獲致眞臘當時隱藏其中的社會意識與價值觀念。

當然，周達觀所處的元朝社會，因爲中國禮教傳統，對於室女的出紅頗爲重視，所以在記錄室女一則時，出以較多的描繪。元人陶宗儀所著《南村輟耕錄》一書曾提到室女新婚之處卻無紅的情景，說明了元人對此事的重視：

> 一人娶妻無元，袁可潛贈之《如夢令》云：今夜盛排宴席，准擬尋
> 芳一遍。春去幾多時，問甚紅深紅淺？不見，不見，還你一方白絹。
> 〔註70〕

雖然不免有揶揄的味道，但說明在元朝民間對此事的重視。因此，周達觀在《眞臘風土記》中，詳細記錄，其實反映了元朝時中國人士對這個課題的興趣。

周達觀自然是中國傳統知識分子，因此記錄時不免以道德倫理觀念來看待僧人與女交媾之事，並視爲陋習，正如馬歡、王圻等人一樣。在「室女」則中記載特別詳細，除了反映這一奇風異俗外，言外之意似乎也有貶抑的味道。

第二，「室女」一則也反映出眞臘的婚姻風俗，大概的情況是，在女子未出嫁前，一般都和父母住在一起，並且睡在同個房間，但出嫁後，父母便放任女兒自由，不再加以管束，反映了東南亞部落民族的樸率、單純風俗，與中國繁文縟節的婚制不一。因爲管束較爲簡易，相對在婚姻納幣之禮上，也是苟簡從

〔註70〕〔元〕陶宗儀：《南村輟耕錄》，頁350。

事。更甚而有先姦後娶的情事，這對中國人看來為傷風敗德之事，但在真臘則視為一般，當地人也不引以為恥，看在周達觀眼中，確是較難思議的。

其實，中國傳統文化本來就充滿各種禮節，及其延伸出來的繁複制度，以元朝來說，雖說蒙古族統治帶來草原精神，簡化了許多繁文縟節，但比起真臘仍是繁複許多。那木吉拉在《中國元代習俗史》中提到元朝時的漢族婚姻禮制是：

> 元代漢人婚姻禮制是在至元八年（1271 年）基本上確定下來的，這年九月尚書省禮部呈准施行的婚姻禮制是依據 "漢兒人舊來體制"，參照朱熹《家禮·婚禮》，酌古准今擬訂的。其內容包括議婚、綵納、納幣、親迎、婦見舅姑、廟見、婿見婦之父母等凡七條。
> 〔註71〕

雖然已是簡化的婚姻禮制，但從議婚開始，直到中間的納幣等儀式，一直到最後的婿見婦之父母等，比起真臘仍是繁複許多。在真臘，這七條幾乎都可免去，真臘人著重之處只在於婚前的「陣毯」，以及陣毯之夜時的熱鬧場面，至於其它的人際關係禮儀，男女雙方及雙方家長之間的送往迎來等，均不是真臘人所強調的重點。

即以周達觀提到的「納幣之禮」來看，中國元朝社會的習俗也與真臘大異其趣：

> 納幣，元代稱 "下財禮"，即男方向女方家送聘禮。經此儀禮，婚約完全成立。，納幣禮中也有寫財禮單、告祠堂、派使者等程序，皆與納采同。其它程序有 "已定筵會，以男為主，會請女氏諸親為客，先入坐。男家至門外，陳例幣物等，令媒氏通報，女氏主人出門迎接。相揖，俟女氏先入，男家以次隨幣而入，舉酒，謂納幣，飲酒，受幣訖，女氏主人回禮，婚家飲酒。" 接著主人以常禮待賓客。最後婿與女見面，"并去世俗出羞之幣"。〔註72〕

類似的儀節，今日在我國社會的婚姻習俗仍然維持著，而這與真臘的「苟簡從事」實在相去甚遠。從中更可證明，真臘並不注重婚姻禮節，它的重點在於陣毯，因此只有在陣毯之夜，才會舉辦大型的慶祝活動，至於婚禮本身，則可以一切從簡。

〔註71〕那木吉拉：《中國元代習俗史》（北京：人民出版社，1994 年），頁 132。

〔註72〕那木吉拉：《中國元代習俗史》，頁 132～133。

不過，陳序經先生認爲眞臘一帶的婚姻，也不見得就如周達觀所說那麼地隨意簡便：

> 其實我們相信，扶南的婚姻，並不像《梁書》所說那麼隨便，我們
> 可以從林邑的婚姻而找出旁證。《晉書》卷 97 扶南傳中曾說：「扶
> 南……婚姻略同林邑。」《梁書》卷 54 林邑傳說：「其大姓號婆羅門，
> 嫁娶必用八月，女先求男，由賤男而貴女也。同姓還相婚姻，使婆
> 羅門引婿見婦，握手相付咒曰：吉利，吉利，以爲成禮。」……，
> 那麼，扶南的男女，不見得是完全沒有禮義，而恣其奔隨。〔註73〕

陳序經先生所言爲是，周達觀所記自然見到許多婚姻均爲簡便行事，看似隨便，但不能以偏蓋全，認爲眞臘一切民間均爲如此。

當然，周達觀的記載重點並不在於婚制的本身，而仍爲陣毯習俗，從這習俗來看，陣毯之夜的活動包含了鼓樂、佈置、飲宴等等，其實就是我國婚姻中的宴客場面，只不過眞臘將之提前作業罷了！這種場面及佈置情景，伯希和認爲直到今天還保存著：

> 伯氏注云："按此泥人泥歠，今尚有時用之。所縛高棚，今名 rung reip
> karprapon，此言婚棚，即印度人之 pandel 是也。"〔註74〕

伯希和所言爲是，筆者曾赴印度及東南亞等地，其地今日確實仍保存類似的佈置，可能印度教自古風俗如此，並沿用至今。

第三，以上說明可以看出僧道在眞臘的地位重要性。這裡所指的「僧道」，指的是「小乘佛教」或「印度教」的僧侶，從陣毯的習俗看來，這些僧侶仍爲民間社會中地位最崇高者之一，因此不論貧富之家，都要委請僧道舉行陣毯，說明十三世紀末時，僧侶在眞臘具有的地位及其難以取代的重要性。其實，這點在任何民族都是必然、常見的，它反映出宗教的社會主導力量，以及代表這一主導力量的僧侶之士所擁有的相對權力與地位。

對周達觀而言，他來自中國，他所受的教育，儒教的文化力量往往超越世俗的宗教。因此，《眞臘風土記》書中，周達觀對宗教顯然沒有較大的興趣，自然對主導這一龐大力量的僧侶之士也沒有較深入的觀察。在「室女」一則中，周達觀主要仍是從風俗的角度來看待僧侶，詳細記載陣毯習俗中所見的僧侶受歡迎、禮敬的場面，是「交錯於途路間，鼓樂之聲，無處無之。」至

〔註73〕陳序經：《東南亞古史研究合集》，頁 568。
〔註74〕〔元〕周達觀著，夏鼐校注：《眞臘風土記校注》，頁 109。

於背面所蘊藏的宗教意涵，周達觀並沒有興趣，也未產生相對的評價與研究。

小結以上所論，可知「室女」一則因出現截然不同中土文化的風俗面貌，給予周達觀極大的好奇，因此記錄非常詳盡，但在詳盡之餘，卻也不免隱隱透露中國儒士對東南亞夷狄之國的輕微鄙視意味。

七、奴 婢

其次梳理第九則「奴婢」，全文如下：

> 人家奴婢，皆買野人以充其役。多者百餘，少者亦有一二十枚，除至貧之家則無之。蓋野人者，山中之人也。自有種類，俗呼爲撞賊。到城中，皆不敢出入人之家。城間人相罵者，一呼之爲撞，則恨入骨髓，其見輕於人如此。少壯者一枚可直百布，老弱者止三四十布可得。只許於樓下坐臥，若執役，方許登樓，亦必跪膝合掌頂禮而後敢進。呼主人爲巴駝，主母爲米。巴駝者父也，米者母也。若有過，撻之，則俯首受杖，略不敢動。
>
> 其牝牡自相配偶，主人終無與之交接之理。或唐人到彼久曠者不擇，一與之接，主人聞之，次日不肯與之同坐，以其曾與野人接故也。或與外人交，至於有姙養子，主人亦不詰問其所從來。蓋以其所在不齒，且利其得子，仍可爲異日之奴婢也。
>
> 或有逃者，擒而復得之，必於面刺以青，或於項上帶鐵以錮之，亦有帶於臂腿間者。〔註75〕

本則記錄真臘奴婢的來源、社會地位、買賣、居住、家庭、規範與刑罰，並略微提及與唐人的關係。

不論中西，自古以來便不可避免產生奴隸或奴婢的現象，大抵人類進入農業社會後，便逐漸發展出具體的社會階層型態，例如西方的莊園制、中國的封建制等，爲了維持如此龐大的運作系統，勢必發展奴婢的現象，一者可以分擔在高階者的雜役工作，二者可以滿足在高階者的各種權力慾望需求。以中國傳統的封建社會而言，褚贛生先生認爲最常見的奴婢是來自罪人，而其服務的對象，則爲官員，在其《奴婢史》書中提到：

> 奴婢是怎樣一種人？這是一個看似容易其實卻較難解答的問題。關

〔註75〕〔元〕周達觀著，夏鼐校注：《真臘風土記校注》，頁106～108。

於其定義，目前最爲權威、最爲流行的說法是《辭海》所云：＂古
代稱罪人的男女家屬沒入官中爲奴者＂，即男爲奴，女爲婢；以後，
則＂泛指喪失自由、被人奴役的男女＂。〔註76〕

而在元朝，奴婢的來源也近似，陶宗儀《南村輟耕錄》說：

今蒙古色目人之臧獲，男曰奴，女曰婢，總曰驅口。蓋國初平定諸
國曰，以俘到男女匹配爲夫妻，而所生子孫永爲奴婢。〔註77〕

若以這樣的說法爲基礎，則與周達觀所記略有差異，中國奴婢的來源，大部
分來自犯罪之人，其後，則泛指喪失自由的人。但在眞臘，奴婢的來源往往
來自「野人」，按夏鼐先生的說法，野人指的是野蠻之人，這與中國的罪人或
喪失自由的人有較大程度的差異。因爲眞臘的奴婢來源爲野人，所以相對在
社會地位上顯得極其卑微，這也與中國奴婢有較多的差異。

中國奴婢雖然爲奴爲婢，但在許多場合中，則似乎可經由一定的表現而
獲致主人的肯定，並提昇其地位。褚贛生先生在《奴婢史》一書中又說：

在歷史上確有不少早年本爲家奴的人，後通過不同途徑而跨進了士
大夫行列。與其他絕大多數仍長期作牛作馬、受苦受難的奴僕相比，
他們似可算得上是＂幸運者＂。〔註78〕

從周達觀的記錄來看，則眞臘的野人奴婢，幾乎沒有翻身的餘地，而是眞正典
型的奴婢。而周達觀所敘眞臘奴婢不得翻身的講法，與褚贛生先生所提的中國
歷史上一般的奴婢稍微不同的原因，大概是元朝時一般對奴婢的看法如此，所
以元人陶宗儀說「所生子孫永爲奴婢」，其實和周達觀的敘述相同。凡此說明，
眞臘在這個方面，未能像中國某些時期，得以提供奴婢一個可以轉換、升遷的
角度，讓他們可以進入較高層社會，甚至進而成爲中堅人物的機會。

正因此，眞臘奴婢的社會地位極其低微，從周達觀的記錄文字來看，他
們不僅爲野蠻之人，且在爲奴爲婢之後，也是被社會所拒絕、排斥、歧視的
一群。因此，周達觀敘述說連作賊之人，也不敢出入奴婢人家。當時社會也
以奴婢作爲罵人的用語，並被視爲是極其難聽的字眼，所以被罵的人會對之
「恨入骨髓」，說明了眞臘社會奴婢地位的低微。

奴婢社會地位低微，從中反映眞臘社會階層間的壁壘關係，在上的主人

〔註76〕褚贛生：《奴婢史》（上海：上海文藝出版社，1994年），頁1。
〔註77〕〔元〕陶宗儀：《南村輟耕錄》，頁208。
〔註78〕褚贛生：《奴婢史》，頁60。

只利用在下的奴婢從事勞役，但在日常生活中則缺乏其它的互動。於此，周達觀順帶提到中國人與真臘奴婢的接觸，說有些到真臘的中國人，停留時間久時，因為在生理上的需求，往往與當地的奴婢接觸，而一旦這種接觸的事情被奴婢的主人知悉的話，則隔天真臘人便不與中國人同坐交往，真臘人對奴婢地位的岐視態度，間接也反映在與奴婢相接的人身上，說明當時真臘人對奴婢社會地位低微至極的體現。

因野人奴婢社會地位至低，所以除了至貧的人家之外，幾乎都可以買賣奴婢。從《真臘風土記》來看，有些人家甚至家中可養超過百人的奴婢，而較少的也有一、二十人左右。因其社會地位低微，大致可推想這些奴婢應都是從事較為勞動性的工作，也因此較難像中國奴婢有機會接觸、甚至進入仕宦人家的階層。

因為奴婢主要從事勞動性工作，所以奴婢的身價自然也依年齡而分，年輕力壯的自然價值較高，年老體衰的自然較為便宜。從周達觀的敘述來看，年輕者的身價，可以是年衰者的兩、三倍左右。

至於奴婢本身，自有他們的社群。以居住點來看，奴婢只能住在「樓下」。這裡所謂的樓下，指的是東南亞一帶的高腳房屋，今日柬埔寨農村或吳哥郊外仍然保留。這種高腳屋因位於叢林多潮濕的環境，以及蟲虫較多的緣故，居住者通常住在樓上，而將屋腳的空間用來置放農具，或是蓄養牲畜等，奴婢因地位甚低微，所以也居住在此，從中知道奴婢地位只與牲畜相同，自然不如有些中國奴婢居住的環境較理想一些。

奴婢間也可以自相配偶，但從《真臘風土記》則看不出是否有婚姻的關係或儀式？從地位的低微來看似乎是不太可能的。所謂的自相配偶，大概還停留在較為原始的人類生活模式，可以有簡單的配偶關係，也可能生兒育女。主人在這點上並不禁止，原因是由奴婢生下的兒女，自然也就成為奴婢。以人性觀點來看，真臘奴婢的命運甚為堪憐。

不僅如此，既被買賣為奴婢後，幾乎也沒有自由可言，他們將一輩子成為奴婢。然而，因為奴婢從事較為勞力或低賤的工作，必然產生體力或精神上的不堪負荷情形，而有脫逃的念頭。真臘的處理狀況則當成類似中國的罪犯一般，在臉上刺青，以示警告，而且也使用禁錮的工具，戴在脖子上或手腳上。從中來看，則中國的奴婢還有一線翻身的機會，陶宗儀記載中國元朝的奴婢情況可以是：

> 奴婢男女止可互相婚嫁，例不許聘娶良家，若良家願娶其女者聽。
> 然奴或致富，主利其財，則俟少有過犯，杖而錮之，席卷而去，名
> 曰抄估。亦有自願納財以求脫免奴籍，則主署執憑付之，名曰放良。
> 〔註79〕

這麼看來，中國奴婢的命運比起眞臘好許多，而眞臘奴婢倒像眞正的罪犯了。

總結來說，眞臘買賣奴婢的狀況頗為普遍，而奴婢的來源多為野人，住居環境不佳，缺乏精神意志的自由，遭遇類似許多民族中存在的「賤民」現象，絕大多數奴婢一生無法脫離這種命運，就今日人權的角度來看，是屬於極不合理的社會現象，從中反映當時眞臘雖擁有一定文明，但在某些層面確實停留在較未開化的地步。

八、野 人

其次梳理第十一則「野人」，全文如下：

> 野人有二種：有一等通往來話言之野人，乃賣與城間為奴之類是也；
> 有一等不屬教化，不通言語之野人，此輩皆無家可居，但領其家屬巡
> 行於山，頭戴一瓦盆而走。遇有野獸，以弧矢操槍射而得之，乃擊火
> 於石，共烹食而去。其性甚狠，其藥甚毒，同黨中常自相殺戮。近地
> 亦有以種荳蔻、木綿花、織布為業者，布甚粗厚，花紋甚別。〔註80〕

《眞臘風土記》一書中，第九則「奴婢」後為第十則「語言」，兩則間並不具連貫意味。從《眞臘風土記》結構來看，第十一則「野人」似乎可以提前，作為對「奴婢」的補充說明。所謂「野人」，夏鼐先生認為是指「野蠻之人」，而非指「山野之人」。從這則來看，如果粗分野人為兩種的話，那麼前一種野人即是指「野蠻之人」，但不一定指住在山野之人，只以其性野蠻而已。至於後一種野人，則不僅其性野蠻，而且也是住在「山野」之人。

至於兩種野人的分別，除了居住地點不同之外，主要是以「語言」作為分判的原則，這或許也是周達觀將第十一則「野人」置於第十則「語言」之後的原因。依照這個分別，第一種野人是懂得城鎮等較文明區域的語言的，所以可以賣給城人為奴，因為通語言的緣故。第二種野人則是不懂得這種語言的，周達觀認為，因為不懂這種語言，相對在文明教化程度上也有所不及，

〔註79〕〔元〕陶宗儀：《南村輟耕錄》，頁 208。
〔註80〕〔元〕周達觀著，夏鼐校注：《眞臘風土記校注》，頁 117。

是更爲野蠻之人。

這種不屬教化的野人，特點有三：第一，他們居住在山野之中，在山林間出沒，而且沒有固定的房屋居所。周達觀雖未提及，但從文意推測，這種野人可能仍居住洞穴，具有較爲原始的居住型態，但從「領其家屬巡行于山」看來，則這種野人應也具有家族的社會型態，並且也應是以父系爲家族領導，從事日常謀生活動。特別之處，家族之長者頭上會戴著一個瓦盆，或許是象徵烹食時候的工具。

第二，這種野人維持原始的生活方式，以狩獵爲生，並會使用弧矢摽槍等武器。當他們獲得獵物時，因爲仍不具有農業家庭的固定型態，所以仍使用數十萬年前原始的方法，即以擊石的方式取得火源，將獵物烹煮至熟。從這點來看，這種野人的確非常接近原始的型態。

第三，因爲這種野人較具原始型態，所以在保衛性上自然較爲敏感，導致「其性甚狠，其藥甚毒，同黨中常自相殺戮」的狀況，這對原始部落來說，是可以理解的行爲或現象。

周達觀觀察到上述這種野人的特質，因此說他們「不屬教化」，反映了原始的社會型態。當時已是十三世紀末，周達觀來自高度文明發展的中國，因此對這種尚停留在原始時代的野人印象特別深刻，所以記錄下來。

不過，若根據伯希和、陳正祥先生等人的說法，真臘七百年前的野人狀況，到今天還是差異不大。夏鼐先生《真臘風土記》引伯希和說法如下：

伯氏云：這二等野人，今昔皆同。〔註81〕

陳正祥先生《真臘風土記研究》也說：

這些野人，今日的情況和處境仍相似。按構成柬埔寨的民族主爲吉

蔑人（Mon-Khmer），此外尚有少數民族十來種，多居山地。〔註82〕

從中來看，雖然真臘已發展高度文明，但因民族複雜且地處東南亞山區及雨林地帶，仍有不少較具原始型態的部落或種族，而他們的生活方式自然也一直停留在較爲原始的狀況。《真臘風土記》所記真臘野人的狀況如此，中國其它類書也有近似記載，如宋人李昉編《太平御覽》卷七九〇便引《南州異物

〔註81〕〔元〕周達觀著，夏鼐校注：《真臘風土記校注》，頁117。

〔註82〕陳正祥：《真臘風土記研究》，頁52。另，夏鼐先生認爲陳正祥先生所說「吉蔑人」應爲「猛」及「吉蔑」兩種，不是同一民族，見《真臘風土記校注》，頁118。

志》提及眞臘一帶種族特色如下：

> 《南州異物志》曰：扶南海隅有人如獸，身黑若漆，齒白如素。隨
> 時流移，居無常處。食惟魚肉，不識禾稼，寒無衣服，以沙自覆，
> 時或屯聚，豬、犬、雞雜糅。時或雖忝人形，無逾六畜。〔註83〕

《太平御覽》所記和《眞臘風土記》非常近似，提及這些人沒有固定的居住處所、沒有發展固定的農稼型態，主要以狩獵爲主等，都和《眞臘風土記》所記的野人類似，只是一居住在海邊，一居住在山林中，但作爲原始社會的型態，則從宋朝至元朝，並沒有太大改變。

最後，在「野人」則中，另外補充一種近似野人，卻又不是原始型態的人類，這種人會種植荳蔻、木綿花爲業，前者可作爲藥物，後者可以紡織，較接近定居的農業社會型態。周達觀並沒有記錄這種人是否與城市之間交易買賣，但周達觀留意了他們所織的布料較爲粗厚，花紋別具特色，大概和今天許多原住部落的狀況相似。不過，周達觀仍將這種人歸入爲野人，理由應在於這些人雖然具有一定的農業或紡織能力，但在文明教化上，仍不通城市間的語言，所以也不被賣爲奴隸，應是一種較爲自給自足的社會型態。

總之，經由上述諸則的梳理，我們得知在七百年前的眞臘，某些地區或人民仍處於未開化或半開化的狀態，甚至在周達觀所處的吳哥都城中也不乏這些情形，所以周達觀得以眼見並記錄下來，從中說明眞臘雖在建築文明發展高度的水準，但國中仍不少近於原始的生活型態。相對中國文明而言，眞臘整體仍爲不及，這種狀況自然也影響周達觀書寫《眞臘風土記》的著墨語氣或角度。

第三節　語言與時序

本章第一節主述眞臘的城市建築，輝煌而燦爛，並肯定其可能超越中國的成就。第二節主述眞臘的人物風俗，發現不少仍停留在半開化程度，說明眞臘文明主要集中、表現在統治者身上。本節擬以探討的是眞臘的語言、時序等生活資料，雖然周達觀《眞臘風土記》在這些方面的記載篇幅有限，但在柬埔寨書面古史幾乎已全部佚失的情況來看，自然顯得珍貴非凡。本節主

〔註83〕〔宋〕李昉編，夏劍欽等校點：《太平御覽》第七卷（石家庄市：河北教育出版社，1994年），頁364。

要談論第十則「語言」、第十二則「文字」、第十三則「正朔時序」，另外，第十四則「爭訟」也可併入探討。

一、語　言

首先梳理第十則「語言」，全文如下：

> 國中語言，自成音聲，雖近而占城、暹人，皆不通話說。如以一爲梅，二爲別，三爲卑，四爲般，五爲孛藍，六爲孛藍梅，七爲孛藍別，八爲孛藍卑，九爲孛藍般，十爲答。呼父爲巴駝，至叔伯亦呼爲巴駝。呼母爲米，姑、姨、嬸姆以至鄰人之尊年者，亦呼爲米。呼兄爲邦，姊亦呼爲邦。呼弟爲補溫。呼舅爲吃賴，姑夫、姊夫、姨夫、妹夫亦呼爲吃賴。
>
> 大抵多以下字在上，如言此人乃張三之弟，則曰補溫張三。彼人乃李四之舅，則曰吃賴李四。又如呼中國爲備世，呼官人爲巴丁，呼秀才爲班詰。乃呼中國官人不曰備世巴丁，而曰巴丁備世。呼中國之秀才不曰備世班詰，而曰班詰備世，大抵皆如此，此其大略耳。
>
> 至若官府則有官府之議論，秀才則有秀才之文談，僧道自有僧道之語說。城市村落，言語各自不同，亦與中國無異也。〔註84〕

本則記錄十三世紀末時真臘所使用的語言，自成民族語系，並保留部分名詞發音以及特殊的語法。周達觀指出真臘自有一己的語言系統，以語系來說，這種語系屬於東南亞語系，但又與占城、暹人不同，即與今日之越南、泰國等地仍有不同，差異程度之大，甚至無法溝通。

周達觀並非語言學專家，因此只能記錄簡單的語言，而無法探討、比較這種語言的演變及相關問題，《真臘風土記》書中所記的真臘語，應爲大致的近似音與近似義。然而，記錄雖爲粗糙，但因僅有而顯得珍貴，今人可從對比語言學的角度來推證周達觀所記。現代學者如伯希和等人研究《真臘風土記》一書時，均不乏將重點置於以語言學或對音法來探討《真臘風土記》一書，並以今日柬埔寨語言爲輔助對象，用以說明、印證周達觀所記錄之事物，並得到相當的成績。大致說來，《真臘風土記》一書保留六十餘個當時真臘詞彙的發音，頗具研究價值。

以「語言」一則來看，夏鼐先生《真臘風土記校注》引伯希和詮釋則中

〔註84〕〔元〕周達觀著，夏鼐校注：《真臘風土記校注》，頁112～113。

提到的數字，以對音法研究得知，它們大多仍與今天的柬埔寨語相當，可知伯希和的研究應爲定論，例如引述數字「一」時，解釋如下：

> 伯氏謂此書中之數字音譯，多與現代柬埔寨語相符。其新注云：漢字"梅"之古音 muài，周氏當讀之爲 mui，與柬語 muy（"一"）字完全相符。（63 頁 6 條）〔註85〕

此外，伯希和也指出了眞臘語數字中，從六以上至九的數字，算法及讀法如下：

> 孛藍之字源爲 pràm。六至九等四數，爲五加一，五加二，五加三，五加四。〔註86〕

按此規律從《眞臘風土記》來看，確實如此，所以周達觀說「六爲孛藍梅，七爲孛藍別，八爲孛藍卑，九爲孛藍般」，這對於我們理解眞臘的數字語音，及其中透露出來的算術方法，有非常明確的了解。

其次，《眞臘風土記》「語言」則中記錄的第二個重點爲親屬的稱呼。主要的親屬爲父親、母親、兄長、姊、弟及舅等，但缺妹。從這幾個稱呼，擴充延伸至「叔伯」，稱呼和父親相同；「姑、姨、嬸姆」，稱呼和母親相同；甚至「鄰人之尊年者」，稱呼也和母親相同；「姑夫、姊夫、姨夫、妹夫」，稱呼也和舅相同。

這種現象，透露眞臘在親屬的稱呼及細部畫分上，並不像中國有一套極其繁複的系統。中國社會組織嚴密，它的體系產生極其細密的親屬畫分法，並且在名稱上有不同的相應稱呼。但在眞臘，社會畫分不似中國嚴密，因此在稱呼上也產生許多近似親屬，皆以相同稱呼的現象，情況有如今日美國社會，在伯叔表親一類親屬畫分上，也並不明確。

此外，從鄰人之尊年者的稱呼和母親相同這個現象來看，當時眞臘的年長婦女的社會地位應該頗高，所以用母親的稱呼來尊稱鄰人尊年者，透露了女性在眞臘的地位。

再者，就語言對音學的研究來看，伯希和認爲在親屬稱呼的語音現象上，不同於數字語音幾乎都與今日柬埔寨語相同，在親屬稱呼上，昔日和今天似乎有較大的差異性：

> 伯氏注云：今日柬語父爲 apuk（abuk），母爲 mdai，叔伯爲 mà，與

〔註85〕〔元〕周達觀著，夏鼐校注：《眞臘風土記校注》，頁 113。
〔註86〕〔元〕周達觀著，夏鼐校注：《眞臘風土記校注》，頁 113。

此書所述者不完全相符……僅見于有關係之語言及方言中。〔註87〕
伯希和的研究甚爲嚴謹，指出眞臘時期在「父親」及「母親」兩者的發音上，
雖然在大致上仍具有「b」或「m」的音，但在細部上仍與今天的柬埔寨語不
完全相同，從中來看，眞臘時期確切的對父親或母親的發音已難以完全考證，
只能說大致與周達觀所記錄的近似罷了！

至於稱呼舅舅、姑夫、姊夫、姨夫、妹夫等的「吃賴」，經由前人的研究，
則較無異議，夏鼐先生《眞臘風土記校注》引另一著名學者戈岱司謂：

> 我以爲 khlai（見前引吳哥寺 1701 年及 1747 年兩碑）乃今語 thlai
> 之古稱。後一字今訓爲姻兄弟或姻姊妹。周達觀記中謂爲舅，爲姑
> 夫，則指的皆是父之姻兄弟，如非誤譯，則當假定 khlai 一字自是以
> 後意義業已變化了。〔註88〕

戈岱司從吳哥寺碑文及對音比較，說明「吃賴」一音的合理性與正確性，因
此伯希和也從戈岱司的說法，應無疑義。此外，夏鼐先生《眞臘風土記校注》
又引許肇琳先生更進一步的說法如下：

> ”吃賴”原音應爲 thlai，乃姻兄弟姊妹之稱謂。但長一輩之姻親，
> 則男稱爲 mer，女稱爲 mi。周氏謂”呼舅爲吃賴”，應指同輩之妻
> 舅而非舅父，謂姑父亦同此稱，應指丈夫姊妹（即小姑）之配偶而
> 非姑父。〔註89〕

這段分析極精采，除印證戈岱司所說之外，更將「吃賴」的範圍縮小至同輩
的姻親，因此，其中的「舅」應作「妻舅」而非作「舅父」，因其在輩分上是
不一樣的。而其後的「姑夫、姊夫、姨夫、妹夫」等，更加印證這一說法的
正確。因此，從周達觀以至許肇琳先生等人的說法，可以知道十三世紀時眞
臘的親族畫分，雖然沒有中國社會體制來得細密，但在輩分上仍有一定的分
野，以其從語音稱謂便可說明。

「語言」一則中另外提到當時眞臘的語法問題，其中一個現象是「下字
在上」。最簡單的例子爲「張三之弟」，在眞臘的說法爲「補溫張三」，補溫即
是弟的意思，因此以語法來說，眞臘人如果要稱張三的弟弟，翻成現代中文
白話則是「弟弟張三」。這種語法明顯與中國不一，在中國，「張三」作爲語

〔註87〕〔元〕周達觀著，夏鼐校注：《眞臘風土記校注》，頁114。
〔註88〕〔元〕周達觀著，夏鼐校注：《眞臘風土記校注》，頁115。
〔註89〕〔元〕周達觀著，夏鼐校注：《眞臘風土記校注》，頁115。

序之前詞，「弟弟」作爲語序之後詞，核心語義落在後面的詞，指的是張三的弟弟。但在眞臘，「弟弟」作爲語序之前詞，「張三」作爲語序之後詞，但核心語義落在前面的詞，指的是張三的弟弟。這種現象反映了各種語言間的語法不同，並無誰對誰錯的問題。據周達觀說「大抵皆如此」，可以知道這種和中國語序大致顚倒的用法，在眞臘是極爲常見的現象。

最後，周達觀也提出了同是眞臘的語言，但在不同領域、階層，在用法上也有稍微的差異。主要的差異在於，官府之中，議論性的用詞較爲明顯；讀書人的階層，用詞較爲文雅；宗教僧侶之中，則發展一套屬於自己的詞彙等。這些都與一般百姓所使用的語言，在難易度上及文雅粗俗上有所分別。從最後幾句話的記錄，周達觀也考察到各種地方的方言，會因城市村落的不同，而有差異，其實，這些本來就是語言發展的正常現象，世界各民族都一樣，所以周達觀說「亦與中國無異也。」

小結以上對「語言」一則的分析，可以看到周達觀在眞臘一年，至少應該已通習眞臘的語言，而且可以歸納眞臘語言在語法上的特殊現象，並且也發現了地方方言的差異性。然而，周達觀畢竟不是語言學家，只能作大略的說明與事實的記錄，但也因此，提供了後世瞭解眞臘語言的部分現象，也能作爲研究眞臘語言的發展歷程，周達觀的記錄實多貢獻之處。

二、文　字

其次梳理第十二則「文字」，全文如下：

> 尋常文字及官府文書，皆以麂鹿皮等物染黑，隨其大小濶狹，以意裁之。用一等粉，如中國白堊之類，搓爲小條子，其名爲梭。拈於手中，就皮畫以成字，永不脫落。用畢則插於耳之上。字跡亦可辨認爲何人書寫，須以濕物揩拭方去。大率字樣，正似回鶻字。凡文字皆自後書向前，却不自上書下也。余聞之也先海牙云，其字母音聲，正與蒙古音相類，但所不同者三兩字耳。初無印信，人家告狀，亦無書舖書寫。〔註90〕

本則提及眞臘的文字書寫及其工具。

首予留意的是眞臘的書寫工具爲「以皮代紙」。按：人類書寫載體的發展上，最早是從山洞石壁及其它石材開始，隨後則是書寫在泥土製成的陶板或

〔註90〕〔元〕周達觀著，夏鼐校注：《眞臘風土記校注》，頁118～119。

平面上。逐漸地，隨著文明演進，最重要的書寫載體則是「紙」的發明，埃及的莎草紙已被視爲人類最早運用的紙類，它有將近五千年的歷史，中國則在公元前兩世紀時發明溶解植物纖維製成的紙張，都說明紙的發明與使用已經歷長遠的時間。然而，從周達觀的記錄來看，十三世紀時的眞臘，紙類的運用並不是很普遍。

此時眞臘選擇的書寫載體最主要爲「皮」，尤以麂鹿皮爲多。其實，人類書寫文明發展歷史上，皮革本就占據相當重要的地位，尤其是羊皮紙的運用，更是西方文明的一項重大發明。這種書寫載體因爲取材較爲珍貴，製作過程較爲複雜，所以通常用來書寫較爲重要的文件，至於一般性的文件，則仍以紙張或其它材料來代替。皮革或紙張的運用，也能見出一個國家的文明程度，及其書寫進行方式。

以眞臘而言，不用紙而用皮革，反映一般百姓並不常接觸文字書寫，相對透露普及性的文學書寫或延伸的藝術活動也不普及。以同時期的中國而言，元朝畫家黃公望等人已經可以運用非常細膩的毛筆，在製作精良的宣紙上呈現山水的意境深遠，這點眞臘遠爲不及。從書寫的工具來看，眞臘的藝術活動無法發展類似中國的書法、繪畫，而較偏向雕刻，關鍵之一即爲工具或材料的運用不同。

因爲書寫載體是皮革，所以也不太可能有長篇的詩歌或文學出現，皮革書寫主要以實用性用途爲主，例如政令宣布、經貿契約往來等。從材料的推測，這種書寫載體也不必發展到極爲精緻的程度，不會像西方用來書寫《聖經》經文及插圖一般的精細羊皮紙的地步。從眞臘書寫載體的運用，我們得以觀察眞臘在進行書寫活動時，呈現的境界與基督教書寫經文時的情況並不相同。

其次是書寫的工具，也就是「筆」。如前所述，眞臘在紙類的運用上遠不及中國，在筆的運用上也同樣如此。周達觀記錄眞臘的筆是用一種白粉搓成的條子筆，可以在較暗色的皮革上畫出符號與痕跡。這種筆，眞臘名爲「梭」，夏鼐先生引伯希和的講法如下：

> 伯氏初注：" 按梭似爲 tisa（今讀若 deisa）之音譯，此言白土，即白堊也。"〔註91〕

從中來看，梭是一種以白堊土或粉搓成的筆狀條子，以磨擦減損的方法，書寫在皮革上的工具。這種梭筆與皮革配合，具有永不脫落的效果，就實用性

〔註91〕〔元〕周達觀著，夏鼐校注：《眞臘風土記校注》，頁119。

來說是完全可以達到書寫的要求及目的。

　　周達觀順帶提到眞臘人以梭筆書寫完畢時，會將筆插在耳上，是頗爲有趣的畫面。其實，今日仍有許多裝潢業者，他們在進行工作時也常有類似舉動。兩者共通的情形是，這種筆通常會是類似鉛筆、粉筆等較爲乾硬性的工具，而不是像毛筆一類較爲濕軟性的工具。從用畢插於耳上來看，也能想像畫面較爲接近工匠行爲，而不像中國書畫家是在進行較文雅、精緻的活動。

　　其次，眞臘書寫的文字雖不及中國書家發展那麼多貌的風格，但仍可辨認字跡爲何人書寫？此是文字書寫的正常現象，每人因習慣不同、練習過程差異，自然發展不同字跡，所有文字都具有這樣的特色，即以較爲刻板的埃及文字或蘇美楔形文字來說，仍可辨認書寫風格。因此，從中推測眞臘也有「書法家」的存在，他們是一群字跡書寫較爲漂亮的人物，在一些重要的場合或文件中，從事書寫工作，可惜的是，周達觀並未記載這類的書法家及其名字、活動。

　　其次，眞臘文字的書寫方向，是從後向前，即從左向右。這點與中國文字通常由右至左、由上至下的書寫習慣不同，所以周達觀特別留意。這種字樣，夏鼐先生的說法如下：

> 八世紀時之柬埔寨碑文，有用二種文字體書寫者，即用梵文及吉蔑文。……自第七世紀起，吉蔑語之文字已開始見於銘劇中，例如 ponhear hor 銘刻，即一柱銘爲梵文，另一柱銘爲吉蔑文。〔註92〕

這種字樣，在今天的柬埔寨遺址石碑中仍常見，並可以辨識，但當時書寫在皮革上的字樣則均已遺失損壞，書寫風格只能從現存石碑參照。

　　再者，周達觀在本則中記載眞臘文字的字母發音，並說它們類似當朝的蒙古音，是極具研究價值的記載，並且，周達觀說所不同者只有兩三字，其中的相似度是非常高的。周達觀引述這段話，主要是從一個名爲「也先海牙」的人得知。也先海牙是蒙古名字，應是蒙古人。從《眞臘風土記》文意來看，也先海牙應是與周達觀身分地位相當的人物，應該就是這次出使眞臘的使節團員之一，周達觀與之熟稔，並從也先海牙那裡得知這個有趣的字母音聲現象。

　　最後，眞臘人不同於中國人使用印信，在眞臘並沒有使用這工具，作爲憑信。遇到人家有告狀的事情，也沒有書舖代爲書寫的服務。這種現象整體說明眞臘在文明上，尤其是書寫文明的發展上，仍不能與中國相比，在許多

〔註92〕〔元〕周達觀著，夏鼐校注：《眞臘風土記校注》，頁120。

制度上的建立仍未完備。

小結來說，透過「文字」一則，可以知道十三世紀眞臘的書寫工具尚未發展到精緻的地步，從中反映書寫文明也尚未進入成熟階段，由此推測當時文明活動較爲粗樸，較缺乏歐洲文明的寧靜與中國文明的典雅等較精緻的面貌。

三、正朔時序

其次梳理第十三則「正朔時序」，全文如下：

> 每用中國十月以爲正月。是月也，名爲佳得。當國宮之前，縛一大棚，棚上可容千餘人，盡掛燈毬花朵之屬。其對岸遠離二三十丈地，則以木接續縛成高棚，如造搭撲竿之狀，可高二十餘丈。每夜或設三四座，或五六座，裝煙火爆杖於其上，此皆諸屬郡及諸府第認直。遇夜則請國主出觀，點放煙火爆杖，煙火雖百里之外皆見之。爆杖其大如砲，聲震一城。其官屬貴戚，每人分以巨燭、檳榔，所費甚夥。國主亦請奉使觀焉。如是者半月而後止。

> 每一月必有一事，如四月則抛毬，九月則壓獵，壓獵者，聚一國之衆，皆來城中，教閱於國宮之前。五月則迎佛水，聚一國遠近之佛，皆送水來與國主洗身。陸地行舟，國主登樓以觀。七月則燒稻，其時新稻已熟，迎于南門外燒之，以供諸佛。婦女車象往觀者無數，國主却不出。八月則挨藍，挨藍者舞也。點差伎樂，每日就國宮內挨藍，且鬥豬鬥象。國主亦請奉使觀焉，如是者一旬。其餘月分不能詳記也。

> 國中人亦有通天文者。日月薄蝕皆能推算，但是大小盡却與中國不同。中國閏歲，則彼亦必置閏，但只閏九月，殊不可曉。一夜只分四更。每七日一輪。亦如中國所謂開、閉、建、除之類。番人既無姓名，亦不記生日。多有以所生日頭爲名者，有兩日最吉，三日平平，四日最凶。何日可出東方，何日可出西方，雖婦女皆能算之。十二生肖亦與中國同，但所呼之名異耳，如以馬爲卜賽，呼雞爲鑾，呼豬爲直盧，呼牛爲箇之類也。〔註93〕

〔註93〕〔元〕周達觀著，夏鼐校注：《眞臘風土記校注》，頁 120～122。

本則是《眞臘風土記》中文字較長的一則，相對記載較多眞臘的風俗，並與中國相較，可以見出兩國文化的差異性。之所以如此，大概與「正朔」概念爲中國最著重的事情之一有關。中國歷代都著重正朔問題，周達觀所處時代也相同，《元史》記完本紀後，接下就是天文與曆法，可知重要，並說：

> 夫明時治曆，自黃帝、堯、舜與三代之盛王，莫不重之，其文備見
> 於傳記矣。雖去古既遠，其法不詳，然原其要，不過隨時考驗，以
> 合於天而已。〔註94〕

從中可見明時治曆的重要，歷代皆然。並且，頒布曆法也是朝代更迭的象徵之一。元朝初年先是襲用金朝的《大明曆》，後在至元四年時改用《萬年曆》，至元十七年時改用《授時曆》，〔註95〕正是呼應「隨時考驗，以合於天」的說法。不僅中國強調正朔時序的重要性，世界各民族也都是相同狀況，以曆法生態影響國家生存狀態，因此都投入專精人才因時訂定之。

所謂正朔，「正」指的是一年的開始，「朔」指的是一月的開始。一年開始之月稱爲正月，一月開始之日稱爲朔日。一般來說，世界各民族大約都已觀察到一年約有三百六十五天又多出一點，而一年大約也可以畫分十二個月，每月長度不盡一致，大部分的民族也都觀察到閏月的現象。較不同的是，在十二個月中，以那個月分爲正月？則認定並無一致。

以中國來說，最典型的即是夏曆後的曆法認定，商朝時的正月，即是夏朝時的十二月，但到了周朝的正月，則爲夏朝時的十一月。這只是大幅更動，至於因閏月、月蝕、歲差等更細微的變化，中國歷代均有改異，自不在話下。周達觀所處的短暫元朝時代，都尚且要改易曆法數次，原因即在於天文與地球之間的互動影響會產生輕微變化，而天文曆法學家必須對之回應處理。

周達觀所謂的正月，指的是從漢武帝時頒布的《太初曆》的正月認定，這個認定是依據夏曆的正月而來，其後雖然各曆法在歲差上有所出入，但對夏正月爲正月的認定，一直延續至今，周達觀所處元朝亦如此認定。因此，《眞臘風土記》所說的「每用中國十月以爲正月」，這裡的正月顯然與中國正月不同，而是因爲民族特色、地理條件差異而有出入，其間相差近三個月。今日已缺乏眞臘爲何如此認定正月的資料，只能依周達觀及碑文銘刻中所記爲參考。

〔註94〕〔明〕宋濂等撰：《元史》，頁303。
〔註95〕〔明〕宋濂等撰：《元史》，頁303。

據周達觀所說，眞臘的正月稱爲「佳得」，夏鼐先生《眞臘風土記校注》引伯希和說法爲：

> 伯氏注云：" 按佳得應爲 kātīk（今讀若 kādāk），即梵文之迦剌底迦（kartika）月是也。但現在柬埔寨人之正月爲 Cet 月，即梵文之制呾羅（Caitra）月是也。此月在陽曆三四月間。其新年節會，今日大致以建立沙塔與浴佛二事爲重。" 〔註96〕

此中問題即在於佳得月（迦剌底迦月）與制呾羅月不同，周達觀認爲佳得月是當時的正月，但一些銘刻及今日之柬埔寨，卻以制呾羅月爲正月，其中差異即與中國夏商周三代時對正月的認定不同相似。不論如何，周達觀以佳得爲當時正月，應該可信，並提到正月必須的活動，也有部分仍延續至今。

最明顯的即爲正月開始的新年活動，在皇宮前搭棚，並且施放煙火，場面盛大，上至貴族，下至百姓，都會參與這項活動，可想熱鬧非凡，因此周達觀說「半月而後止。」這種活動，夏鼐先生《眞臘風土記校注》提及仍與今日差異不大：

> 按戈岱司再注云：眞臘當時于一月放煙火爆杖，猶今日金邊（柬埔寨）及曼谷（泰國）王宮，每年年終放砲以驅邪。又泰國于速可台王朝（十四、五世紀）時，於正月（kārttika 月）中，國王點燭與放煙火，國人群集城中以觀之。〔註97〕

今日柬埔寨的新年期間從四月十三日至十五日，與伯希和所說差異不大，而今日柬埔寨的新年活動，也仍和周達觀或戈岱司所記相同，施放煙火，並在主要場所或街道裝置彩燈。其實，不僅眞臘如此，世界大部分國家的新年慶祝活動均大致類似，因爲它代表舊的一年過去，新的一年到來，而煙火、彩燈一類正是最能引發熱鬧慶祝感的事物之一。

除了正月的活動外，周達觀接下來描述其它月分的活動，例如四月拋毬、九月壓獵、五月迎佛水、七月燒稻、八月挨藍等。必須說明的是，周達觀所使用的月分，應是眞臘的月分，而非中國的月分。其中活動，如「四月拋毬」、「五月迎佛水」、「七月燒稻」，就中文文義來看得以理解，不需解釋，但「壓獵」、「挨藍」則必須加以說明。

「壓獵」一詞，據周達觀形容是：「聚一國之眾，教閱於國宮之前。」顯

〔註96〕〔元〕周達觀著，夏鼐校注：《眞臘風土記校注》，頁122。
〔註97〕〔元〕周達觀著，夏鼐校注：《眞臘風土記校注》，頁123。

然是一種校閱部隊的活動，夏鼐先生《眞臘風土記校注》引戈岱司注解說：

> ”壓獵”二字收尾音皆爲唇音 p，其古音 ap-liäp，與柬語 răp-riep 完
> 全符合。後者柬語中訓”檢點”，亦即計算或查點之意，可用以指
> 點閱人口，但此事在吉蔑文銘刻及文書中未見提及。〔註98〕

因此，從文意訓詁或從語音學來看，壓獵的意思大致無疑。值得補充的是，陳正祥先生《眞臘風土記研究》中說：

> 壓獵多數版本作壓臘，而後面接著的「聚一國之象」也作「聚一國
> 之眾」。把全國的百姓都集中到都城裡來，是辦不到的；但可能將全
> 國所有之象或戰象集中到京城給國王校閱。校閱戰象，可稱爲壓獵。
> 〔註99〕

這種說法，主要在於陳正祥先生覺得版本中的「聚一國之眾」較不合理，作「聚一國之象」較爲合理。按：眞臘最主要的作戰工具，除戰車兵器外，就是大象，今日在吳哥遺址中也常見國主騎乘軍象對外征伐的雕刻或浮雕壁畫，說明大象在作戰的重要性。因此，陳正祥先生的說法可爲參考。

此外，今日如果至吳哥遺址參訪，在當日周達觀觀晉國主的地方，東方有一座今日俗名爲「鬥象臺（Elephant Terrace）」的地方，可以看成就是周達觀所說的壓獵的地方。鬥象臺爲一片南北向寬、長達三百公尺的露天陽臺，氣勢雄偉。鬥象臺東方爲一片巨大廣場，應就是周達觀當日所說壓獵的地方，即爲校閱之處。這片巨大廣場可容萬人以上，雖然不像「聚一國之眾」版本的人數眾多，但如果看成「聚一國之象」，尤其是以戰象爲主，則似乎也可以說得通。

其次爲「挨藍」，就周達觀的記載即是關於舞蹈的活動，大約進行十天左右。夏鼐先生《眞臘風土記校注》引戈岱司注解說：

> 吉蔑語中惟一訓爲跳舞之字，不論在碑文中，或近代語中，皆作
> rām。顧藍字在《大孔雀經藥叉名錄》（grāmghoṣa）一名之中，即以
> rām 對藍，足證挨藍指此。〔註100〕

因此，挨藍爲舞蹈亦無可疑。今日柬埔寨仍爲舞蹈盛行的國家，保留許多傳統舞蹈，從吳哥寺等遺跡中，尤其是描繪阿普莎拉（Apsara）的浮雕中，可

〔註98〕〔元〕周達觀著，夏鼐校注：《眞臘風土記校注》，頁124。
〔註99〕陳正祥：《眞臘風土記研究》，頁53。
〔註100〕〔元〕周達觀著，夏鼐校注：《眞臘風土記校注》，頁125～126。

以看到舞者穿著長裙、赤足、袒胸、頭戴花冠、身披纓絡,身形優雅美麗。今日柬埔寨依據吳哥雕刻,復原了當日舞蹈的情景,或許近似於挨藍。

除了壓獵與挨藍外,最重要的節日慶典活動為四月的拋毬、五月的迎佛水及七月的燒稻。拋球是一種提供男女青年聚會,以拋球為遊戲的活動。迎佛水則是類似浴佛、洗佛的活動,今日柬埔寨仍然保持這一宗教活動。燒稻則是關於農業生產的慶祝活動,在每年七月稻穀新收成時,在吳哥城南門外燒之,一來慶祝農業收成,二來也供給諸佛,是結合農業與信仰的活動。因此,燒稻的場面盛大,周達觀說「往觀者無數」,說明是民間最盛大的活動之一,稍可惜的是,國主在燒稻的場合中並不出現,但周達觀並沒有說明具體的原因。

本則中,周達觀說真臘人每月必有一項重要的慶典或活動,但《真臘風土記》卻只記了正月、四月、五月、七月、八月、九月等六個月份,其餘六個月份不知何種原因,周達觀並沒有記錄,這也是《真臘風土記》略為不足的地方。

如前所言,正朔曆法為世界各民族所重視,因此周達觀記錄年中月份的重大活動後,接著提到真臘也有通曉天文的人,他們的地位大約等同於天文學者或是製曆官員。按,前文提及天文曆法的研究、制定乃是一國大事,Jean-Pierre Verdet 在《星空——諸神的花園》一書中簡要說明研究天文曆法的意義為:

> 曆法把時間劃分成長短不一的單位,以符合社會生活的需要。曆法的劃分通常和天文現象相符。其基本單位為日。最常用來劃分時間的現象是月的朔望,即以太陽位置為基點,月面一盈虧為一周期,稱朔望月。然而,較長的時間劃分通常是以太陽所造成的四季輪迴為一太陽年。根據朔望月和太陽年所編製的是陰曆,有許多版本。然而,朔望月和太陽年中的天數,以及太陽年中的朔望月數都不確定。因此,陰曆曆法的使用造成了一定的困擾,並促進了天文學的發展。〔註101〕

這段說法具體而微地指出天文曆法的產生原因,說明陰曆曆法所產生的歧義與差異性,但也相對說明它所造成的天文學發展。以周達觀所記載的真臘天文及曆法而言,正符合上引說明。第一,真臘已通曉天文的基本現象,如日

〔註101〕〔美〕Jean-Pierre Verdet 著,徐和瑾譯:《星空——諸神的花園》(臺北:時報出版社,1996年),頁154。

月蝕等問題都能理解推算，並應有記錄；第二，因爲所處地域不同，社會生活需求也不同，所以和中國相較是不盡相同的；第三，眞臘曆法亦有閏月的發現與運用，主要爲閏九月。從這三點來看，眞臘的曆法水準應有一定程度，足以符合 Jean-Pierre Verdet 所說的社會生活需求。

得以補充說明眞臘人對時間的計算法：（一）晚上只分成四更。（二）一週爲七日，均頗具科學性。

關於眞臘一夜只分四更，與中國一夜分成五更有異。按中國「更」的算法，一更是戌時，二更是亥時，三更是子時，四更是丑時，五更是寅時。每時爲現行時間兩個小時，因此，戌時是從十九點到二十一點，亥時爲二十一點到二十三點，子時爲二十三點到一點，丑時是一點到三點，寅時是三點到五點。一更爲剛入夜，五更則是天剛亮。這種畫分符合夜晚的進行，因此，中國「五更」的算法是符合天文現象的。

照理說，眞臘已有一定天文成就，在夜晚時辰的算法上，應該會觀察到這個自然現象，但周達觀卻記爲「四更」，略有疑問。夏鼐先生《眞臘風土記校注》的解釋是：

> 如非眞臘古制不同，則或由于打更五次，實則只分爲四等分，只有四更。〔註102〕

這種說法以實際的等分來解釋，或可成立。

第二，眞臘以七日爲一個輪迴，夏鼐先生《眞臘風土記校注》已有簡要的說明：

> 伯氏注云："按即印度之星期，每日以行星一名名之。"（馮譯本152 頁）今按印度每週七日以七曜日名之。其中五日爲五行星，餘二日爲日曜日及月曜日，並非每日皆以行星之一名之也。〔註103〕

所謂七曜，指的是日、月、火、水、木、金、土等七個星球。在用語上，太陽與月亮並不列爲行星，而是恆星與衛星，所以夏鼐先生有此說法。不論如何，眞臘在時期的計算周期上，參考了印度教的計算法則沒有太大疑問，之所以如此，在於眞臘文化根源之一本就是從印度傳入，因此有七日爲一個輪迴的算法。至於中國，一般則以「旬」爲畫分一月的單位，星期的概念，大約要到明清時期以後，由西方傳入基督教等宗教以後，才漸漸引入，民國成

〔註102〕〔元〕周達觀著，夏鼐校注：《眞臘風土記校注》，頁126。
〔註103〕〔元〕周達觀著，夏鼐校注：《眞臘風土記校注》，頁127。

立時採用西曆，正式成為中國的習慣用法。因此，周達觀所處的十三世紀，習慣仍以旬為計算單位，所以對真臘以七日為一個輪迴，有較大的印象。

其次，周達觀除發現真臘七日一輪的現象外，也記載真臘與中國文化相似之處，例如「開閉建除」即是。所謂開閉建除，原是中國曆法所用計算日期的方式，總共有十二字，即：建、除、滿、平、定、執、破、危、成、收、開、閉。這十二字依序排列，從字面可以看出吉凶，後來被運用為道教算命的方式。從周達觀的記錄來看，真臘也受到中國的影響，例如將第一日定為「建」，第二日定為「除」等，但從《真臘風土記》中，看不出來真臘是不是也有完整的十二建除？也看不出來從那一日開始起算？也不曉得建除等的真臘讀音為何？只能說在真臘也有類似中國的建除用法。

最後，本則末尾最值得注意的是周達觀引述了真臘與中國文化相似處之一，在於真臘的十二生肖與中國完全相同，這說明兩國已有相當的交流歷史，才能完全相同。此十二生肖，夏鼐先生《真臘風土記校注》中說：

> 伯氏注云：”按柬埔寨與占波、暹羅並用十二生肖，與中國同。其合干支為一甲子，與中國制無異，似由中國輸入者也。現在柬埔寨之十二生肖，為一牛（Chlau），二虎（khal），三兔（thas），四龍（ron），五蛇（msan），六馬（momi），七山羊（mome），八猴（rok），九雞（roka），十狗（ca），十一豬（kor），十二鼠（cut）。”〔註104〕

按十二生肖的說法，在中國流傳甚久，清朝趙翼在《陔餘叢考》中說：

> 十二物見《論衡·物勢篇》……是後漢時其說甚行，更推之漢以前，則未有言及者。……則十二相屬之起於後漢無疑也。〔註105〕

因此，如果從東漢起算的話，則中國十二生肖的說法已近兩千年的歷史。其實，除了中國外，世界許多民族也常有用動物來作為時間算法的現象，原因和動物崇拜有關。在真臘，則確定與中國的十二生肖用法相同，這種用法也與天干地支有關，據伯希和的說法，真臘也是合干支為一甲子，和中國無異。總之，在十二生肖的記錄上，真臘與中國相同，則無可議。

得以補充說明的是，今日吳哥遺址的鬥象臺面東廣場，有一處今名為「十二生肖塔」的遺址。這是十二座在外觀上相同的小型塔樓，以今日廣場中的勝利路為分界點，左、右各有六座，合為十二座。這十二座塔樓，在周達觀

〔註104〕〔元〕周達觀著，夏鼐校注：《真臘風土記校注》，頁127。
〔註105〕〔清〕趙翼：《陔餘叢考》，頁696。

《眞臘風土記》第十四則「爭訟」曾有提及：

　　　　國宮之對岸有小石塔十二座。〔註106〕

這十二座小石塔，很可能就是對應於十二生肖，或十二地支。因此，從第十則「正朔時序」的記錄來看，反映了十三世紀時眞臘的記時方法爲：在月分的算法分爲十二月，這與世界各民族都爲一致。在地支的算法分爲十二地支（即十二生肖），這與中國爲一致，只是順序不同。在星期輪迴的算法分爲七日一周，這與印度相同。從中來看，眞臘在十三世紀時，已擁有一定的天文曆法基礎，並在文化上與周邊國家已有相當的互動。

四、爭　訟

　　其次梳理第十四則「爭訟」，全文如下：

　　　　民間爭訟，雖小事亦必上聞國主。初無笞杖之責，但聞罰金而已。其人大逆重事，亦無絞斬之事。止於城西門外掘地成坑，納罪人於內，實以土石，堅築而罷。其次有斬手足指者，有去鼻者。但姦與賭無禁。姦婦之夫或知之，則以兩柴絞姦夫之足，痛不可忍。竭其資而與之，方可獲免。然裝局欺騙者亦有之。人或有死於門首者，則自用繩拖置城外野地，初無所謂體究檢驗之事。

　　　　人家若獲盜，亦可自施監禁拷掠之刑。却有一項可取。且如人家失物，疑此人爲盜，不肯招認，遂以鍋煎油極熱，令此人伸手於其中；若果偷物，則手腐爛，否則皮肉如故。云番人有異法如此。

　　　　又兩家爭訟，莫辨曲直。國宮之對岸有小石塔十二座，令二人各坐一塔中。其外，兩家自以親屬互相隄防。或坐一二日，或坐三四日。其無理者，必獲證候而出，或身上生瘡癤，或咳嗽發熱之類。有理者略無纖事。以此剖判曲直，謂之天獄。蓋其土神之靈，有如此也。

〔註107〕

本則談論眞臘關於爭訟之事，即關於司法判決的記載。然而，因爲周達觀所記較爲簡略，只能得出幾項大原則，細部難以考究：

　　第一，眞臘民間爭訟，即使小事也上聞國主，可能因爲眞臘，尤其是國宮一帶區域較小，犯罪事件也較爲單純，所以大小事都可直通國主，這點與

〔註106〕〔元〕周達觀著，夏鼐校注：《眞臘風土記校注》，頁129。
〔註107〕〔元〕周達觀著，夏鼐校注：《眞臘風土記校注》，頁128～129。

中國的嚴密、繁複自是不同。在中國元朝，訂有嚴格的「笞刑」與「杖刑」，規定如下：

> 凡七下至五十七，謂之笞刑；凡六十七至一百七，謂之杖刑。〔註108〕

這大約是身體所受的棍杖刑罰。另外，還有更重的「徒刑」、「流刑」、「死刑」，合成中國的「五刑」。例如有人「犯私鹽」時，則刑罰是：

> 杖七十，徒二年，財產一半沒官，於沒物內一半付告人充賞。〔註109〕

從周達觀所記來看，眞臘許多爭訟案件並沒有這麼嚴苛，而是以罰金替代，說明在司法及刑法體制上，眞臘不如中國嚴密，也停留在較為粗糙的層面。

第二，眞臘的刑罰相較中國而言，較為輕微，以重大刑案來說，也不像中國有絞刑斬首一類刑法，而是以活埋的方式處理。雖同為死罪，但殘忍度似乎比中國為輕。按在中國元朝，死刑的方式頗為嚴厲：

> 死刑，則有斬而無絞，惡逆之極者，又有陵遲處死之法焉。〔註110〕

所謂「斬」，即是斬首，重大者身首異處，較輕者只連部分皮肉。「絞」即是絞刑，身首仍在一處，比起斬首略為輕微。元朝承中國舊刑，仍保持陵遲的刑罰，即是從身上持續刮下皮肉，直到死亡，是所有刑罰中最為血腥殘酷的。而據《元史》所謂，這樣的刑罰還是較輕微的：

> 蓋古者以墨、劓、剕、宮、大辟為五刑，後世除肉刑，乃以笞、杖、
>
> 徒、流、死備五刑之數。元因之，更用輕典，蓋亦仁矣。〔註111〕

因此，相較於眞臘來說，中國刑罰血腥嚴苛，眞臘則在死刑上採用活埋，比較來看是較為輕微的。

第三，雖然眞臘在死刑上主要以活埋為主，而沒有類似中國的陵遲之刑，但是仍有斬手足或是鼻刑等，則與中國近似。這種刑罰雖然不會對犯人構成生命危險，但卻足以引發犯人巨大的恐懼，也是較為殘酷的刑罰。這種處罰方式在世界各民族中均為常見，以透過傷害的手段，試圖達到警嚇的效果。

第四，對於姦與賭，眞臘人的想法或刑罰上的措施，也與中國的觀念不一。中國因儒家禮教觀念強烈，對於姦賭，尤其是姦，視為是違反社會秩序的重大脫序行為，有違人之所以為人的基本原則。《元史》記載通姦罪的刑罰

〔註108〕〔明〕宋濂等撰：《元史》，頁676。
〔註109〕〔明〕宋濂等撰：《元史》，頁687。
〔註110〕〔明〕宋濂等撰：《元史》，頁676。
〔註111〕〔明〕宋濂等撰：《元史》，頁676。

如下：

> 諸和姦者，杖七十七，有夫者，八十七。

這是一般的通姦罪，但又依通姦對象不同而往上加罰，例如對象爲弟妻，則：

> 諸與弟妻姦者，各丈一百七，姦夫流遠，姦婦從夫所欲。

甚至通姦可處以死刑：

> 諸與無夫婦姦，約爲妻，却毆死正妻者，處死。〔註112〕

但在眞臘則較爲寬鬆，似乎沒有嚴格限制姦與賭。從周達觀文意來看，「賭」大約是不禁止的，而「姦」方面，則似乎授權給姦婦之夫，施行絞足的處罰，雖然極痛苦，但未達到致死的標準。

其次，類此民事案件，則可以罰金處理，即以金錢賠償。不過，周達觀說其中自然也有騙局的行爲。另外，有時金錢難以處理，而在人性的憤怒之下毆打至死的情況也有，眞臘的處理方式仍是私下解決，將屍體拖至城外野地，而官府似乎也不會有追查的舉動。

以上是周達觀的說法，可見出與中國民風或刑罰的差異處。然而，汪大淵的《島夷志略·眞臘條》中却有不同的說法：

> 若其妻與客淫，其夫甚喜，誇於人：“我妻巧慧，得人愛之也”。
>
> 〔註113〕

類似《島夷志略》的說法，其實在許多民族都可以發現。中國傳統觀念不易接受這樣的作法，但在眞臘其實並不無可能。然而，因爲資料不足，並不能考證《眞臘風土記》與《島夷志略》的說法，孰正孰誤？或許兩種狀況都兼有之也說不定。

第五，如前所說，眞臘容許部分私刑的行爲，其中最常見的是偷盜的行爲，這是人性惰落之常情、常犯的行爲，而在眞臘是容許自行監禁拷掠的。並且，周達觀認爲，這樣的方式還有可取的地方，舉的例子是將盜竊嫌疑犯的手，放在極熱的油鍋中，如果眞有偷竊情事的話，那麼嫌疑犯的手將腐爛，相對的，如果沒有偷竊情事，則皮肉如故。

其實，類似的判決法，在眞臘以前也有例可循，《南齊書》的〈扶南傳〉記錄：

> 無牢獄，有訟者，則以金指鐶若雞子投沸湯中，令探之，又燒鎖令

〔註112〕〔明〕宋濂等撰：《元史》，頁689。
〔註113〕〔元〕汪大淵著，汪前進譯注：《島夷志略》，頁87。

赤，著手上捧行七步，有罪者手皆燋爛，無罪者不傷。令又沒水，

直者入即不沉，不直者即沉也。〔註114〕

可知這種判決法並非特例，但就中國人來看顯然頗為特異，所以周達觀認真記錄這種奇異的方法。然而，這種方式其實是違反物理現象的，不論有沒有偷竊情事，皮肉之手放置到油鍋之中，照說必然腐爛，但這點在周達觀的記錄中已無法考究。

第六，同樣的狀況也出現在兩家爭訟時，將嫌疑犯同時置於鬥象臺前的十二座石塔中，大約待上一至四日左右，如果沒罪，則全身安然無恙而出。相對，如果有罪，則身上會反映症候，例如生瘡、咳嗽等。在真臘，這種判決的方式被認為是「天獄」。但如前文所言，這都違反物理現象，不太可能實際發生。然而，我們從周達觀的記錄來看，顯然這種判決法在當時是普遍實施，而周達觀甚至認為「蓋其土神之靈，有如此也。」認為是神靈所斷，所以如此，是較難以科學性來說明的。今日，這十二座石塔仍在，當地柬埔寨人依然有類似的傳說，可知由來已久。

以上說明真臘的爭訟及處理方式，可以知道真臘與中國截然不同，在制度建立上，真臘不及中國完整。另外，真臘容許私斷處罰，也有許多不符科學性但卻普遍實施的「神斷」方法，說明真臘還停留在文明較為原始的階段，並未進入嚴格的司法制度。

另外，補充本則關於「小石塔十二座」的記錄，因遺址今日尚存，值得略作說明。夏鼐先生《真臘風土記校注》中說：

伯氏注云：〞按今王宮之前，實有磚塔十二座。〞（馮譯本 153 頁）

今按：王宮之前十二座小塔，據巴曼提《吳哥指南》，乃紅礬石
（laterite）所建（1950 年版 85 頁）；陳正祥實地觀察，亦認為乃紅
礬石建造。（《研究》55 頁，註 167）則周氏不誤而伯氏誤也。〔註115〕

這段文字在說明十二座塔為石塔，而非磚塔。今日至吳哥遺址，可知這十二座塔確為石造，只是顏色偏磚紅，以致伯希伯以為是磚造，所以夏鼐先生說陳正祥先生的說法是對的。

不過，關於這十二座石塔，陳正祥先生在《真臘風土記研究》中另說：

此處用「國宮之對岸」字樣，顯然當時宮前有河或濠，但現在是一

〔註114〕〔梁〕沈約撰：《南齊書》（北京：中華書局，1997 年），頁 260。
〔註115〕〔元〕周達觀著，夏鼐校注：《真臘風土記校注》，頁 131。

片草地。我去的那天看見幾頭水牛在吃草，再過去一些有一個淺水
塘，若干老少婦女在捕魚。〔註116〕

此處提到在鬥象臺前與十二座石塔之間，應有河流。然而，今日至吳哥遺址，
則如陳正祥先生所說只是一片草地，連淺水塘都不復存在。因此，當初是否
眞有一條河或濠，其實還難以考證，但若將這條河或濠視爲國宮的小型護城
河，也未嘗不可。若以今日的狀況而言，鬥象臺前有大片廣場，可以提供練
兵校閱，就國宮之外提供校閱部隊的場地也是合理的，而且大片廣場有助於
呈現更宏偉的氣象。周達觀記爲「國宮之對岸」，可能在後代時，這片區域在
某些時期已更動用途，現已無法完全證實。總之，兩說於此可並列參考。

〔註116〕〔元〕周達觀著，夏鼐校注：《眞臘風土記校注》，頁55。

第五章　《眞臘風土記》梳理論述（下）

　　周達觀《眞臘風土記》既是以風土爲主要的記錄對象，因此對於在地貌上、物產上與中國絕不相似的眞臘，自然出以頗多記載。以下數節，主要即著重對周達觀所提及的關於眞臘山川、自然等的描述，及眞臘的貿易出產等情形，以及其它部分的梳理詮釋。

第一節　山川與出產

一、山　川

　　首先梳理第十八則「山川」，全文如下：

　　　　自入眞蒲以來，率多平林叢木，長江巨港，綿亘數百里。古樹修藤，
　　　　森陰蒙翳，禽獸之聲，雜遝于其間。至半港而始見有曠田，絕無寸
　　　　木，彌望芃芃，禾黍而已。野牛以千百成羣，聚於其地。又有竹坡，
　　　　亦綿亘數百里。其竹節間生刺，筍味至苦。四畔皆有高山。〔註1〕

這段文字簡單扼要描述眞臘的山川地形，具有典型的東南亞風貌。開頭首敘「眞蒲」一地，按：眞蒲一地於《眞臘風土記》總敘中第一次提及，夏鼐先生《眞臘風土記校注》中謂此地：

　　　　伯氏新注云：眞蒲爲毗接占城之眞臘邊省，其地當在今日之頭頓或
　　　　巴地一帶（新注 95 頁）。高橋論文亦以爲眞蒲近于當時（十三世紀
　　　　末）眞臘國疆域東側邊界。〔註2〕

〔註 1〕　〔元〕周達觀著，夏鼐校注：《眞臘風土記校注》，頁 140。
〔註 2〕　〔元〕周達觀著，夏鼐校注：《眞臘風土記校注》，頁 29。

由此得知，眞蒲是位於今日東南亞之越南與柬埔寨兩國交界處的海港，接近西貢，當時周達觀從眞蒲稍南的第四港進入湄公河，前往眞臘及今日吳哥遺址所在區域。以地理來看這個行程，實以行走湄公河水路爲最便利，因此在「山川」則中，周達觀形容沿路爲長江巨港，而在行進的過程中，所見多是平林叢木，與今日東南亞的地形地貌完全符合。這一帶多雨林地形，周達觀也敘述了雨林的樣貌，例如古樹修藤等，而且多有叢林中的動物，所以說有禽獸之聲，雜遝於其間。這樣的風光綿亙了數百里，周達觀必然印象深刻，而他的描繪大體也不差。

其次，抵達「半港」時，地理風貌開始轉變。從《眞臘風土記》來看，不知半港究竟是在那裡？但在總敘中，曾經提及「半路村」這個地方，極可能就是半港，之所以名爲「港」，在於這裡已經接近洞里薩湖，村莊的樣貌也就是港口的樣貌。夏鼐先生《眞臘風土記校注》引述幾位學者的說法，認爲半路村即在湖的南岸：

> 則半路村及佛村可以位置在湖之南岸，……伯氏新注同意戈氏之
> 說。高橋論文以爲半路村並非地理專名，乃泛言"中途之村"，而
> 佛村即今菩薩一地。後者與戈氏之說相同，可爲定論。〔註3〕

從中來看，半港指的也應是這一帶左右。今日至柬埔寨的洞里薩湖時，這一帶的地理風光也較不像雨林型態，而接近周達觀所說的「始見有曠田，絕無寸木，彌望芃芃，禾黍而已。野牛以千百成羣，聚於其地。」亦即是較接近平原的地形，因爲這一帶是古吳哥的發展重心，有湖泊之利，也是吳哥城市所在地，人口較爲密集，相對在農作的開發上也較爲成熟，尤其是稻作分布，直到今日都是柬埔寨最爲重要的農產地之一，周達觀這段敘述，具體而微地描述了與今日柬埔寨東南側的地貌不同之處。

最後，周達觀記錄了柬埔寨的特色物產「竹子」，這種竹子的特色爲竹間有刺，今日到柬埔寨吳哥一帶仍可發現這種竹子，尤其在鄉間，當地人多用來作爲建築的材料，搭建高腳屋。周達觀說這種竹林林相也是綿亙數百里，可知當時竹林茂盛的狀況。

最後一句「四畔皆有高山」也點出眞臘的盆地地形，今日柬埔寨國土的地貌，基本上在中北部區域就是盆地地形，所以周達觀說四畔皆有高山。因此，總觀「山川」一則，周達觀以簡要的文句，大致素描了眞臘的山川景緻，

〔註3〕〔元〕周達觀著，夏鼐校注：《眞臘風土記校注》，頁33～34。

基本上畫分爲二：東南側一帶爲湄公河及雨林地形，中北部則爲盆地地形，這與今日柬埔寨的地形是一致的。

二、耕　種

其次梳理第十七則「耕種」，全文如下：

大抵一歲中，可三四番收種。蓋四時常如五六月天，且不識霜雪故也。其地半年有雨，半年絕無。自四月至九月，每日下雨，午後方下。淡水洋中水痕高可七八丈，巨樹盡没，僅留一杪耳。人家濱水而居者，皆移入山後。十月至三月，點雨絕無，洋中僅可通小舟，深處不過三五尺，人家又復移下，耕種者指至何時稻熟，是時水可淨至何處，隨其地而播種之。耕不用牛，耒耜鎌鋤之器，雖稍相類，而製自不同。又有一等野田，不種常生，水高至一丈，而稻亦與之俱高，想別一種也。

但糞田及種蔬，皆不用穢，嫌其不潔也。唐人到彼，皆不與之言及糞壅之事，恐爲所鄙。每三兩家共掘地爲一坑，蓋其草；滿則填之，又別掘地爲之。凡登圊既畢，必入池洗淨。止用左手，右手留以拿飯。見唐人登廁，用紙揩拭者皆笑之，甚至不欲其登門。婦女亦有立而溺者，可笑可笑。〔註4〕

本則主要記錄眞臘的耕種狀況，及與耕種相關之天候、雨水分布，以及耕種工具等相關事項，並又開談及入廁等風俗。

首先記錄了眞臘一年的收成可有三至四次。東南亞本來就是土地肥沃的地方，在《晉書》的〈扶南傳〉中就已提及：

以耕種爲務，一歲種，三歲穫。〔註5〕

可以知道眞臘農業的發達，一年至少可以三收，甚至勤奮的話可以四收。周達觀認爲，這與眞臘爲熱帶形氣候有關，這種氣候一年四季都如五六月天，沒有霜害的問題，只要有相當的水分，農作可以一年四收。本則中也敘述眞臘的氣候狀況，分爲雨季與旱季，其中四月至九月，每天都會下雨，而最多的是午後陣雨，是爲雨季。十月至三月，則幾乎都不下雨，是爲旱季。這種狀況，今日到吳哥一地仍是如此，可知周達觀記錄屬實。

〔註4〕　〔元〕周達觀著，夏鼐校注：《眞臘風土記校注》，頁136～137。
〔註5〕　〔唐〕房玄齡等撰：《晉書》，頁652。

　　陳正祥先生《眞臘風土記研究》更進一步比較了周達觀時的眞臘天候與今日的比較，也認爲完全符合：

> 查安哥附近暹粒（Siem Reap）的測候記錄，全年最涼的十二月，平均氣溫高達攝氏二十四度，和香港的十月平均溫度相似。柬埔寨的降雨主要靠西南季風，雨季開始於五月，到十月底結束；降熱雷雨的時間，多數在午後天氣最悶熱之際。從十一月到翌年四月，雨水稀少；在這半年之中，暹粒的雨量僅約二百毫米，祇佔全年總雨量百分之十四；而十二月、一月和二月的平均雨量，合計僅二十七毫米，更不及全年雨量百分之二。風土記所採用的是陰曆，比陽曆約遲一個月；把這一段文字和下邊表中所列的測候記錄比較，可說完全符合。〔註6〕

眞臘雨季與旱季分明，也沒有霜害問題，但更關鍵的則是水分來源。眞臘得天獨厚，境內擁有東南亞最大的淡水湖「洞里薩湖」，也就是周達觀在本則中提到的「淡水洋」。此座湖泊連接湄公河，可以蓄積雨季來臨時所帶來的豐沛水量。關於這座湖泊，陳正祥先生也有很詳盡的敘述：

> 淡水洋是指洞里薩湖（Tonle Sap），亦稱金邊湖，因面積廣大，土人稱之爲洋；歐洲人通稱爲大湖，法文作 Grand Lac。在低水位時，該湖從西北到東南長達一百一十五公里，最大寬度三十七公里，面積三千零八十方公里，水深一至三米，爲湄公河下游的天然蓄水庫，其原始功能有似洞庭湖及鄱陽湖之於長江。每年在七至十一月間爲漲水期，湄公河的洪水倒流入湖，面積增加達十萬方公里，水深增爲十至十四米，沿湖的森林及農田盡爲淹沒。十一月以後湄公河水落，湖水轉向外流，水位逐漸降低，在枯水期間，大部分的水深不滿一米，祇能通行小木船。在特殊的年份，最高和最低水位可能相差更大。〔註7〕

上引文字和今日的洞里薩湖漲退狀況差異不大，從中知道這座湖泊是一處得以蓄積巨大水量的天然水庫，善加利用的話，對於耕種的水分來源，可說不虞匱乏。從中也可以知道洞里薩湖的水準均，最高值與最低值幾乎接近十米，落差極大。眞臘的國君們也注意這個現象，於是建造水庫，蓄積用水，使民

〔註6〕陳正祥：《眞臘風土記研究》，頁2。
〔註7〕陳正祥：《眞臘風土記研究》，頁2。

生及灌溉無虞。陳顯泗先生《神塔夕照——驚艷吳哥文明》書中便曾提到幾位國君所建的水庫：

> 耶輸跋摩一世登基之初，就在吳哥城東北修建了一座長三點八公里，寬零點八公里的大水庫，這就是著名的東巴萊大水庫（Eastern Baray）。爲了使水庫水源充足，他徵集民工改變暹粒河的河道，將活水引進水庫。優陀耶迭多跋摩二世（Udayadityavarman Ⅱ，一〇五〇～一〇六六年在位）時期，又在吳哥西部修建了一座長八公里，寬二點二公里的大水庫，稱之爲西巴萊大水庫（Western Baray）。兩座水庫由人工渠道相連接，暹粒河水源源不斷流入水庫中。東西巴萊水庫的修建，使吳哥地區及吳哥城的水文條件明顯改善，發展農業生產的環境也就變得十分優越。〔註8〕

從中可知，眞臘的農業發展成功，主因在於擁有由湄公河及洞里薩湖蓄積的大量水源，而歷代的國君也能擅加利用，所以即使眞臘一地雨、旱分明，但在旱季仍可注入灌溉水，保持一年多收的耕種態貌。

其次，也因爲這種特殊的河湖漲退現象，造成洞里薩湖岸的特異景觀，當湖水高漲時，沿岸的居民便會移到較高的地方居住，當湖水消退時，又從高處移到湖邊居住的奇景。這種現象直到如今依然，今日到洞里薩湖岸，仍可見到許多以簡易的木板、棕櫚樹葉搭成的高腳屋，即是爲了符應搬遷的方便，這種簡易房屋，除掉傢俱，約四、五個人便可搬動遷移。當日周達觀所記的狀況，應和今日相去不遠。

因爲湖水的消長年年都一樣，所以眞臘居民早已熟悉耕種的方式，什麼時候湖水消長至何處，便在水邊從事耕種的活動，人爲的活動與大自然融合一起，也是極有趣的現象。

另一有趣的現象在於湖水漲至高點時，導致原本岸邊的森林巨樹此時都在水準線下，只在汪洋大湖中，露出樹梢罷了！這點情形今日依然，遊客在雨季搭乘遊船遊湖時，常從樹梢旁邊經過，也是非常特殊的現象。

必須說明的是，因爲這種現象，所以眞臘種植的稻作，部分品種需適應洪水的消長，所以周達觀說是「別一種」。陳正祥先生則以爲這種水稻的品種是指「浮稻」：

> 浮稻是水稻（oryza sativa）的一種，又名深水稻（deep-water rice），

生長的環境比較特殊，栽培於洪水定期泛濫地區，水深經常達兩米，有時水深可達四至五米，而且保持一個頗長的時期。……在漲水期間，浮稻植株一天最快可長二十厘米；但洪水上漲太快，浮稻也無法適應。〔註9〕

這種稻米品種在中國未之見，周達觀也不知品種名稱，所以稱為別一種。

　　至於耕作用的農具，大致與中國差不多，比較特別的是真臘耕作並不用牛，與中國有較大差異。

　　其次是耕植時的肥料，也與中國有異。中國習慣使用糞料，而且更通常是指人糞來說，認為這對農作物有極大助益，這情況在數十年前的我國農村社會，都還是普遍的現象，並且無人認為不妥。然而，在觀念上，真臘人卻認為這是不潔的，所以並不使用。至於真臘於農作栽培時，是否有使用其它的肥料，或只是純依土地的肥沃、湖水沖積帶來的有機物質，便不得而知。

　　「耕種」一則本應說明到此，但周達觀於耕種用不用糞這點，又開記錄提及當地人入廁的情景。大體而言，真臘因國土較大，人口較少，文明較原始，所以入廁的手段也就是數戶人家，共掘土地為廁坑，用畢在其上覆蓋草具，如果廁坑滿了，便又在其它地方掘坑使用。這在人口不多的鄉間是完全可以派上用場的，並且也不致於造成太大的污染。然而，周達觀從中國溫州而來，溫州是一個商業發達的大城，文明程度自然較高，所以看到真臘人掘地為廁的情況，自然也較不能適應。

　　無法適應的情況也反映在對真臘人入廁的方式，最明顯的是觀察到真臘人入廁時並不用廁紙，而是以左手揩拭洗淨，這對來自文明中國的周達觀來說，自然也是奇觀。其實，早在《隋書·真臘傳》便有左手為較污穢用途的記載：

　　　　以右手為淨，左手為穢。〔註10〕

在東南亞或是印度教流行之地，這也是常見的民間觀念。印度教或婆羅門教的早期經典《摩奴法典》中已出現右手為淨，而左手為穢的觀念：

　　　　要經常袒右手，態度端方，衣服適體，被邀就座時，坐在教父的前
　　　　面。〔註11〕

〔註 9〕陳正祥：《真臘風土記研究》，頁 3。
〔註10〕〔唐〕魏徵等撰：《隋書》（北京：中華書局，1997 年），頁 468。
〔註11〕〔印度〕摩奴一世著，〔法〕迭朗善譯，馬香雪轉譯：《摩奴法典》第二卷（臺

說明右手是較爲潔淨的手。至於左手則：

> 希望清淨的人，對尿道應該和水一起使用一個土塊，對肛門使用三
> 塊；對應該用來進行這種淨化的左手，十塊，對兩手，七塊，或必
> 時更多的塊數。〔註12〕

從此看來，以左手進行入廁洗淨的工作，由來已久，而眞臘及許多東南亞國家也承襲下來，甚至到今日，雖然不直接以手作爲洗淨工具，但左手爲穢的觀念依然存在。因此，當周達觀看到或聽到這種風俗時，自然也以爲特異而記錄下來。

最後周達觀補提眞臘有婦女是站立而溺的，這更是在中國未見的情景。大概因爲狀況太過特殊，周達觀以爲這現象離文明、典雅實在差異太大，所以記錄時不知覺中運用了主觀判斷的情緒性用語：「可笑可笑」。然而，世界民俗本就不同，如果這種行爲並不構成對他人的傷害，則周達觀並不能以自己的風俗習慣，嘲笑他人的行爲舉止，這是必須說明的。

總之，「耕種」一則具體而微說明了眞臘的耕種情形，並提到雨量分布、河湖消長等狀況，所用字數雖然不多，卻極眞實反映七百年前與今日的眞臘風貌，基本並無二致，是頗爲珍貴的一段記錄。

三、出　產

其次梳理第十九則「出產」，全文如下：

> 山多異木，無木處乃犀、象屯聚養育之地。珍禽奇獸，不計其數。
> 細色有翠毛、象牙、犀角、黃臘，粗色有降眞、荳蔻、畫黃、紫梗、
> 大風子油。
>
> 翡翠，其得也頗難。蓋叢林中有池，池中有魚。翡翠自林中飛出求
> 魚，番人以樹葉蔽身，而坐水濱，籠一雌以誘之。手持小網，伺其
> 來則罩之。有一日獲三五隻，有終日全不得者。
>
> 象牙則山僻人家有之。每一象死，方有二牙，舊傳謂每歲一換牙者
> 非也。其牙以標而殺之者上也，自死而隨時爲人所取者次之，死於
> 山中多年者，斯爲下矣。

北：臺灣商務印書館，1998年），頁38。

〔註12〕〔印度〕摩奴一世著，〔法〕迭朗善譯，馬香雪轉譯：《摩奴法典》第五卷，頁117。

　　黃臘出於村落朽樹間，其一種細腰蜂如螻蟻者，番人取而得之。每
　　一船可收二三千塊，每塊大者三四十斤，小者亦不下十八九斤。

　　犀角白而帶花者爲上，黑爲下。降眞生叢林中，番人頗費砍斫之勞，
　　蓋此乃樹之心耳。其外白，木可厚八九寸，小者亦不下四五寸。荳
　　蔻皆野人山上所種。畫黃乃一等樹間之脂；番人預先一年以刀斫樹，
　　滴瀝其脂，至次年而始收。紫梗生於一等樹枝間，正如桑寄生之狀，
　　亦頗難得。大風子油乃大樹之子，狀如椰子而圓，中有子數十枚。

　　胡椒間亦有之，纏藤而生，纍纍如綠草子，其生而青者更辣。〔註13〕

本則說明眞臘的主要物產。眞臘爲物產豐饒之地，由於從自然界中得來的產
物眾多，因此周達觀說「不計其數」，在記載上大約是將最具印象，或是最爲
珍貴者記錄下來。本則中，主要提及的出產物，細色有翠毛、象牙、犀角、
黃臘，粗色有降眞、荳蔻、畫黃、紫梗、大風子油等。這些物產，今日仍爲
柬埔寨與東南亞一帶的特色產物。

　　關於眞臘的物產，宋人趙汝适的《諸蕃志》已經有類似周達觀的簡要敘
述：

　　土產象牙、暫速細香、粗熟香、黃蠟、翠毛（此國最多）、篤耨腦、
　　篤耨瓢番油、姜皮、金顏香、蘇木、生絲、綿布等物。〔註14〕

又說：

　　沉香所出非一，眞臘爲上。〔註15〕
　　熟速所出非一，眞臘爲上。〔註16〕
　　黃熟香諸番皆出，而眞臘爲上。〔註17〕

由此來看，趙汝适與周達觀的記載差異不大，但趙汝适更著重於香料一類的
陳述，並強調眞臘在這些物產的品質上，往往居上，至於周達觀則選取更多
的、具代表性的出產物，這些物產應是更具經濟價值，可能也在中、眞兩國
間有較多的貿易往來，因此，接「出產」後的兩則分別爲「貿易」與「欲得
唐貨」，以文思而言較爲順暢，原因在此。

　　本則開始主要記錄「翠毛」。「翠毛」就是翡翠的羽毛，翡翠是出產於東

〔註13〕〔元〕周達觀著，夏鼐校注：《眞臘風土記校注》，頁 141〜142。
〔註14〕〔宋〕趙汝适：《諸蕃志》，頁 10。
〔註15〕〔宋〕趙汝适：《諸蕃志》，頁 94。
〔註16〕〔宋〕趙汝适：《諸蕃志》，頁 96。
〔註17〕〔宋〕趙汝适：《諸蕃志》，頁 96。

南亞、中國，甚至非洲、澳洲都有的一種鳥類，特徵是羽毛的顏色鮮艷，許多雄鳥具有翡的紅色，而許多雌鳥具有翠的綠色，所以合稱翡翠。周達觀除了在第二十三則「飛鳥」中也記載了翡翠鳥之外，在本則中獨立出來，應就是基於物產的價值性。這種鳥類體型大者，羽毛鮮麗，尤其尾巴更可作爲裝飾品，價值應頗高

不過，翡翠鳥價值高是因其羽色，周達觀說這種鳥：「其得也頗難。」正因爲「其得也頗難」，所以眞臘當地土人也發展了一套捕捉的方法。翡翠鳥又俗名爲魚狗，尤其是體型更小的，行動快速，並不易捕獲，但翡翠鳥的食性又是喜歡在水邊捕魚，所以眞臘土人以樹葉遮蔽身體，並且用雌鳥引誘，如果幸運的話，一天可以捉到三、五隻，但也可能等候全日卻毫無所穫。從周達觀的文意來看，翡翠鳥顯然具有較高的經濟價值，所以當地土人發展這套方法，爲的即是經濟的利益。

另外，趙汝适的《諸蕃志》也有類似的記錄：

> 翠毛，眞臘最多，產於深山澤間，巢於水次，一壑之水止一雌雄，外有一焉，必出而死鬥。人用其機，飼媒擎諸左手以行，巢中者見之，就手格鬥，不復知有人也，右手即以羅掩之，無能脫者。邕州古江亦產一種茸翠，其背毛悉是翠茸。窮侈者多以撚織，如毛段然。比年官雖屬禁，貴人家服用不廢，故番商冒法販鬻，多實布襦袴中。
>
> 〔註18〕

這段文字也提到捕捉翡翠鳥的不易，也提到這種鳥類的羽毛之美麗，而受到大家的喜愛。但趙汝适也說明在政府的立場，對這種鳥類是採取保護的，然而，民間卻仍頗多私捕私販，爲的就是有錢人家所需。從中知道當時中、眞之間的貿易，在此中是有走私行爲的，所以今日絕少資料顯示中國曾向眞臘採進翡翠羽的記錄，但在元朝時，翡翠鳥仍是中國人極爲喜愛的眞臘物產，雖然不易透過合法管道採捕販賣，但可知價值極高。

其次是「象牙」，這顯然是柬埔寨等東南亞國家最重要的出產之一，許多書籍都有記載。這種動物的特色爲體型龐大，個性較溫和，可以馴服，因此大象具有許多用途，例如作爲古代慶典禮儀時的座具，或是作爲戰爭時的座騎，而在東南亞國家中，則可用來作爲森林中搬運的用途，利用價值非常高。此外，象的牙齒本身又是珍貴的藝品材質來源，更添增了象的價值。

〔註18〕〔宋〕趙汝适：《諸蕃志》，頁 112～113。

象有兩種,即非洲象與亞洲象。眞臘所產爲亞洲象,這種象比非洲象稍小,特色是耳朵較小較圓,性情也比較溫和,容易馴服,最適宜用在東南亞雨林的搬運載物利用。

必須說明的是,在《眞臘風土記》中主要是著重於象牙的取得。以亞洲象來說,母象沒有象牙,而公象的象牙也不像非洲象那麼巨大,因此,趙汝适《諸蕃志》志物記載到象牙時說:

> 大者重五十斤至百斤,其株端直,其色潔白,其紋細簁者,大食出也。眞臘、占城所產,株小色紅,重不過十數斤至二三十斤。〔註19〕

大食即古代通稱阿拉伯一帶的區域,這裡的象牙即是非洲象牙。但趙汝适觀察到眞臘出產的即爲亞洲象牙,顏色不及非洲象牙的潔白,長度重量也都不及非洲象牙。然而,即使如此,亞洲象的經濟價值仍高,所以周達觀也詳加記載,並基於經濟價值,將象牙分成三種等級。

首先,周達觀實地觀察,發現一頭象一生只產一次象牙,而非傳聞中的一年一次。這個傳聞應是來自中國,周達觀到眞臘後證實爲誤。其次,周達觀很仔細地觀察象牙的成色品質,至少分成三種,而分判的方法是以大象的死去時日爲準,現殺而取得的最高,死後不久被人發現的次之,至於死後多年才被發現取得的爲最下。從周達觀的記錄推知,當時眞臘與中國應有象牙貿易往來,且兩方人馬都具備分判象牙品質的能力,作爲最後價格決定的依據。

其次爲黃蠟,即蜂蠟,因爲色黃,所以稱爲黃蠟。蜂臘是去掉蜂蜜之後的蠟塊,經濟價值頗高,可用作許多用途,例如化妝品的胭脂、蠟燭、黏接劑、塗料,還有東南亞依然常見的蠟染工藝材料等。

按:以生物學來說,今日蜂的種類超過一萬種,但周達觀提到的蜂,應是屬於細腰蜂科,周達觀說這種蜂小如螻蟻,所以是較接近胡蜂品種的蜂科,眞臘人所取的即是這種蜂蠟。不過,周達觀記眞臘人採收時「每船可收二三千塊」,略有疑義,因爲以一塊蜂蠟平均約二十斤來看,則一船所收的重量顯然過大,於此,夏鼐先生《眞臘風土記校注》的解釋是:

> 陳正祥云:"此處如果船字無誤,則原文的'可收二三千塊'似應放爲二三十塊。"(《研究》57頁注183)故陳氏將原文"千"字逕改爲"十字"。今按,依下文每塊重量推算,二三千塊將達四萬斤

───

〔註19〕〔宋〕趙汝适:《諸蕃志》,頁111。

至十餘萬斤。但原文″每一船″亦可能爲″每一年″之誤，故仍保
留原文不改。〔註20〕

依周達觀文意來看，「船」字指的是裝蜂蠟的載具，以一天的工具量來看，收
成二、三十塊是合理的，從版本的考量，陳正祥先生的說法足以參考，也可
以說明當日收成時的大概情況。

　　此外，本則中提到「犀角」，即犀牛角，情況大約和象牙類似，但象牙多
用在珍玩，而犀牛角則用於藥物爲多。

　　其次，本則中提到三種香料：降眞、荳蔻、胡椒。夏鼐先生《眞臘風土
記校注》對前兩種已有清楚的注解：

　　　伯氏注云：″降眞″即 Myristica iners（馮譯本 158 頁），誤也。
　　　Myristica iners 爲肉荳蔻科植物，降眞香爲芸香科植物。漢籍中《諸
　　　蕃志》卷下降眞香條，謂″一名曰紫籘香″。《本草綱目》（卷34）
　　　引《溪蠻叢話》謂雞骨香即降香，蓋降香即降眞香之略稱也。〔註21〕

又注荳蔻：

　　　當爲白荳蔻（Amomum cardamomum）。《諸蕃志》明言白荳蔻眞臘
　　　最多。蓋馮氏於 1937 年注《諸蕃志》時，始知荳蔻有二種，故改以
　　　眞臘所產者爲白荳蔻。此爲多年生草本植物，屬蘘荷科，其果實成
　　　球形，可供藥用。〔註22〕

至於胡椒，自來即是東南亞特產，中國也與之有貿易往來，在本則中，周達
觀觀察到胡椒的特色，即辛辣的成分，但說「間亦有之」，說明這不是眞臘最
主要的香料出產。

　　其次，本則中還提到兩種樹脂：畫黃與紫梗。同樣地，夏鼐先生《眞臘
風土記校注》對此兩種已有清楚的注解，問題不大：

　　　伯氏初注云：″按畫黃未詳。觀本條之文，此物似非薑黃（Curcuma
　　　longa）。既爲樹脂，或者爲漢人所常著錄柬埔寨出產之藤黃，其英
　　　語之名爲 gamboge，即以地名名此植物也。″〔註23〕

又注紫梗：

〔註20〕〔元〕周達觀著，夏鼐校注：《眞臘風土記校注》，頁143。
〔註21〕〔元〕周達觀著，夏鼐校注：《眞臘風土記校注》，頁144。
〔註22〕〔元〕周達觀著，夏鼐校注：《眞臘風土記校注》，頁145。
〔註23〕〔元〕周達觀著，夏鼐校注：《眞臘風土記校注》，頁145。

今按 erythrina indica 爲印度所產之一種刺桐，紫梗即紫鉚，見《本
草綱目》卷 39，乃寄生于樹上之紫膠蟲所分泌之膠。〔註24〕

本則最後提到的是「大風子油」，這是一種藥物，夏鼐先生《眞臘風土記校注》
引 1979 年《辭海》新版大風子條云：

大風子（Hydnocarpus anthelmintica），大風子科喬木，種子榨出之油
稱爲大風子油，主治麻風、惡瘡、疥癬等。同類植物尚有多種，均
稱大風子，療效相似。〔註25〕

按：明朝李時珍《本草綱目》中對大風子也有記載，並引周達觀所說，記如
下：

大風子，今海南諸國皆有之。按周達觀眞臘記云：大風子乃大樹之
子，狀如椰子而圓。其中有核數十枚，大如雷丸子。中有仁白色，
久則黃而油，不堪入藥。〔註26〕

從中來看，大風子油可做爲藥物，確無可疑。值得附帶一提的是，李時珍在
收集資料的過程中，是看過周達觀的《眞臘風土記》的，可推知《眞臘風土
記》由元入明，尙稱是能見度頗高的著作，而李時珍的引文幾與周達觀雷同，
從中也知道周達觀記錄的可信度。

總之，「出產」一則中所提的物產，都是十三世紀時眞臘最具代表性的物
產，包含飾品、原料、藥用物、香料、樹脂等，從中推知這些是眞臘主要出
口貨物之一，雖然周達觀並未詳載眞臘與其它國家的經濟貿易活動，但至少
與中國有貿易往來，所以在「出產」之後，接下兩則分別爲「貿易」、「欲得
唐貨」，從條目可知是補充說明當時中、眞兩國間的貿易情況。

本文爲梳理方便，以下先跳過「貿易」、「欲得唐貨」兩則，先梳理第二
十二則「草木」至二十六則「魚龍」，因爲此五則和「出產」近似，都是記載
眞臘的動、植物種類，它們與「出產」有部分關聯，可在此提前說明。

四、草　木

首先梳理第二十二則「草木」，全文如下：

惟石榴、甘蔗、荷花、蓮藕、羊桃、蕉苧與中國同。荔枝、橘子，

〔註24〕〔元〕周達觀著，夏鼐校注：《眞臘風土記校注》，頁 145。

〔註25〕〔元〕周達觀著，夏鼐校注：《眞臘風土記校注》，頁 146。

〔註26〕〔明〕李時珍：《本草綱目》（北京：人民衛生出版社，1982 年），頁 2058。

> 狀雖同而味酸，其餘皆中國所未曾見。樹木亦甚各別，草花更多，
> 且香而艷。水中之花，更有多品，皆不知其名。至若桃、李、杏、
> 梅、松、柏、杉、檜、梨、棗、楊、柳、桂、蘭、菊、芷之類，皆
> 所無也。其中正月亦有荷花。〔註27〕

本則記錄眞臘的草木，大致上可分成數組：一是與中國相同品種者，二是與
中國相似而稍異者，三是中國未曾見者，四是眞臘未曾見者。

第一，與中國相同品種者，周達觀記錄石榴、甘蔗、荷花、蓮藕、羊桃、
蕉芎等幾種，問題不大。必須略加說明的是「羊桃」，夏鼐先生《眞臘風土記
校注》引伯希和原注及版本上的差異，認爲「羊桃」另作「芋桃」：

> 伯氏初注譯爲"芋與桃"，謂核以後文，桃字疑誤。（馮譯本 160
> 頁）本書有不少版本誤作"芋、桃"。蓋因羊桃之名，不爲眾所熟
> 知之故也。伯氏遂亦以爲芋與桃二物。伯氏新注已加改正，譯"羊
> 桃"爲五歛子（Carambolier）。按羊桃指五歛子，學名 Averrhoa
> carambola，又名楊桃或陽桃，產於熱帶亞洲，包括我國華南地區。
> 羊桃一名，亦有用以指彌猴桃（Actinidia chinensis），乃溫帶植物。
> 本書此處，當指熱帶植物之五歛子。〔註28〕

因此，夏鼐先生認爲此處應指羊桃，也就是另稱的楊桃，在中藥名上稱爲「五
歛子」。李時珍《本草綱目》記載五歛子如下：

> 五歛子出嶺南及閩中，閩人呼爲陽桃，其大如拳，其色青黃潤綠，
> 形甚詭異。狀如田家碌碡，上有五棱如刻起，作劍脊形……食之多
> 汁，味甘且酸，尤宜與眾果參食。〔註29〕

從中來看，這是很典型的熱帶水果，因此在中國中原地區，李時珍覺得形狀
詭異，而在東南亞，這也是常見的水果，所以周達觀印象深刻而記錄下來。
至於又名爲彌猴桃的羊桃，則在臺灣也可見，但外觀及味道上都和楊桃不
同，是屬於兩種不同的果實，夏鼐先生認爲應指五歛子的羊桃，其說是正確
的。

另外一種必須說明的水果爲「蕉芎」，夏鼐先生認爲「芎」字爲誤字，
理由在於《眞臘風土記》本則所記的植物都是常見的，而蕉芎則爲稀見植物。

〔註27〕〔元〕周達觀著，夏鼐校注：《眞臘風土記校注》，頁151。
〔註28〕〔元〕周達觀著，夏鼐校注：《眞臘風土記校注》，頁151。
〔註29〕〔明〕李時珍：《本草綱目》，頁1826。

〔註30〕然而，蕉苄應即是香蕉，今日閩南語稱「香蕉」爲「苄蕉」，苄蕉應就是蕉苄，不然即是周達觀在書寫時，兩字顚倒。不論如何，周達觀在此記載的即是香蕉一類的水果，這種水果在東南亞也是常見的植物。

第二，與中國相似而稍異者，周達觀舉了兩種，即荔枝與橘子。這點極易理解，因地理條件不同，同一種水果在不同的緯度、不同的雨水氣候下，自然有所差異，雖然外貌近似，但酸甜度必然有差。

第三，中國未曾見者，品種極多，也非周達觀能一一列舉或稱呼其名。東南亞一帶屬熱帶氣候，常見雨林分布，這種地理條件本來就是適合生物發展多樣性的環境，尤其是植物的種類，雨林植物種類難以細數，至今植物學家尚且難以全數研究，更何況周達觀只在眞臘停留一年？因此周達觀說「更有多品，皆不知其名」，本屬正常敘述。

第四，眞臘未曾見者，周達觀以在中國生長的熟悉程度，舉列了桃、李、杏、梅、松、柏、杉、檜、梨、棗、楊、柳、桂、蘭、菊、芷等數種。這些植物在中國本爲常見之草木，尤其在周達觀所處的溫州，地處江南，經常可見這些植物，當周達觀奉使到眞臘時，發現眞臘的林相不同於中國，所以書寫本則時，舉列出許多家鄉常見的植物，而認爲這些植物是眞臘一地所無。

總之，本則簡要分別中國與眞臘草木的同異處，雖然簡要，卻也可看出位處熱帶的眞臘，和位處亞熱帶、溫帶甚至寒帶的中國，在植物林相及草木品類上自是有所差異的。

五、飛　鳥

其次梳理第二十三則「飛鳥」，全文如下：

> 禽有孔雀、翡翠、鸚哥，乃中國所無。其餘如鷹、鴉、鷺鷥、雀兒、鸕鷀、鸛、鶴、野鴨、黃雀等物皆有之。所無者，喜鵲、鴻雁、黃鶯、杜宇、燕、鴿之屬。〔註31〕

本則記錄眞臘的飛鳥，基本講述兩類，一類是中國所無的飛鳥，一類是中國所有的飛鳥。本則應只是印象式的記錄，並非生態研究上的記錄，所以當周達觀憑印象書寫時，不免產生無法周全的缺點。

夏鼐先生《眞臘風土記校注》即指出周達觀可能記述有誤的地方：

〔註30〕〔元〕周達觀著，夏鼐校注：《眞臘風土記校注》，頁152。
〔註31〕〔元〕周達觀著，夏鼐校注：《眞臘風土記校注》，頁152～153。

　　按孔雀、鸚哥，今日我國境內西南邊區近熱帶處亦有野生者，但當
　　時周達觀或無所知。但翡翠在我國東部及南部乃常見之鳥，周氏家
　　鄉溫州一帶即有之，卻謂"中國所無"，不知何故。〔註32〕

孔雀是一種較大型鳥類，可分爲綠孔雀與藍孔雀兩種，綠孔雀的原生分布地
爲印度及斯里蘭卡，藍孔雀的分布地即爲東南亞一帶。在中國所見的孔雀多
由外域引進，以致周達觀認爲中國並無孔雀野生。不過，夏鼐先生指出在中
國西南近熱帶的地方其實亦有孔雀野生種，但周達觀並非生物學家，在此並
無所知。此外，鸚哥的狀況也是相同。

　　至於翡翠已見第十九則「出產」所說，因爲翡翠鳥的羽毛美麗，眞臘應
有出產外銷到中國。可能也因爲這個緣故，所以周達觀以爲中國並不產翡翠
鳥，然而夏鼐先生指出翡翠鳥在中國的東部及南部是常見的鳥類，是常見的
留鳥。其實，不僅中國東部及南部才有，翡翠鳥在中國的分布還要更廣，周
達觀在此說翡翠爲「中國所無」，確實有問題。從《眞臘風土記》文意推敲，
則孔雀、翡翠、鸚哥的共通特色都是羽毛艷麗，具有裝飾與觀賞價值的鳥類，
或許這種鳥類都經由出產貿易，到達中國，因此周達觀以爲是眞臘所特有，
又基於周達觀本身並非生態學家，所以自然書寫成「中國所無」，並不能過於
苛責周達觀的錯誤。

　　其次，鷹、鴉、鷺鷥、雀兒、鸕鷀、鸛、鶴、野鴨、黃雀等飛鳥，則中
國與眞臘都有，是分布較廣也常見的鳥類，此處並無問題。

　　最後，周達觀指出喜鵲、鴻雁、黃鶯、杜宇、燕、鴿等飛鳥是眞臘所無
的。這些鳥類在中國都是常見，而且經常出現在文學之中，例如曹操〈短歌
行〉中「月明星稀，烏鵲南飛。」蘇軾〈和子由澠池懷舊〉中「人生到處知
何似，應似飛鴻踏雪泥。」金昌緒〈春怨〉中「打起黃鶯兒，莫叫枝上啼。」
辛棄疾〈浣溪沙〉中「細聽春山杜宇啼，一聲聲是送行詩。」姜夔〈淡黃柳〉
中「燕燕飛來，問春何在，唯有池塘自碧。」高適〈燕歌行〉中「校尉羽書
飛翰海，單于獵火照狼山。」從中推測，周達觀在眾多鳥類中，特別舉出這
些鳥類是眞臘所沒有的，或許跟這些鳥類與中國文學關聯較深，周達觀印象
較爲深刻，所以特別書寫出來。

　　總之，本則簡要說明眞臘與中國在飛鳥種類上的異同，得以瞭解大致狀
況，問題不大。

〔註32〕〔元〕周達觀著，夏鼐校注：《眞臘風土記校注》，頁153。

六、走　獸

其次梳理第二十四則「走獸」，全文如下：

> 獸有犀、象、野牛、山馬，乃中國所無者。其餘如虎、豹、熊、羆、
> 野豬、麋、鹿、麞、麂、猿、狐、狄之類甚多。所不見者，獅子、猩
> 猩、駱駝耳。雞、鴨、牛、馬、豬、羊在所不論也。馬甚矮小，牛甚
> 多。生不敢騎，死不敢食，亦不敢剝其皮，聽其腐爛而已，以其與人
> 出力故也，但以駕車耳。在先無鵝，近有舟人自中國攜去，故得其種。
>
> 鼠有大如貓者；又有一等鼠，頭腦絕類新生小狗兒。〔註33〕

本則記錄眞臘的走獸，基本敘述筆法同於「草木」、「飛鳥」等則，分別比較
眞臘與中國的異同。本則中的走獸，犀、象、野牛、山馬等是中國所沒有的。
至於虎、豹、熊、羆、野豬、麋、鹿、麞、麂、猿、狐、狄等叢林動物，則
在中國與眞臘都有，但在叢林動物中，眞臘不見獅子、猩猩、駱駝。其次，
雞、鴨、牛、馬、豬、羊，屬於常見的禽畜類，所以不論。另外特別提到對
「牛」的敘述，以及鵝、鼠等的印象。

首先，周達觀認爲犀、象、野牛、山馬等動物，是眞臘所有而中國所無者，
應是就周達觀當時所處的年代來說，因爲以較早時期來說，中國仍然有這些動
物的分布，例如象或犀牛，在商周的青銅器上，均是常見的造型圖騰，說明當
時象與犀牛應是常見的動物。〔註34〕而在《詩經·周南·卷耳》中也提到：

> 我姑酌彼兕觥，維以不永傷。〔註35〕

這裡的「兕」即爲犀牛，當時即有以犀牛角所作成的酒器，說明當日中國的
犀牛數量不在少數，所以可取來作爲製作器物的材料來源。

當然，犀牛日後在中國面臨絕種也是事實，大概以犀牛角珍貴，常遭獵
殺有關，到了周達觀所處的元朝，中國大部分地區已經沒有野生的犀牛，所
以周達觀有如此的說法。

象的情況也和犀牛角差不多，同樣常見於商周器物，但後來也因爲象牙

〔註33〕〔元〕周達觀著，夏鼐校注：《眞臘風土記校注》，頁154。

〔註34〕朱家溍先生在《國寶》一書中引商周青銅器圖片數幀，並說：「象現在是熱帶
地區的動物。可是商周時代，中原地區確是有象存在的。據古文獻上說"商
人服象"，殷墟侯家莊西北崗殷代大墓中曾發現過兩具象的遺骸。」朱家溍
主編：《國寶》（香港，商務印書館，2005年），頁29。

〔註35〕〔周〕：《詩經》（臺北：藝文印書館，1955年，重刊宋本十三經注疏），頁
34。

珍貴而絕種。野牛、山馬的情況都大致如此，因此周達觀有「中國所無」的
印象，雖然不見得是動物學上的嚴格說法，但就元朝當時情況來說，周達觀
所言基本上是可以接受的。

　　至於叢林動物，因兩國都類似，疑慮不大。較有問題的是「獅子、猩猩、
駱駝」，夏鼐先生《眞臘風土記校注》提出伯希伯等人的疑問：

> 伯氏初注云：＂按獅子現已絕跡。猩猩爲越南半島之一種大猿。……
> 至若駱駝，柬埔寨無之。施古德研究《唐書》所載蘇門答剌島橐駝
> 耕田一事，以其爲土產之駝牛（Zébu）而漢人誤以之爲駱駝，此處
> 或亦然也。＂
>
> 布里格斯亦以獅子、駱駝爲該地所無。猩猩或指長臂猿或彌猴。而
> 獅、駝不知何指。〔註36〕

夏鼐先生認爲伯希和與布里格斯之所以有疑問，應是受到通行《眞臘風土記》
版本作「所少者」的緣故：

> 今知通行本之＂少者＂，爲＂不見者＂之誤，有《郭》甲本可證。
>
> 校正爲＂不見者＂，則伯氏與布氏之疑問，皆可冰釋矣。〔註37〕

因此，就周達觀的觀察與認知來說，眞臘是不見獅子、猩猩、駱駝等動物的。

　　本則中值得補充說明的是周達觀對於「牛」的記錄與看法。和中國一樣，
這種動物早經畜養，並用以協助從事農耕，而且是主要的勞動力量來源。因
爲牛是農業社會最重要的工作伙伴，在中國，百姓一向與牛隻有深厚的情感，
不忍吃牛的肉，一直到今天都有此習俗。在眞臘，周達觀也觀察到這個現象，
所以說「生不敢騎，死不敢食，亦不敢剝其皮，聽其腐爛而已，以其與人出
力故也，但以駕車耳」，基本上和中國人的認知是相同的。

　　然而，周達觀只記錄與中國相類的地方，但他卻忽略牛隻在眞臘其實具
有更重要的意義。即，眞臘因長期受到印度教影響，對牛隻的尊敬更超過中
國。印度教中，牛是印度教主神濕婆的坐騎，地位神聖，今日在吳哥遺址，
便有一處稱爲「神牛寺」的印度教廟宇，《吳哥深度旅遊聖經》中說：

> 三尊呈跪姿的公牛（即濕婆神的坐騎南迪）石雕面對這些階梯，這
> 座古刹即因此被命名爲「神牛寺」。〔註38〕

〔註36〕〔元〕周達觀著，夏鼐校注：《眞臘風土記校注》，頁154～155。
〔註37〕〔元〕周達觀著，夏鼐校注：《眞臘風土記校注》，頁155。
〔註38〕〔法〕傅利曼、賈克斯著，邱春煌譯：《吳哥深度旅遊聖經》，頁195。

如果再推得更久遠，則印度教的《摩奴法典》早已將牛隻視為聖獸：

> 在第一時代，正義藉牡牛之形，四足穩立；真理流行，人有所獲，
> 無一來自不義。〔註39〕

從中可知牛在印度教的神聖地位。周達觀抵真臘時，雖然當時國教主要信奉佛教，但前此印度教遺留下來的對於牛的神聖觀感，仍具備極高的崇奉尊敬，因此周達觀記為「生不敢騎」，就是在這個層面上來看的。周達觀對印度教瞭解不多，他所謂「生不敢騎」的記錄，應該是從民間百姓的觀察所得出。當周達觀在解釋這些現象時，主要是以中國人的角度來解釋，即牛隻提供農業協助、勞動力量，所以「以其與人出力故也，但以駕車耳」，較為忽略宗教意涵。

最後，本則中也可看出中國與真臘物種的交流情況，從所舉的「在先無鵝，近有舟人自中國攜去，故得其種。」可推知約在十三世紀末左右時，真臘較少見這種禽類，可能也在這段時期左右，真臘引進這種禽類，但詳細情形目前已無法細考。從中間接說明因為交通發達之故，各種交流的狀況都可能發生，包含在生物物種的變異狀況。

七、蔬　菜

其次梳理第二十五則「蔬菜」，全文如下：

> 蔬菜有蔥、芥、韭、茄、西瓜、冬瓜、王瓜、莧菜。所無者蘿蔔、
> 生菜、苦蕒、菠薐之類。瓜、茄雖正二月間亦有之。茄樹有經數
> 年不除者。木綿花樹高可過屋，有十餘年不換者。不識名之菜甚多，
> 水中之菜亦多種。〔註40〕

本則記錄真臘的蔬菜，問題不大，符合陳正祥先生《真臘風土記研究》中說：「周達觀對蔬菜的記述方式，頗合方志的傳統。」〔註41〕這種方志傳統記述方式，簡單明瞭，維持所記事物的名稱，以及基本的生長現象，對於不瞭解之處，相對也平實記錄，不予曲解。

本則中唯一有問題的地方在於周達觀將「木綿花樹」放置在蔬菜中，較為突兀。關於木綿，夏鼐先生在《真臘風土記校注》第十一則「野人」中有注：

〔註39〕〔印度〕摩奴一世著，〔法〕迭朗善譯，馬香雪轉譯：《摩奴法典》，頁12。
〔註40〕〔元〕周達觀著，夏鼐校注：《真臘風土記校注》，頁155～156。
〔註41〕陳正祥：《真臘風土記研究》，頁60。

> 木棉，學名 Ceiba Pentandra，或稱 Gossampinum malabaricum，爲常
> 綠喬木，高可達十餘丈，花紅色，結實長形，種子生長毛，色白質
> 輭，可製茵褥，亦可紡織，但纖維較短，不及草棉之佳。〔註42〕

木綿即木棉，今日在吳哥遺址中，仍常見這種高大的喬木，部分甚至是造成
吳哥古建築被吞蝕的樹種之一。在亞洲許多熱帶及亞熱帶區域，也都常見木
棉樹，在用途上雖然可作爲紡織之用，但絕無作爲蔬菜的用途，因此周達觀
所記顯然有問題。從筆意來看，「木綿花樹高可過屋，有十餘年不換者」是接
著「茄樹有經數年不除者」而來，因此理應是在書寫時突然又開思路，或是
《眞臘風土記》此時只作爲草稿性的記錄，而缺乏較嚴密的刪飾，以致出現
這兩句較不合宜的記錄文字。

八、魚　龍

其次梳理第二十六則「魚龍」，全文如下：

> 魚鱉惟黑鯉魚最多，其他如鯉、鯽、草魚亦多。有吐哺魚，大者重
> 二斤以上。更有不識名之魚亦甚多，此皆淡水洋中所來者。至若海
> 中之魚，色色有之。鱔魚、湖鰻，田雞土人不食，入夜則縱橫道途
> 間。黿鼉大如合苧，雖六藏之龜，亦充食用。查南之蝦，重一斤以
> 上。眞蒲龜腳可長八九寸許。鱷魚大者如船，有四腳，絕類龍，特
> 無角耳，腥甚脆美。蛤、蜆、蜱螺之屬，淡水洋中可捧而得。獨不
> 見蟹，想亦有之，而人不食耳。〔註43〕

本則記錄眞臘的魚龍，即水中生物，而且是可食的水中生物。所謂魚龍，自
然不是指考古生物學上的遠古生物「魚龍」而言，而是指「魚」與「龍」。「魚」
自然是水族類生物，「龍」則是中國想像中的神獸，因爲想像中龍的形狀及活
動，經常可以和魚類並列一起，所以合稱爲「魚龍」，蘇轍的〈黃州快哉亭記〉
中就有「晝則舟楫出沒於其前，夜則魚龍悲嘯於其下」〔註44〕的字句，說明
魚龍連用指的即是水族生物。

周達觀所記眞臘魚類中，常見與中國相同的鯉、鯽、草魚等，而且數量
眾多，大部分都產自「淡水洋」，也就是今日的洞里薩湖。一直到今天，洞里

〔註42〕　〔元〕周達觀著，夏鼐校注：《眞臘風土記校注》，頁118。
〔註43〕　〔元〕周達觀著，夏鼐校注：《眞臘風土記校注》，頁156～157。
〔註44〕　〔宋〕蘇轍著，高海夫主編：《潁濱文鈔》（西安：三秦出版社，2004年，唐
宋八大家文鈔校注集評），頁6627。

薩湖仍爲東南亞最大的淡水漁獲區，提供柬埔寨居民不虞匱乏的漁獲來源。此外，真臘部分領土靠海，自然也有海生魚類，而且種類繁多，但周達觀並沒有一一記載。本則從全文的書寫文意來看，令人感受真臘在魚產的豐富上，確實冠甲東南亞。

本則較需梳理的，第一是文中提及的「吐哺魚」，這種魚類，夏鼐先生《真臘風土記校注》引伯希和注如下：

> 未詳。伯氏初注云："按此吐哺魚必爲熱帶江流中淡水江豚 Planistidae 之一種。考 Iraouaddy 江（伊拉瓦底江）有江豚一種名 Orcella fluminalis 者，瀾滄江中或亦有之。"〔註45〕

伯希和以「江豚」來解釋吐哺魚，這種江豚，夏鼐先生進一步解釋爲：

> 瀾滄江即湄公河之上游，在我國境內。下游由柬埔寨流入南海。江豚即海豚（Delplinus Ion girostris）上溯於江者之別名。〔註46〕

按，伯希和將吐哺魚解爲江豚，必然有誤，因此夏鼐先生引用時，也說「未詳」。以《真臘風土記》原文來看，吐哺魚「大者重二斤以上」，然而，以海豚或是江豚來看，最小的至少也在三十公斤以上，而最大的可以到達兩百公斤，因此吐哺魚顯然不是海豚或江豚，而是另一種較小型魚類。前面也提及，在本則中記載的水族類，大都是可食的，因此，吐哺魚應該是一種可食性的水族類，並非海豚或江豚。

至於周達觀所提及的吐哺魚，應該是指類似產於中國寧波東錢湖一帶的吐哺魚，這種吐哺魚從宋朝以來就是東錢湖的名產，一直至今。這種魚類在春季荇花黃時特別肥美，因此又有「荇花黃」的俗稱，清朝全祖望吃了吐哺魚後說「水族雖然多巨子，我食此魚忽一笑。」從中來看，這種魚類體型較小，所以養到大時，就不過「大者重二斤以上」，正符合周達觀《真臘風土記》所記。東錢湖位於寧波，和周達觀的家鄉溫州相去不遠，周達觀可能食用過吐哺魚，留有印象，而當他在真臘看到相同的魚類時，將之記錄下來。因此，本則中的吐哺魚應爲中國浙江一帶的吐哺魚，而非如伯希和所說的江豚一類水族生物。

第二，真臘人也食用龜鱉一類水族生物，但不知是否有中國人認爲的食補作用？以記錄而言問題不大。「魚龍」則中應補充說明的是「龜腳」一物，

〔註45〕〔元〕周達觀著，夏鼐校注：《真臘風土記校注》，頁 157。

〔註46〕〔元〕周達觀著，夏鼐校注：《真臘風土記校注》，頁 157。

因爲從文意來看，「龜腳可長八九寸許」，容易讓人理解爲烏龜的腳可以長到八八九寸，可能是大型的烏龜，例如伯希和等人即這麼認爲。然而，夏鼐先生《眞臘風土記校注》則對此注之甚詳，說明龜腳其實也是一種水族生物的名稱，名爲「石蚴」：

> 伯氏初注及新注和布氏書譯注皆誤認爲烏龜之腳。周達觀溫州人。龜腳乃溫州人用以稱石蚴之土名。今溫州仍有出產，仍稱之爲龜腳。〔註47〕

按：石蚴是中國東南沿海的水族生物，可以食用，因爲體型像是海龜的腳，所以俗名爲龜腳。在分類上，石蚴較近於甲貝類，所以周達觀放置在此敘述，完全合宜。不過，周達觀說眞臘的龜腳可以長到八、九寸，顯然又比溫州一帶要大了許多。

第三，本則之所以命爲「魚龍」，應該與則中所記的「鱷魚」有關，所以周達觀說「絕類龍，特無角耳。」鱷魚即鱷魚，是東南亞常見的兩棲生物。嚴格來說，鱷魚並非魚類，而屬於爬蟲類，周達觀這裡所稱的鱷魚，細分的話應屬於暹羅鱷，這種鱷魚，可以長到約四公尺，是一種適應於淡水濕地的生物，因爲體型巨大，所以周達觀說「大者如船。」今天，柬埔寨的洞里薩湖仍有許多野生及蓄養的鱷魚，可以知道鱷魚自來就是柬埔寨的物產，除了鱷魚皮可作爲皮革利用之外，鱷魚肉也可以食用。因此，周達觀在此則中，將鱷魚記錄下來，並不突兀，因其確是食用的肉類之一。

小結本則所論，發現周達觀在此則記錄較詳，而且引用了中國地方物產俗稱，多少透露了中國人在異地他鄉，見到與自己家鄉熟悉的物產時，自然產生的親切感受，而且也讓讀者在閱讀《眞臘風土記》時，多少也感受了周達觀的心情。

九、貿　易

其次梳理第二十則「貿易」，全文如下：

> 國人交易，皆婦人能之，所以唐人到彼，必先納一婦人者，兼亦利其能買賣故也。

> 每日一墟，自卯至午即罷。無舖店，但以蓬席之類舖于地間，各有常處，聞亦有納官司賃地錢。小交關則用米穀及唐貨，次則用布；

〔註47〕〔元〕周達觀著，夏鼐校注：《眞臘風土記校注》，頁157。

若乃大交關則用金銀矣。

往年土人最朴,見唐人頗加敬畏,呼之爲佛,見則伏地頂禮。近亦
有脫騙欺負唐人者矣,由去人之多故也。〔註48〕

本則記錄眞臘的貿易狀況,及與唐人交易的情形,主要的重點在於:眞臘主
要從事貿易活動的人物性別爲女性、貿易的時間、店舖與租金、交易的貨幣
及替代物,另外提及中國人在眞臘的貿易現象。

首先,眞臘從事市場貿易活動的,大多數是婦人,這與眞臘具有較濃厚
的母系社會色彩有關。因此,眞臘女性具有「主外」的特色,地位往往在男
性之上,和中國女性主內、地位在男性之下的情形不同。直到今天,柬埔寨
仍保有母系社會傳統,女性的地位並不比男性爲低。

這種以女性爲主要從事貿易活動的現象,在今日吳哥遺址的巴戎寺迴廊
浮雕也可印證,幾處浮雕都顯示婦女是主要的貿易活動者,而部分浮雕則出
現男性從事鬥豬、下棋等娛樂活動,或是從事室內的麵包烘製等工作,印證
周達觀所說的「皆婦人能之」的說法,確實是存在的現象。

因此,中國商人到眞臘時,爲能入境隨俗,並在貿易活動上進行順遂,
也會先納當地婦女爲妻,或進用當地婦女,如此才能順利執行貿易活動。在
這點上,說明中國華人在眞臘的觀察所得,並能靈活運用,求得商貿成果。

其次,眞臘的貿易活動場所,類似中國的「墟」,墟就是一種眾人約定的
交易場所,地點、時間都大致固定。這種墟因爲是眾人不成文的約定,因此
在交易上比較沒有官方的制式規定,而是依聚散及交易的狀況來決定。在眞
臘,每日爲一墟,從周達觀的記錄可知交易時間爲卯時至午時左右,即約從
清晨五、六點左右,到正午一點左右。之所以如此,陳正祥先生《眞臘風土
記研究》中說:

此與天氣的經常炎熱有關,因下午太熱,故墟市從早晨開始到中午
爲止,下午歇息。今日柬埔寨各機關的辦公時間,從上午七時到下
午一時半,僅六個半小時。〔註49〕

陳正祥先生所說爲是。可補充的是,陳正祥先生書成於1975年,當時柬埔寨
機關上班時間,已與今日不同。然而,今日至柬埔寨,雖上、下午均有上班,
但正午時分一般仍休息爲多,正是因天氣炎熱的緣故。這種情況在古代眞臘

〔註48〕〔元〕周達觀著,夏鼐校注:《眞臘風土記校注》,頁146～147。
〔註49〕陳正祥:《眞臘風土記研究》,頁58。

更屬正常現象，所以周達觀的記錄是無誤的。

因爲民間交易場所以墟爲主，所以舖店的狀況較少，只是以蓬席鋪在地上，但因爲習慣緣故，每個店家都有自己固定的舖位。這種以墟爲市的情況，今天依然常見吳哥遺址中販賣紀念品的商店，和七百年前的眞臘差異不大。其次，周達觀補充說明，這種蓬席爲舖的狀況並非所有店家都如此，還是會有租賃的狀況，而且必須向政府繳納一定租金。因資料較欠缺，我們難以得知何種行業應設舖面？須繳租金？租金多少？

其次，眞臘民間的交易往來，仍處於較原始的階段，即缺少貨幣的概念，而帶有以物易物的現象。交易可分成小交易與大交易，小交易的貨幣替代物，依貴重性可分成三等，最低爲米穀，其次爲唐貨，再來是布。米穀無疑義，這本來是民生的必須物品，可以用作替換商品的貨物。至於「唐貨」，夏鼐先生《眞臘風土記校注》解釋爲：

> 所謂"唐貨"，當包括《島夷誌略》所述之"黃紅燒珠"，即黃色
> 或紅色之玻璃珠也。〔註50〕

按唐貨當然不只玻璃珠，但因爲玻璃珠顏色美麗，作爲貨幣的替代品是可信的。另外，夏鼐先生參考《島夷志略》等書，解釋「布」爲：

> 《島夷誌略》中之布與絲似爲二物，布爲棉布，絲爲未織之絲。否
> 則亦當爲用絲織布之布。〔註51〕

不管如何，眞臘仍實施以布料爲貨幣的代用品，是無可疑的。這種現象，其實在中國社會也曾發生，不過中國的年代更爲久遠，在殷、周時代就已發展得比眞臘來得完整了。必須說明的是，這種並非以眞正貨幣爲交易工具的方式，自然會產生小問題，因此在秦始皇統一中國後，便廢止貨幣的替代品，而出以眞正制度的貨幣，據司馬遷的《史記·平準書》記載：

> 及至秦，中一國之幣爲二等，黃金以溢名，爲上幣；銅錢識曰半兩，
> 重如其文，爲下幣。而珠玉、龜貝、銀錫之屬爲器飾寶藏，不爲幣。
> 〔註52〕

這正是廢除刀貨幣、布貨幣之後的舉措。至於十三世紀時眞臘，尚未發展到布貨幣或是刀貨幣的制度，仍停留在以「珠玉」等替代品的階段。

〔註50〕 〔元〕周達觀著，夏鼐校注：《眞臘風土記校注》，頁147。
〔註51〕 〔元〕周達觀著，夏鼐校注：《眞臘風土記校注》，頁147。
〔註52〕 〔漢〕司馬遷：《史記》（北京：中華書局，1997年），頁367。

大交易方面，則以金銀爲貨幣，說明金銀這種金屬因爲它的貴重及稀有，仍是最重要的金錢價值代表物，因此在大交易上使用。也正因爲金銀的貴重性爲多數國家承認，所以除眞臘本國外，金銀應當也是國際間所承認的。中國華人在此貿易，如能獲得金銀，自然也是金錢收入保障。

最後，本則記載眞臘與中國華人間的互動關係，頗具趣味。從《眞臘風土記》來看，眞臘人一般樸質，以致接觸來自整體較爲文明的中國華人，呈現極爲恭敬的態度，甚至呼之爲佛，還會伏地頂禮，自是恭敬至極。然而，經由較多的接觸，眞臘人逐漸發現中國華人也不致於就是佛，而在日後商場往來時，就不免欺騙中國人了。這段敘述除了說明這種關係的轉變外，從周達觀文意來看，可以知道在周達觀之前，中國華人至眞臘的發展還不是很普遍，而周達觀之後，因爲海域之路打開，兩國互動逐漸頻繁，中國華人來到眞臘漸多起來，說明、呈現當時亞洲國家間的互動往來關係。

十、欲得唐貨

其次梳理第二十一則「欲得唐貨」，全文如下：

> 其地想不出金銀，以唐人金銀爲第一，五色輕縑帛次之；其次如眞州之錫鑞、溫州之漆盤、泉處之青甆器，及水銀、銀硃、紙箚、硫黃、焰硝、檀香、草芎、白芷、麝香、麻布、黃草布、雨傘、鐵鍋、銅盤、水珠、桐油、篦箕、木梳、針。其粗重則如明州之席。甚欲得者則菽麥也，然不可將去耳。〔註53〕

本則是第二十則「貿易」的補充說明。首先，補充前則提到的金銀，周達觀說眞臘並不出產金銀，但我們說過，金銀以其貴重、稀少、美麗，成爲世界性公認的貴重貨幣替代物，所以眞臘人也知道金銀的可貴，尤其是來自中國的金銀，更被眞臘人視爲最貴重的物品。

除金銀外，周達觀列出數十件物品，依序說明眞臘對唐貨的貴重程度。在金銀之下的是中國精良的絲織品，中國自來以絲織聞名，數千年發展以降，中國絲織品已達到極高的水準，因此成爲金銀之外，最爲珍貴的唐貨。

再其次，周達觀更明確地指出中國三處的名產，分別爲眞州的錫鑞、溫州的漆盤、泉處的青甆器。其中，眞州即今日江蘇省儀徵縣，夏鼐先生《眞臘風土記校注》注說：

〔註53〕〔元〕周達觀著，夏鼐校注：《眞臘風土記校注》，頁148。

（鑞）此乃人工合金之錫屬，並非錫礦之一種。宋之眞州即今之江
蘇省之儀徵。道光重修《儀徵縣志・物產志》云：凡土產，宋代歲
派有丹鉛、銅、錫等科，率折色徵解。（卷十四）〔註54〕

此註說明眞州及其物產，並說明「鑞」是一種錫屬合金。錫為銅與鉛的合金，
鑞與錫的差別在於比例成分不同，這段文字間接說明在宋、元時代，中國在
錫器的合金比例上已經有高度的發展，所製作的器物精美，所以成為眞臘欲
得的貨物之一。

　　第二是溫州的漆盤。溫州自來以產漆器著名，並且已有相當的對外貿易
情況，宋人樓鑰在《攻媿集》中有下列文字：

良材興販，自處（州）轉溫（州）以入于海者眾。〔註55〕

這些貨物中，最主要之一即為漆器。從樓鑰的記錄來看，當時已經外銷至海
外，到了周達觀時，情況不變，依然貿易頻繁，銷到眞臘。

　　第三是泉處的青甆器。關於泉處，夏鼐先生《眞臘風土記校注》認為此
處應作「泉處」而非許多通行本誤作的「泉州」：

伯氏初注謂"泉州即中世紀以 Zaytoun（刺桐城）著名之城市。"（馮
譯本160頁）但泉州不以甆器出名，惟泉州附近有外銷甆之窯口，
所製為青瓷，仿龍泉青瓷而遠遜之。當時處州府之龍泉縣一帶，盛
產青瓷，所謂龍泉窯是也。本書各通行本"泉處"皆誤作"泉州"，
茲依《郭》甲本改正。〔註56〕

按夏鼐先生所說為是，泉處即古處州，今日浙江省的麗水市，此地有著名的
龍泉縣，出產質地良好的青瓷。這種極富盛名的龍泉窯青瓷，蔡玫芬先生有
簡要的說明：

龍泉窯自五代、北宋即生產豐富的瓷器，並曾依官樣造瓷上貢。⋯⋯
所燒成的釉色以粉青、梅子青為尚，應為當時高官富商所喜愛。⋯⋯
一方面因市舶貿易大興，產量激增，是東亞韓、日、琉球及東南亞
各國最喜愛的窯類。〔註57〕

〔註54〕〔元〕周達觀著，夏鼐校注：《眞臘風土記校注》，頁148。
〔註55〕〔宋〕樓鑰：《攻媿集》，（臺北：藝文印書館，1966年，《百部叢書集成》第
二十七輯），無註頁碼。
〔註56〕〔元〕周達觀著，夏鼐校注：《眞臘風土記校注》，頁149。
〔註57〕林柏亭主編：《千禧年宋代文物大展》（臺北：國立故宮博物院，2000年），頁
427。

從中來看，泉處龍泉窯因青瓷精良而爲人所愛，並外銷至亞洲各地，印證《眞臘風土記》所記情況。再者，從前文所引宋人樓鑰所說：「自處（州）轉溫（州）以入于海者眾」來看，則處州、溫州兩地不僅爲青瓷、漆器的產地，也是物流轉運的城市，貿易發達，周達觀在《眞臘風土記》的這一段記載，簡明概括當時中國與眞臘之間的貿易情況。

其次，在三個極富盛名的中國工藝城市之後，周達觀再引「水銀」等約二十種左右的各式唐貨，其中有礦物，有藥物，有裝飾用品，有日常用品，樣式多種，可以看出當時眞臘人對中國貨物的喜好種類，不一一詳述。

另外還有較爲粗重的明州之蓆，也外銷到眞臘。明州即今日浙江省寧波市，宋、元時期是對外通商大港之一，特產之一就是寧波蓆，這種蓆子據今日當地人說是「質地精密、挺括硬實、剛勁有力、柔軟光滑」，可知質地精密較具份量，爲精良的工藝品，但周達觀說「粗重」，只提到份量之處，卻忽略精良之處，稍顯不足。〔註58〕

最後，周達觀提到眞臘其實也想進口「菽麥」等穀物，菽即豆類穀物，麥即麥類穀物，在這裡是泛稱所有穀類。然而，周達觀說「然不可將去耳」，說明眞臘雖然欲得菽麥，但可能因爲運輸及利潤問題，以致不像前述各種唐貨來得交流頻繁。

小結以上所說，至少在宋朝時期，中國與東南亞已有頻繁的貿易往來，而在周達觀所處的元朝時期，更無可懷疑中國與眞臘之間的貿易頻繁，此中必然有頗爲通暢的物流與經貿關係，並在物品上也已區隔出等級及利潤獲取，說明當時貿易環境已達到頗爲國際化的程度。

十一、醞　釀

以上兩則所論爲眞臘向中國進口的貨物，以下則爲眞臘本身的物產製作，先梳理第二十七則「醞釀」，全文如下：

> 酒有四等：第一等唐人呼爲蜜糖酒，用藥麴，以蜜及水中半爲之。其次者，土人呼爲朋牙四，以樹葉爲之。朋牙四者，乃一等樹葉之名也。又其次，以米或以剩飯爲之，名曰包稜角。蓋包稜角者米也。

〔註58〕關於明州蓆，周達觀《眞臘風土記》第三十則「器用」亦有提及：「地下所鋪者，明州之草蓆，或有鋪虎豹麂鹿等皮及藤簟者。」大約作爲地毯一類，見《眞臘風土記校注》，頁165。

> 其下有糖鑑酒，以糖爲之。又入港濱水，又有茭漿酒，蓋有一等茭
> 葉生於水濱，其漿可以釀酒。〔註59〕

本則講眞臘酒類的製作，以製酒材料及品質來說，可分成四個等級或品類，
另還有一種稍有差別的酒，合計記錄五種酒類。

首先是第一等酒及第四等酒，周達觀均是以中國用詞稱呼，分別爲「蜜
糖酒」與「糖鑑酒」，從中並知道這種眞臘酒品甜度較高。在第一等酒方面，
還加上蜜，除了糖的甜度外另有蜜的甜度及香氣，所以等級更佳。至於「藥
麴」，指的是第一等酒在製麴的過程中，加入草藥，進行糖化的作用。從中知
道，第一等酒之所以佳，主要是原料的取得較高，並在糖化的製麴過程中，
有較理想的配方。

其次，第二等及第三等酒，周達觀分別以眞臘語言稱呼，分別爲「朋牙
四」與「包稜角」。這兩種酒名，夏鼐先生《眞臘風土記校注》說明「朋牙四」
如下：

> （朋牙四）據云乃一種野生灌木，樹皮粗黑，葉小，花紫色，不知
> 爲何樹，亦不知其樹葉能否釀酒。……不敢確認周氏之朋牙四即此
> 樹之葉也。〔註60〕

因此，朋牙四至今仍未能考據爲何種植物？有待語音學上的進一步辨識。至
於「包稜角」，周達觀已說明是米或剩飯，夏鼐先生補注說：

> 艾莫涅以爲此乃古吉蔑語 raṅko（今作 aṅka）之對音，去糠米也。……
> 戈岱司補注云：＂艾氏所注甚是。至若‘包’字，我以爲即巴那爾
> （bahnar）語同斯提恩（Stieng）語中之 por。此言‘飯’‘粥’。
> 在近代吉蔑語中，則謂粥爲 Pabar＂。〔註61〕

此處語音的考證雖然尚有疑義，但包稜角確實應爲米飯之類則無可疑，自古
以來許多國家或區域都有這種造酒法。東南亞產米，較早發展出米酒的製造
法，也屬合理。不過，米酒一般濁度較高，相較以麴法蒸餾製成的品級酒類
來說，自然稍差，所以周達觀列爲第三等。

除上述四等酒外，其它植物自然也可以釀酒，例如許多國家都有的水果
酒等。在眞臘，周達觀特別記錄一種以一等茭葉製成的「茭漿酒」。這種茭葉

<hr>

〔註59〕〔元〕周達觀著，夏鼐校注：《眞臘風土記校注》，頁158。
〔註60〕〔元〕周達觀著，夏鼐校注：《眞臘風土記校注》，頁159。
〔註61〕〔元〕周達觀著，夏鼐校注：《眞臘風土記校注》，頁159。

在《真臘風土記校注》第三十則「器用」也曾提及：「又以茭葉製一小杓」，說明可以用來杓物。而夏鼐先生則引伯希和注，說茭即為「茭葦」。〔註62〕今按明朝馬歡的《瀛涯勝覽》中，曾提及鄭和當日船隊飲用的酒類之一，即以茭葦製成：

> 酒有三四等，椰子酒、米酒、樹酒、茭葦酒，各色法制，多有燒酒。
> 〔註63〕

因此，茭應該就是指茭葦，可以釀酒。另外，這種植物的葉子還可以曬乾，用來當成房屋或小船的覆蓋物，用途頗廣，但在酒類的釀製中，則不能稱為精品，大約只是從水濱發現，而取以製酒。因此，周達觀並不將茭漿酒列等，而只是別開來說。

　　小結以上所說，可知真臘已有釀酒技術，並可分等級，但從周達觀的記載來看，真臘的釀酒術尚未到達絕對精良的程度，但滿足一般飲用則無問題。

十二、鹽醋醬麴

　　其次梳理第二十八則「鹽醋醬麴」，全文如下：

> 醃物國中無禁，自真蒲、巴澗濱海等處，率皆燒。山間更有一等石，味勝於鹽，可琢以成器。
>
> 土人不能為醋，羹中欲酸，則著以咸平樹葉。樹既生茭則用茭，既生子則用子。
>
> 亦不識合醬，為無麥與豆故也。亦不曾造麴，蓋以蜜水及樹葉釀酒，所用者酒藥耳，亦如鄉間白酒藥之狀。〔註64〕

本則記錄真臘的鹽醋醬麴，是上則「醞釀」的補充說明。最後提及，在真臘還沒有發展出造麴的技術，而是用蜜與樹葉釀酒，正和「醞釀」所說一致。以蜜造酒，正是「醞釀」此則說的第一等酒「蜜糖酒」，雖然蜜糖酒已經有麴化的現象產生，但從周達觀的記錄來看，真臘人對它的掌握並不純熟。其次，本則提到的樹葉釀酒在「醞釀」也已說明。

　　除了麴外，本則補充了三種重要調味：鹽、醋、醬。其中，「鹽」自然是

〔註62〕〔元〕周達觀著，夏鼐校注：《真臘風土記校注》，頁160。

〔註63〕〔明〕馬歡：《瀛涯勝覽》（臺北：藝文印書館，1966年，《百部叢書集成初編》第十六輯），頁38。

〔註64〕〔元〕周達觀著，夏鼐校注：《真臘風土記校注》，頁161。

最重要的生活物質，人類生活不能無此物，更因其重要而產生許多規範，乃至可能引起爭奪或戰役。在中國，自秦漢以來便對鹽的製造、運輸、販賣、管理，有著嚴格規定，元朝依然如此，關於鹽的業務歸中書省管理：

> 國之所資，其利最廣者莫如鹽。自漢桑弘羊始榷之，而後世未有遺其利者也。元初，以酒醋、鹽稅、河泊、金、銀、鐵冶六色，取課於民，歲定白銀萬錠。太宗庚寅年，始行鹽法，每鹽一引重四百斤，其價銀一十兩。……凡僞造鹽引者皆斬，籍其家產，付告人充賞。犯私鹽者徒二年，杖七十，止籍其財產之半，有首告者，於所籍之內以其半賞之。〔註65〕

從中知道元朝時代，鹽的製造與銷售均歸國家管理，並向民間課稅。因爲鹽的價值極高，不免有私造私販的現象，而在元朝禁止走私，違者有重罰。此外，元朝也獎賞告發私販的功勞，說明鹽之爲物，有人鋌而走險，有人也因而獲利，頗爲複雜。

因此，周達觀在本則中一開始說「醯物國中無禁」，指的即是在眞臘尚未發展出有如中國一般的管理制度。「醯」原指酒類，本句應是接繼上則「醞釀」而來，但在「鹽醋醬麴」這則中，同時也可以看作是對鹽務等的管理來說，在這點上，眞臘並無像中國一般的限制、規範，整體寬鬆許多。

因爲無限制規範，只要可以產鹽的地方，都可自行燒製。本則中提到製鹽主要在海邊，文章中的眞蒲、巴澗自然指的是今日柬埔寨東南角靠海處。眞蒲已於前文說明，至於巴澗一地，夏鼐先生《眞臘風土記校注》認爲應是在湄公河三角洲一帶：

> 今按：巴澗當在湄公河三角洲，……難以確定其確切地點。〔註66〕

眞臘人在海濱燒鹽製鹽，合於鹽的製產過程，自然沒有疑義。值得補充一提的是，周達觀記錄眞臘山中還有「岩鹽」的製作，以味道而言還勝過海鹽。此處提到的山間，周達觀並沒有明指是在何處？可能只是泛稱。至於岩鹽的味道勝於海鹽也可以理解，今日在國際市場上，岩鹽的整體價格也比海鹽高，自然是因爲口感的緣故。從周達觀的記錄來看，當時人們也已經能區分兩種的不同。

其次是「醋」，從周達觀的記錄來看，眞臘人並不會製醋，這是頗爲有趣

〔註65〕〔明〕宋濂等撰：《元史》，頁621。
〔註66〕〔元〕周達觀著，夏鼐校注：《眞臘風土記校注》，頁161～162。

的現象。因爲醋的產生，基本就是一種糖化的過程，很自然便會生成，但在眞臘卻沒有發展出製醋系統，不知何故？因爲從本則下文來看，眞臘人仍會在料理中加入酸味，只是這酸味的來源取自一種名爲「咸平」的樹葉。關於咸平，夏鼐先生引許肇琳的說法如下：

> 許肇琳以爲"咸平"可能即柬語 ampel 之對音，乃一種植物。此不
> 僅聲音相近，其特性及用途亦吻合。此樹華僑稱之爲"酸仔樹"，
> 其葉與莢皆酸，柬人常將其放入湯中，湯味即酸甜鮮美。〔註67〕

今日到柬埔寨，可以看到一種形狀類似花生的水果，即爲酸子果，柬埔寨人常拿來製作酸子糖，味道淡酸有點類似我國的楊桃口味，是今日柬埔寨最常見的糖果。因此，不知這種酸子果，是否即是周達觀書中提到的咸平樹，或是許肇琳提到的酸仔樹？

最後提到「醬」，這也是調味用品，例如中國的醬油等物。從周達觀的記錄來看，眞臘人也不會合醬，這對來自擅長用醬的中國人周達觀來說，也頗難理解。周達觀的解釋是眞臘缺乏麥與豆，而麥與豆自來就是中國用以製作醬汁的兩大原料，至今依然。因此，周達觀以自身的理解，詮釋了眞臘無醬的原因。

然而，必須說明的是，眞臘雖然沒有麥或豆的醬汁，但應有以其它原料製成的醬汁，例如今日東南亞常見的「魚露」等，即爲其一。位屬眞臘境內的洞里薩湖，魚產豐饒，自來也會製作魚露等醬，今天依然。周達觀爲華人，對魚露的口感或許不適應，因此也就以自己習慣，而忽略眞臘其實也有醬汁的運用。

小結以上所說，眞臘在鹽、醋、醬等食物常見的調味品上，並沒有中國來得豐富而多樣，也缺乏較嚴格的食品規範制度，這對來自向以食品規範嚴格的中國人周達觀來說，確實是感受新奇的。必須補充說明的是，周達觀因只在眞臘停留一年，或許所記出現盲點所在，例如對「醬」的說明便顯得較爲片面，忽略了眞臘應有的現象或資料。

十三、蠶　桑

其次梳理第二十九則「蠶桑」，全文如下：

> 土人皆不事蠶桑，婦人亦不曉針線縫補之事，僅能織木綿布而已。

〔註67〕〔元〕周達觀著，夏鼐校注：《眞臘風土記校注》，頁 161～163。

亦不能紡，但以手捏成條。無機杼以織，但以一頭縛腰，一頭搭窗
上。梭亦止用一竹管。

近年暹人來居，却以蠶桑爲業。桑種蠶種，皆自暹中來。亦無麻苧，
惟有絡麻，暹人却以絲自織皁綾衣著，暹婦却能縫補。土人打布損
破，皆倩其補之。〔註68〕

本則記錄眞臘的蠶桑及紡織。關於紡織品的原料來源，最主要有二，一是蠶
絲，也就是中國俗稱的絲綢，是最高等級的布料；二是棉花或大麻等植物，
也就是俗稱的棉麻布，是稍次等級的布料。這兩者，周達觀很肯定地說眞臘
並無蠶桑生產，而要到十三世紀左右，才由暹國（泰國）引進。因爲資料缺
乏，很難肯定周達觀所敘述的是否正確？因爲今日考古已經發現在周達觀之
前，古吳哥遺跡中有絲綢品的存在。然而從周達觀的記錄來看，至少可以肯
定的是，十三世紀時眞臘的蠶桑絲綢業並不發達，因此周達觀在《眞臘風土
記》第三則「服飾」中提及眞臘最好的布料，必須仰賴進口，原因在此。

因爲蠶桑並不普及，眞臘主要的布料來源取於植物，即棉與麻。關於
「棉」，夏鼐先生《眞臘風土記校注》參考各種版本，認爲應作「綿」，並有
解釋如下：

本條中之木綿布，疑指一般棉布，並非專指木棉所織之布也。綿字
古指絲綿，乃蠶絲之綿。後輸入草棉乃稱之爲”木綿”。其後始創
一從木之”棉”，並以”木棉”專指喬木之木棉樹。〔註69〕

夏鼐先生的意思是：眞臘因蠶桑並不普及，所以周達觀所說的「木綿」，並非
指絲綿的木綿，即不是蠶絲製品。因此，木綿指的是一般的棉布，也就是植
物的棉。夏鼐先生補充說，版本仍應作「綿」字，但其實指的仍是植物的
「棉」。總之，眞臘自產的布料等級較低則無可疑，而這點也呼應了第三則「服
飾」的說法。

因爲材料的取得較爲粗糙，所以在紡織製程上也較爲簡易，通常紡織細
分爲「紡紗」與「編織」，從前者來看，就是紡製蠶絲，但因眞臘無蠶絲，所
以周達觀說「亦不能紡」，是針對缺少材料而產生的缺少相關製作的說明。相
對來看，周達觀說「僅能織木綿布」，自然是指能編織木棉的纖維，使以成布。
甚至在編織的技術上也頗爲簡易，並無織機，而是用較原始的方法，連梭子

〔註68〕〔元〕周達觀著，夏鼐校注：《眞臘風土記校注》，頁163～164。
〔註69〕〔元〕周達觀著，夏鼐校注：《眞臘風土記校注》，頁164。

也只是用尋常的竹管罷了！說明了周達觀所見的眞臘紡織產業，並不發達。

和「棉」類似的植物纖維來源爲「麻。」關於這種原料，夏鼐先生也有很好的補充說明，引述如下：

> 今日溫州一帶方言，稱大麻爲絡麻。大麻之學名爲 Cannabis sativa，一稱火麻。我國自古即種植大麻，……我國之外，南洋一帶至印度半島，皆有出產。但《辭海》（1915 年版）中"都布"條云"嶺南麻有青、黃、白、絡、火五種"，則火麻與絡麻又似有區別。但溫州一帶方言，確稱大麻爲絡麻。〔註70〕

這段文字詳細考證周達觀所記的即爲一般俗稱的「大麻」，雖然辭書中有麻的更細分類，但周達觀所說的絡麻，應即爲大麻。

另外，《眞臘風土記》另記有「麻苧」，夏鼐先生認爲應是「苧麻」：

> 又上句"亦無麻苧"，疑爲苧麻之誤，乃指苧麻一種，並非麻與苧二種也。此或由于寫刻者不知絡麻即爲大麻，以文中未提及有大麻，故改爲"麻、苧"，以爲苧麻與大麻皆爲該國所無。〔註71〕

從周達觀的行文來看，夏鼐先生的考訂爲正，「麻苧」應爲「苧麻」的顚倒誤植。

最後要說明的是，至少在周達觀的時代，眞臘在紡織業上是比不上鄰近的暹國的，因此，蠶桑要從暹國引進，而在紡織技術上，暹國也較爲發達，甚至連尋常的縫補事情，眞臘都較爲不及。不過，從本則記載中可以知道當時眞臘與其它國家均有往來，也表現在這等民生事宜上。

第二節　器用與軍馬

前節主要梳理眞臘的出產狀況，於民生方面，眞臘因其地理條件，自然發展別於中國的各種器用物品，而在交通或車馬，以及與之相關的軍隊車陣，自與中國有別，下文分別梳理之。

一、器　用

首先，梳理第三十則「器用」，全文如下：

〔註70〕〔元〕周達觀著，夏鼐校注：《眞臘風土記校注》，頁 164。
〔註71〕〔元〕周達觀著，夏鼐校注：《眞臘風土記校注》，頁 164。

尋常人家，房舍之外，別無桌凳盂桶之類，但作飯則用一瓦釜，作
羹則用一瓦銚。就地埋三石爲竈。以椰子殼爲杓。盛飯用中國瓦盤
或銅盤；羹則用樹葉造一小碗，雖盛汁亦不漏。又以茭葉製一小杓，
用兜汁入口，用畢則棄之。雖祭祀神佛亦然。又以一錫器或瓦器盛
水於傍，用以蘸手。蓋飯只用手拿，其粘於手者，非水不能去也。

飲酒則用鑞器，可盛三四盞許，其名爲恰；盛酒則用鑞注子。貧人
則用瓦鉢子。若府第富室，則一一用銀，至有用金者。國主處多用
金爲器皿，制度形狀又別。

地下所鋪者，明州之草蓆，或有鋪虎豹麂鹿等皮及藤簟者。近新置
矮桌，高尺許。睡只以竹蓆臥於地。近又有用矮床者，往往皆唐人
製作也。

夜多蚊子，亦用布罩。國主內中，以銷金縑帛爲之，皆舶商所饋也。

稻子不用礱磨，止用杵臼耳。〔註72〕

本則記錄眞臘的器用物具等，整體而言，眞臘整體因尙未發展精緻文明，民
間器用仍停留在較簡單、具基本實用性的功能。相較中國，元朝時無論官方
或民間，器用物品早已脫離實用功能，進入裝飾功能甚或文人美學意味，相
較之下更突顯了眞臘器用的實用傾向。

　　周達觀首先提到尋常人家的器用，極爲簡易。其實，《眞臘風土記》第二
則「宮室」中已略爲提及眞臘的一般民居爲：「百姓之家，止用草蓋，瓦片不
敢上屋」，極爲樸素，這種屋舍仍和今日世界上許多處於較原始階段的部落地
區相似，只以當地材料搭建的草屋，自然只有遮風蔽雨的功能。今日到柬埔
寨，尤其在洞里薩湖湖畔或是鄉下山區，百姓仍是住在這種簡易、無牆，隨
時得以遷移它地的草木屋中，今日所見應和七百年前周達觀所見相去不遠。

　　因爲屋舍簡易，所需生活物品相對不多，周達觀提到一般人家連桌凳盂
桶都沒有，原因是這些器用都非必要，所用物品放置地下即可，人家可席地
而坐，而盂桶等類器具，均非必要用途。至於必要的器用，自然是與飲食有
關的，周達觀記錄了煮飲的器具，也都是簡易的陶製品，功能仍爲最基本的
以火加熱及裝盛食物。因此，並不需要作竈，就地取材用三塊石頭堆疊即可。
不需要作杓，就地取材用椰子殼即可。必須較注意的器用是最後裝盛食物，

〔註72〕〔元〕周達觀著，夏鼐校注：《眞臘風土記校注》，頁165～166。

用以入口的器物，如瓦盤、銅盤、樹葉碗、茭葉杓等，從中來看，這些器物都屬粗糙，甚至用完即丟棄，下次需用時再摘取新的植物即可。

因為器物原始實用，真臘不必發展出筷子、刀叉一類具有文明儀式意味的食用工具。相對中國來看，中國在《禮記・曲禮上》已記載：「毋揚飯，飯黍毋以箸」，〔註73〕筷子的使用已有二千五百年左右的歷史，當周達觀看到真臘百姓仍以手取食，再以水潔淨的飲食方式時，因為絕不同於中國，他自然留下非常深刻的印象。

不過，真臘人也有飲酒的習慣，因為酒為液體，無法手抓，自然需用酒器。中國在商朝時，仍以手抓飯，但商朝同時卻已發展極為精緻的青銅酒器，真臘成就看來不及中國商朝成熟，但各式酒器也被製造、使用。一般百姓用鑞及鑞注子，貧人用瓦鉢子，說明是一般較普通的飲酒器。富貴人家或王公貴族，使用器具等級較高，形制較有變化，有些是較好的工藝品。附帶一提的是，這些較好的工藝品，可能多來自海外，尤其是從中國輸入。它說明了在飲食上，因為功能及文明程度之故，酒器的使用在飯器之前，而在十三世紀時仍不少以手抓飯的情況。

接下是睡具，較好的睡具如矮床，周達觀記載多是「唐人製作」，說明真臘得以使用唐人製品的，約是中等小康以上人家。一般人家的睡具，只是以竹蓆鋪置，這種材料在真臘四處有之，真臘因為人家盛行高腳房屋，所以並不像中國或歐洲一般有床的習慣。不過，真臘後來受到與外國交通往來的影響，所以也開始使用矮床，並且接受矮床，說明這是一種較次文化向較高文化之間的靠近。這種情形至今依然，今日至柬埔寨仍可看到鄉下或洞里薩湖邊高腳屋民居，百姓休憩及睡眠所用仍為竹蓆或草蓆之類，並多隨遇而安。然而也不難發現部分人家，開始使用床，也有棉被等物。至於像今日的金邊、邏粒等較大的城市，則多已經西化，使用彈簧床等，這種因城市逐漸進步、與外國交流而產生的器用西化現象，和七百年前周達觀所記的狀況，有異曲同工之妙。

同樣的情形也出現在接下所提的蚊帳。真臘因處東南亞，多有叢林，因此也多蚊蚋，夜間睡覺時，一般人家也會使用布罩。不過，夏鼐先生解釋周達觀為何記錄為布罩而非蚊帳的原因：

> 用罩字而不用帳字，或此種蚊帳形似今日之圓頂蚊帳，而與中國傳

〔註73〕〔周〕：《禮記》，頁40。

統之蚊帳張施于床上者不同也。〔註74〕

此說可備參考。在眞臘，一般百姓所有的蚊帳應是實用功能，使用布料應只是簡單的粗布。國主則不一樣，除了材質細緻外，或許還裝飾圖案。這種蚊帳因爲等級較高，又因局限於國主使用，所以眞臘並不生產，多是由舶商所贈送。從中反映舶商爲了生意往來，會有饋贈的行爲，而當時國主也喜用舶來品，除了品質較精良外，更在彰顯自己的較高等級身分。

小結本則所說，眞臘所用器物，基本可分成一般人家與國主所用。一般人家所用者，多半還處於樸質、簡易階段，主要多是實用性功能，甚至就地取材、用畢即丟棄也多有之。富貴人家或國主所用，等級較高，較接近精緻的工藝，而這種工藝性的器用物，主要的來源有二，其一是從中國輸入，即唐貨；其二是舶商所贈送，可能是中國及以其它國家較佳的貨品。透過周達觀的記錄，我們更能肯定眞臘當時與周邊國家的交通狀況，應已頻繁。

上文主要分解眞臘器用狀況，以下著重在交通及軍隊，以及與之相關的記錄，最後並提及《眞臘風土記》一書中較爲特殊的「國主出入」，本則保留、透露當時眞臘宮廷的部分歷史記載。

二、車　轎

首先梳理第三十一則「車轎」，全文如下：

> 轎之制以一木屈其中，兩頭豎起，雕刻花樣，以金銀裹之，所謂金銀轎杠者此也。每頭一尺之內釘鉤子，以大布一條厚摺，用繩繫於兩頭鉤中，人坐於布內，以兩人擡之。轎外又加一物如船篷而更闊，飾以五色縑帛，四人扛之，隨轎而走。
>
> 若遠行，亦有騎象、騎馬者，亦有用車者。車之制却與他地一般。
>
> 馬無鞍，象卻有凳可坐。〔註75〕

本則記錄眞臘的交通工具、使用情形，及人力的勞動狀況。從中來看，日常使用的交通工具最常見者是「轎」，這種轎基本可分成兩種等級：兩人擡與四人扛。前者應是一般性的轎子，後者應是富貴人家或國主所使用。

兩人所擡的轎，形制最爲簡單，只具備轎的最基本功能，即以兩根木頭爲擡轎工具，中間是乘坐用的布料，兩轎夫在兩頭擡，便可達到運輸的功能。

〔註74〕〔元〕周達觀著，夏鼐校注：《眞臘風土記校注》，頁167。
〔註75〕〔元〕周達觀著，夏鼐校注：《眞臘風土記校注》，頁167。

值得注意的是，周達觀在此記錄轎的材質爲木頭，而非竹竿。其實，竹竿的柔軟度較木頭爲佳，乘坐應較舒服，而且眞臘盛產竹子，在房屋上經常使用，但不知爲何沒有用到轎子上？或是，周達觀在此所記的「木」，其實也泛指竹子一類？

基本實用功能外，部分轎子還裝飾花樣，或用雕刻的方法，或是包裹金銀片等，並且有一個特別的名詞「金銀轎杠」，可算是交通工具中較高等級的。其實，以轎子來說，雖然可以運輸的人或物沒有車子來得多，但轎子卻有車子外的其它用途，它更適合行走轉彎處，或是遇到山區多岩石蜿蜒的路段，轎子更方便。另外，因爲轎子必須有兩人以上的人力擡扛，乘坐者高坐其上，也會產生身分的優越感，在亞洲許多國家如中國、日本等，乘轎者也經常是身分較高者。眞臘的狀況應也是如此，所以轎體本身雖然簡易，但卻飾以金銀，可知也屬較爲貴重的交通工具。

其次，轎也有四人擡的，周達觀記錄這種轎子還會加上遮蔽的篷子，形狀就像船篷，但更加寬闊。因爲轎篷寬闊，所以陳正祥先生在《眞臘風土記研究》中，在周達觀「轎」前，多記一個「大」字，認爲周達觀原文應是「大轎則又加一物如船篷而更闊」，並註解說：

　　「大轎」轎字前的「大」字，是我所加，否則無法解釋。〔註76〕

陳正祥先生可能以文句來看，這裡的四人轎與前提的二人轎不同，所以用「大轎」來與「轎」作出分別，否則文意讀來不順，本說可備一格。

無論如何，四人轎必然比二人轎爲大，等級必然較高，所以轎篷上會飾以五色縑帛。五色縑帛是較貴重的絲織物，前面提及眞臘國主所用的蚊帳也是用這種高級織品，應也是舶來所得。總之，從這則記載來看，眞臘和中國、日本等國類似，交通工具已出現轎子，且有等級之分，並作頗爲高級的裝飾。

除了轎子外，周達觀記錄眞臘的其它三種交通工具：象、馬、車。這三種交通工具主要都是提供遠行所用。轎子因爲是使用最基本的人力，力量有限，只適合短途的運輸，至如長途的運輸，自然得運用象、馬與車，這種情形也和多數國家類似。

首先是車子。眞臘車子的形制，我們今天從巴戎寺等遺跡的浮雕中，可以很清楚知道它的形制，夏鼐先生《眞臘風土記校注》引小格羅斯利等人記錄如下：

〔註76〕陳正祥：《眞臘風土記研究》，頁64。

按戰車在吳哥浮雕中有之，見小格羅斯利（B. Groslier）　《吳哥之藝術與文明》134～135 頁（吳哥寺廻廊，西邊南側），及腓特烈（L. Frédéric）《東南亞之寺廟與雕刻》（1964 年版）圖 324（巴普昂等第二層平臺北門洞東側）。單轅駕兩馬，雙輪各有十六輻。〔註77〕

今日到吳哥，在吳哥寺、巴戎寺等遺跡，都可以看到這種戰車，也正是單轅駕兩馬，而細數車輻，確實也是十六輻。從中可知這是定制，但主要是應用在戰車。然而，周達觀本則中所記的車，應當不只是指戰車，而包含作爲戰車外的普通用途車輛。從本則的行文語氣來看，遠行的人「亦有用車者」，說明用車的普及性不如象、馬來得普遍。因此，得以用車的應該也是富貴人家，或是國主、貴族等階層，而這種車的形制應也與戰車差異不大。

遠行主要的交通工具仍應以騎乘象、馬爲主。周達觀在此記錄的重點置於「馬無鞍，象卻有凳可坐」，即象、馬背上的鞍座。陳正祥先生解釋這段文句時說：

此最後一句，多數版本作「象無凳可坐」；似僅說郭本作「象卻有凳可坐」。〔註78〕

夏鼐先生解釋更爲詳細：

據坐象圖見小格羅斯利《吳哥之藝術與文明》123 圖，確爲"有凳可坐"。通行本作"象無凳可坐"，顯然錯誤，茲據《郭》甲本改正爲"象卻有凳可坐"。〔註79〕

夏鼐先生所說爲是，今日至吳哥遺址，常見吳哥寺等迴廊浮雕中大象座騎，象背上大多有凳可坐，許多並且裝飾繁複，不只是一般棉布坐墊而已。

另外，夏鼐先生也從此處考證，提出一個有趣的說法，認爲周達觀如此行文，應是與中國的習慣顚倒的緣故：

用一"却"字，強調其習俗與吾人正相顚倒。馬原有鞍而無鞍，象本無鞍，却有凳可坐。〔註80〕

在中國，確實習慣乘馬時有馬鞍，而少數乘坐大象者，通常則只是鋪以棉布，比較不像眞臘那麼愼重，以凳取代，所以周達觀特別留意這點。之所以如此，

〔註77〕〔元〕周達觀著，夏鼐校注：《眞臘風土記校注》，頁 168。
〔註78〕陳正祥：《眞臘風土記研究》，頁 62。
〔註79〕〔元〕周達觀著，夏鼐校注：《眞臘風土記校注》，頁 168。
〔註80〕〔元〕周達觀著，夏鼐校注：《眞臘風土記校注》，頁 168。

也以大象在東南亞是最重要的動物，不僅提供運輸，也作為戰騎，更作為國主出巡時的最理想座騎，具有威武的效果。因此，象背自然發展出凳具，甚至從吳哥寺迴廊浮雕來看，凳上還有傘蓋，這是因為東南亞與中國本來就不同俗，所以周達觀將之記錄下來，並覺新奇。

小結本則所說，真臘使用的交通工具，一般也與中國差異不大，而此中最特殊者，則為大象座騎，正可見出異國風情。

三、舟　楫

其次梳理第三十二則「舟楫」，全文如下：

> 巨舟以硬樹破版為之。匠者無鋸，但以斧鑿之，開成版；既費木，且費工，甚拙。凡要木成段，亦只以鑿鑿斷；起屋亦然。船亦用鐵釘，上以茭葉蓋覆之，却以檳榔木破片壓之。此船名為新拿，用櫂。所粘之油，魚油也；所和之灰，石灰也。
>
> 小舟却以一巨木鑿成槽，以火薰軟，用木撐開；腹大，兩頭尖，無篷，可載數人；止以櫂划之，名為皮闌。〔註81〕

本則記錄真臘的舟楫，和前則一樣，我們得以從今日吳哥遺跡中窺見當時舟船形制，提供實際印證的資料。夏鼐先生《真臘風土記校注》注引此則說：

> 關於真臘的舟，在吳哥浮雕中有之。見巴曼提埃《班迭奇馬（Banteai Chmar）的浮雕》一文（《遠東法國學校校刊》10 卷，1910 年 205 頁），及巴利（P. Paris）《吉蔑浮雕中的船舶》一文（同上 41 卷，1941 年 335 頁），及小格羅斯利《吳哥之藝術與文明》172 頁之圖。〔註82〕

這裡所提的舟船形制，主要有兩種，一種即較大型的船，有些還有帆具；一種是較小型的舟，最普遍的就是獨木舟，這兩種都無疑義。值得注意的是造船的方法，因為周達觀來自中國，前文已提及中國在元朝的造船技術已非常成熟，可以輕易製造容納千人以上的大戰船，因此，對於真臘的造船技術，周達觀在此以「甚拙」兩字來形容。這種技術，只運用最原始的斧具，分開木頭。但在中國，早在春秋以前就已經使用鋸子，比起斧頭自然精細許多，所以周達觀行文至此，不免流露來自上國對下國的輕挑味道。

其次，真臘造船也用鐵釘，用以接合，在上面覆蓋茭葉，再壓上檳榔木，

〔註81〕〔元〕周達觀著，夏鼐校注：《真臘風土記校注》，頁 168。
〔註82〕〔元〕周達觀著，夏鼐校注：《真臘風土記校注》，頁 170。

自然是用來防雨水的用途，周達觀並留下這種船的眞臘稱呼：「新拿」。這種新拿船的特色，是要運用撥水前進的「櫂」，也就是槳。另外，周達觀也提到眞臘製船時使用的黏合劑，即魚油與石灰，這兩種原料都比較容易取得，尤其在靠海域的地方，取得都頗方便。

這裡卻延伸一個問題，即以只有斧具，茭葉與檳榔木覆蓋，魚油與石灰爲塗料的製造技術，是否能造出較理想的大型船隻呢？答案似乎值得懷疑，李約瑟在其名著《中國之科學與文明》第十一卷中說：

> 我們先由遠在中國本土以外的柬埔寨 Angkor Thom Jayaraman Ⅶ 建造的 Bayon 廟內的浮雕說起……這是廣東或東京（越南）的中國船……每一根桅桿上都掛有一幅中國的蓆帆……在船艏和艉樓上裝有旗杆，掛著標準中國式的旗幟……就整個而言，Bayon 船在各個方面都是眞正的中國船。〔註83〕

這種說法是有道理的，在浮雕中的較大型船隻，應該是來自中國製造，而眞臘本身只能製造獨木舟或小型船隻罷了！並沒有製造大型船隻的能力。此外，從今日巴戎寺迴廊浮雕中也可以看到眞臘與占城作戰的場面，其中部分軍隊長相與眞臘人不同者，即是從中國借調的傭兵。〔註84〕因此，眞臘本身並無製造大型船舶的技術，大型船舶是由中國所製，反映出眞臘在造船技術上，與中國實有一大段落差。

至於獨木舟等小船，眞臘在技術上自無問題，因爲它只需較原始的技術，世界各民族都早已能製作，眞臘也不例外。最基本的製作方法即是取一大段木頭，將中間挖空，也就是用來乘坐的部分，其次將木頭外圍削去部分，成爲舟船的形狀。獨木舟的優點是以整段木頭製作，所以不會漏水，也不像以木板拼製的舟船，會有散裂的可能，因此雖然原始卻極其便利，眞臘水域豐沛，這種船隻自然是最理想的水上交通工具。

周達觀提到製作獨木舟的方法是「以一巨木鑿成槽，以火薰軟，用木撐開」，正是原始的製作獨木舟的方法，陳正祥先生至吳哥考察時也說：

> 我這次調查遊歷，在暹粒河河口，曾看見有人用火薰長大木板，使

〔註83〕〔美〕李約瑟著，陳立夫主譯：《中國之科學與文明》第十一卷（臺北：臺灣商務印書館，1985 年），頁 188～190。

〔註84〕〔法〕傅利曼、賈克斯著，邱春煌譯：《吳哥深度旅遊聖經》中說：「東廊南翼……下層有一隊士兵留長鬚、紮頂髻、披戰袍，明顯爲中國人」，頁85。並附有圖片，頁86。

之彎曲。也看見以斧鑿木的情形，造船方法還是很原始的。〔註85〕
從中可知這種方法雖簡易，但所費物料最少，最爲精簡，但使用卻甚爲方便，
所以雖原始，但到今天還用。從周達觀所記來看，這種獨木舟的特色爲「腹
大，兩頭尖，無篷，可載數人。」從吳哥遺跡中浮雕來看，確如周達觀所說。

　　小結本則所論，可知眞臘造船技術並不精良，許多簡易的獨木舟仍停留
在原始階段，至於大型船隻則仰賴進口，而且主要仰賴中國技術。

四、軍　馬

　　其次梳理第三十九則「軍馬」，全文如下：

　　　軍馬亦是裸體跣足，右手執摽槍，左手執戰牌，別無所謂弓箭、砲
　　　石、甲冑之屬。傳聞與暹人相攻，皆驅百姓使戰，往往亦別無智略
　　　謀畫。〔註86〕

本則記錄眞臘的軍馬。關於「軍馬」二字，夏鼐先生與陳正祥先生略有不同
看法，夏鼐先生《眞臘風土記校注》中說：

　　　今按此條中所描述，軍馬似指一般軍人或軍隊，主要是步兵。馬字
　　　或爲人字之誤。〔註87〕

陳正祥先生《眞臘風土記研究》中說：

　　　軍馬應指騎兵，包括象隊的騎兵。〔註88〕

夏鼐先生所提，主要是從文意來看，提到軍馬爲「裸體跣足，右手執摽槍，
左手執戰牌」，自然是指軍人而言，所以認爲「馬」字可能是「人」字之誤，
此說亦有道理。然而，本則標題卻又爲「軍馬」，從中可知周達觀在本則中所
要表達的，仍應包含軍馬在內，所以陳正祥先生才說軍馬指的是騎兵，說法
亦無不可。總之，兩位研究者的說法對本則影響不大，都可聊備一格。

　　本則主要仍在描述眞臘軍馬形制，但以軍人爲主（這也是夏鼐先生的理
由），特色是裸體、跣足，之所以如此，與東南亞天氣燥熱，而且多爲水域有
關。因此，軍人不著軍裝，作戰上有較大的方便性，汗水不致與衣物產生磨
擦，引起不適或發炎，而裸體在於水域，更是輕便，在機動性上靈活許多。
當然，裸體跣足在身體的保護上較爲吃虧，容易受傷。從今日吳哥遺跡浮雕

────────────

〔註85〕陳正祥：《眞臘風土記研究》，頁62。
〔註86〕〔元〕周達觀著，夏鼐校注：《眞臘風土記校注》，頁181。
〔註87〕〔元〕周達觀著，夏鼐校注：《眞臘風土記校注》，頁182。
〔註88〕陳正祥：《眞臘風土記研究》，頁64。

來看，眞臘仍在兩者之間，選擇裸體跣足的裝束。這種裝束，傅利曼、賈克斯著《吳哥深度旅遊聖經》中亦有描述：

> 士兵們大都手持長矛，蓄長髮、圍腰布，並將粗繩盤過胸前，形成獨特的配飾。〔註89〕

這種描述與周達觀所記一致，「長矛」即是周達觀所說的「摽槍」，眞臘戰士一般以右手持摽槍，以左手持戰牌，正如周達觀所記。但也偶爾看到以左手持摽槍，而以右手持戰牌的。

本則中值得注意的是，周達觀說眞臘軍人除了摽槍、戰牌之外，卻沒有弓箭、砲石一類更具殺傷力的武器。因此，夏鼐先生注引伯希和的說法，認爲當時眞臘人並不好戰：

> 伯氏初注謂"是時之柬埔寨人，已非復昔日兼併扶南好戰之民族。
> 《隋書·眞臘傳》謂其人行止皆持甲仗，若有征伐，因而用之。《舊唐書·眞臘傳》謂國有戰象各載戰士四人云云，足證今非昔比矣"。
>
> 〔註90〕

伯希和說周達觀抵眞臘時，當時的民族已經不是之前兼併扶南時的好戰民族了，不知從何而據？大概也是受了周達觀本則後文所說「傳聞與暹人相攻，皆驅百姓使戰，往往亦別無智略謀畫。」的影響。周達觀抵眞臘時，眞臘國力已明顯開始下降，雖然國家仍呈現富庶景象，但早已不復有闍耶跋摩七世時候的輝光。因此，鄰國如暹人、占城等，逐漸入侵眞臘，終於導致眞臘失敗、棄吳哥而遷都金邊，這點可以說明眞臘的武力不似昔日強大。

伯希和可能即以眞臘武力不似昔日強大，便說當時眞臘已非昔日兼併扶南的好戰民族。伯希和並引在中國隋朝時行人皆持甲仗、唐朝時戰象各載四人，來比較在元朝時，眞臘已沒有如此的象氣。本則中，周達觀引述傳聞，說當暹人來犯時，因爲眞臘正規部隊過少，只好驅使百姓前往迎戰。這種臨時調遣的國民兵，自無戰力可言，在作戰策略上也沒有任何策畫謀略，最後結果自然不敵當時日益強大的暹羅。

從史書的記載來看，眞臘的確曾經強盛一時，這個東南亞新興的強國，約在公元六世紀中晚期左右滅掉扶南，陳序經先生《扶南史初探》中推斷：

> 因爲《舊唐書》除了記載扶南因眞臘的攻擊而遷都外，還說："武

〔註89〕〔法〕傅利曼、賈克斯著，邱春煌譯：《吳哥深度旅遊聖經》，頁85。
〔註90〕〔元〕周達觀著，夏鼐校注：《眞臘風土記校注》，頁181。

德（618 至 626 年）貞觀（627 至 649 年）時，再入朝”。並且貢獻
了二位白頭人。假使扶南在拔婆跋摩的時代，完全爲真臘所兼併，
那麼扶南不只不會遷都，更不會在武德與貞觀時代，還入朝於中國。
但是，《新唐書》真臘傳既說，其王刹利伊金那於貞觀年間初併扶南
有其地，可能是在扶南在貞觀年間遣使到中國入朝之後不久，又爲
真臘所攻擊。這一次的攻擊，使真臘兼併了在拔婆跋摩時代質多斯
那所沒有兼併的地方，使扶南全部都歸於真臘。

　　總而言之，我們的推論是，在六世紀的下半葉，扶南爲真臘所佔據
其都城，兼併了一部分的土地。到了貞觀年間，可能是貞觀的末年，
全部都爲真臘所併，扶南從此遂滅亡。〔註91〕

陳序經先生的推斷完全合理，因此扶南爲真臘所滅，約爲中國唐朝貞觀年間
晚期，時爲公元六世紀下半葉，距離周達觀抵真臘時，約是七個世紀以前的
事情。從真臘對扶南展開的雄心來看，當時這個民族確實可以稱上是伯希和
所說的好戰的。然而，時過七個世紀，強大、好戰的民族於此已略失銳氣，
況且真臘輝煌期已過，十三世紀末已是輝光末期，因此伯希和所論雖然不知
何據，但卻不失道理，符合歷史興衰發展的規律。

　　因此，周達觀《真臘風土記》本則的記載，已見不到真臘的慓猛形象，
只點綴性地記載真臘軍馬當時模樣。夏鼐先生於本則註解時，推測真臘當時
戰象的數字大約在五千頭左右：

　　《舊唐書》卷 197、《新唐書》卷 222 下，有《真臘傳》，皆謂有”
　　戰象五千頭”，近於事實。但趙汝适《諸蕃志・真臘傳》云”有戰
　　象二十萬”。《宋史・真臘傳》（卷 489）從之，皆未免誇大。元汪
　　大淵《島夷誌略・真臘條》云：”戰象幾四十餘萬”，更爲誇張失
　　實。〔註92〕

夏鼐先生這段注解推斷正確，以真臘而言，擁有五千頭戰象自然合理，但說
有二十萬頭則屬誇大，至於說四十餘萬頭，則顯然除了傳聞外，更是刻意誇
張的說法，不足爲信。趙汝适及汪大淵均爲著名的地理志作者，仍不免在此
處犯下誇大的說法，顯得不嚴謹，其中尤以汪大淵的記錄誇大爲最。今日《元
史》中無真臘傳，說明真臘至元朝時，國力已頹，所以《元史》不立傳，因

〔註91〕陳序經：《陳序經東南亞古史研究合集》，頁 694。
〔註92〕〔元〕周達觀著，夏鼐校注：《真臘風土記校注》，頁 181～182。

此，若說此時眞臘有戰象四十餘萬頭，顯然錯誤。

其實，周達觀也不清楚究竟眞臘戰象數字爲何？他以保守的筆法，並未直接記載眞臘擁有的戰象數目，原因可能是眞的不明瞭。因此，周達觀記錄眞臘與暹人作戰時，只說「傳聞」，雖非絕對嚴謹，但至少不會犯下類似汪大淵等人誇張、曲解史實的後果，仍是較爲可取的。

今日至吳哥遺址考察，從吳哥寺及巴戎寺的迴廊浮雕中，實在可以發現周達觀抵達前的眞臘軍容，可謂雄偉壯大。兩處迴廊浮雕用了極大壁面描繪蘇利耶跋摩二世及闍耶跋摩七世出征或出巡的畫面，藝術雕刻的效果，強調了軍隊秩序嚴整，戰馬及戰象威風凌凌，讓觀者產生軍容壯大的感受，周達觀當初可能看過這些寺壁浮雕，但出之文字時卻沒有誇大的形容，更可推測當時眞臘國力確已開始下滑。

小結以上所說，本則記錄眞臘軍馬，其中軍隊裸體跣足明顯與中國穿盔戴甲不同，而在武器上也只是基本的肉搏武器，即矛與盾，缺少中國那種強大的火力。此外，十三世紀末時，眞臘國力已確實衰頹，因而與暹人作戰如此重要的戰役，竟要驅使百姓前往，從中也可以預見眞臘未來的即將敗亡。

五、國主出入

其次梳理第四十則「國主出入」，全文如下：

> 聞在先國主，轍迹未嘗離戶，蓋亦防有不測之變也。新主乃故國主之婿，元以典兵爲職。其婦翁殂，其女密竊金劍以付其夫，以故親子不得承襲。嘗謀起兵，爲新主所覺，斬其趾而安置于幽室。新主身嵌聖鐵，縱使刀箭之屬著體，不能爲害，因恃此遂敢出戶。
>
> 余宿留歲餘，見其出者四五。凡出時諸軍馬擁其前，旗幟鼓樂踵其後。宮女三五百，花布花髻，手執巨燭，自成一隊，雖白日亦照燭。又有宮女皆執內中金銀器皿及文飾之具，制度迥別，不知其何所用。又有宮女，手執摽槍、摽牌爲內兵，又成一隊。又有羊車、鹿車，皆以金爲飾。其諸臣僚國戚，皆騎象在前，遠望紅凉傘不計其數。又其次則國主之妻及妾媵，或轎或車，或馬或象，其銷金凉傘何止百餘。其後則是國主，立於象上，手持金劍。象之牙亦以金套之。打銷金白凉傘凡二十餘柄，其傘柄皆金爲之。其四圍擁簇之象甚多，又有軍馬護之。若遊近處，止用金轎子，皆以宮女擡之。大凡出入，

> 必迎小金塔金佛在其前，觀者皆當跪地頂禮，名爲三罷。不然，則
> 爲貌事者所擒，不虛釋也。
>
> 每日國主兩次坐衙治事，亦無定文。凡諸臣與百姓之欲見國主者，
> 皆列坐地上以俟。少頃聞內中隱隱有樂聲，在外方吹螺以迎之。聞
> 止用金車子，來處稍遠。須臾，見二宮女纖手捲簾，而國主已仗劍
> 立于金窗之中矣。臣僚以下，皆合掌叩頭，螺聲絕，方許擡頭。國
> 主隨亦就坐。聞坐處有獅子皮一領，乃傳國之寶。言事既畢，國主
> 尋即轉身，二宮女復垂其簾，諸人各起身。以此觀之，則雖蠻貊之
> 邦，未嘗不知有君也。〔註93〕

本則記錄眞臘的國主出入，是周達觀親眼所見，極爲生動。本則也是《眞臘風土記》最後一則，相較前面三十九則，最大的不同點是周達觀記錄了宮廷中的人事，而不只是純粹的風土記錄，保留當日可能的宮廷政爭情事，更顯珍貴。

首先提及宮廷中的王位繼承，此中關鍵人物有三人，即故國主、故國主之婿、故國主之親子。從本則來看，周達觀抵達眞臘時，恰是新國主與故國主交接左右，故國主退位，新國主即位，而這位新國主是故國主的女婿，原來職務應是擁有兵權的將領，當故國主病逝時，故國主的女兒將代表王位的象徵物「金劍」交給夫婿，所以新國主即位。之後，故國主的親子意圖謀反起兵，但最後被新國主所獲，並且斬斷他的腳趾，關閉軟禁。

周達觀此時正在眞臘，因此以上所記錄的王位之間的繼承與爭奪情事，可信度極大。周達觀在公元 1296 至 1297 年間在眞臘，因此，這裡所提的故國主，應爲「闍耶跋摩八世」，而新國主應爲「蘇耳因陀羅跋摩」。〔註94〕其中，闍耶跋摩八世離吳哥全盛期，即闍耶跋摩七世約只有二十餘年的時間，仍保留吳哥的輝煌，而他也整修了吳哥寺、巴戎寺、寶劍寺等十餘座印度教或佛教寺廟，仍可算是有所作爲的國君。

從周達觀的記錄來，闍耶跋摩八世到晚年時，似乎擔心出外遇刺，因此都居住在深宮之中，不敢外出，害怕遭遇不測之變。然而，這是否可能也意

〔註93〕 〔元〕周達觀著，夏鼐校注：《眞臘風土記校注》，頁 183～185。

〔註94〕 〔法〕傅利曼、貢克斯著，邱春煌譯：《吳哥深度旅遊聖經》，頁 12，「高棉歷任君主的重要建築年表」，其中推斷闍耶跋摩八世在位期間爲公元 1243～1295年，蘇耳因陀羅跋摩在位期間爲公元 1295～1307 年，正與周達觀抵達眞臘及所聽聞的宮廷政爭時間相同。

味當時闍耶跋摩八世已經處於較無實權的階段，而可能被迫遜位？夏鼐先生
《眞臘風土記校注》中說：

> 近來研究結果，知闍耶跋摩八世遜位于其婿，並非被殺，但可能被
> 迫遜位。（布氏書 244、251 頁）〔註95〕

這種說法應是頗符合歷史現象的。從周達觀的記錄來看，也沒有提到闍耶跋
摩八世爲其婿所殺的事，只說去世而已。較耐人尋味的是「其女密竊金劍以
付」的記錄。按：今日吳哥遺址中，有一座規模甚爲宏大的建築：「寶劍寺（Preah
Khan）」，據聞當初這裡可能置放寶劍，象徵王權，是否即當初金劍所在？

　　寶劍寺是闍耶跋摩七世所建，面積遼闊，構造布局複雜，不僅作爲寺廟
用途，也作爲宮殿使用，並且具有類似今日大學教學用途，是一所多功能的
複合建築。遺址內最特殊的建築，是一座位於遺址群北側的建物，今日通常
稱之爲「藏經閣」的地方，這是一棟兩層樓高，列圓柱的建築，與吳哥傳統
建築風格並不一致。這裡除了作爲藏經用途外，有傳聞認爲裡面應藏有寶劍，
即王權象徵，也能呼應寺名。這座獨特建築不循傳統，應是闍耶跋摩七世之
後的君主所建，它又應該成於吳哥王朝被滅之前，因此最可能的建造者即是
闍耶跋摩八世，所以當時應該有以寶劍象徵王權的典故。當闍耶跋摩八世遜
位，他的女兒竊出宮中的象徵金劍，交給夫婿，也代表了王位的繼承。

　　闍耶跋摩八世的親生兒子自然對這個繼承結果不服，而他手中也握有一
定的兵權，所以起兵叛變。當時，新國君蘇耳因陀羅跋摩的軍隊更爲強大，〔註
96〕最後擊敗叛變者，只對之作出輕微處分，斬趾軟禁。

　　這種處分方式自來是眞臘所實施的方式，《隋書·眞臘傳》曾記載：

> 王初立之日，所有兄弟並刑殘之，或去一指，或劓其鼻，別處供給，
> 不得仕進。〔註97〕

從中來看，中國隋朝時眞臘所施行的刑罰，與元朝時的眞臘差異不大。其實，
這種風俗在世界許多王權國家中都屬常見行爲，主要就在確立、穩固君王的
領導地位。相較一些王權會將兄弟處死的重刑來看，眞臘的刑罰仍算是輕微
的，蘇耳因陀羅跋摩也只是軟禁故主的親子，間接也反映眞臘政治較爲溫厚

〔註95〕〔元〕周達觀著，夏鼐校注：《眞臘風土記校注》，頁185。

〔註96〕夏鼐校注：《眞臘風土記校注》注此新主時說：「布里格利謂此處所稱之故國
　　　　主，乃指闍耶跋摩八世（1243～1295）。其婿因陀羅跋摩三世嗣位，時代在1295
　　　　年底，或1296年初。」頁185。因陀羅跋摩三世即蘇耳因陀羅跋摩。

〔註97〕〔唐〕魏徵等撰：《隋書》，頁468。

的性格。

可以補充的是，周達觀將本則定爲「國主出入」，自然著重在國主出入的敘述，如前所言，故國主可能因爲擔心害怕，晚年時都深居宮中，不敢外出。至於新國主，原本應也有類似的考量，但當他除去最大的威脅者，而宣告自己的領導地位完成時，便無忌於出入宮廷了。周達觀還提及新國主穿有可以護體、刀箭不能爲害的「聖鐵」，即護身甲，功能頗強，加上護衛軍士，新國主遂敢出戶，此記載也讓後世見到眞臘國主出入時，身上可能佩戴的護甲衣。

這樣的記載均爲屬實，周達觀在眞臘一年多的時間，親眼見到蘇耳因陀羅跋摩外出約四、五次，詳細描述了國主外出時的陣仗，例如軍馬擁其前，旗幟鼓樂踵其後，和大部分的國家君王出巡畫面大致類似。較特殊的是，國主出巡或出遊時，隊伍中約有三百至五百名的宮女隊伍，這些宮女的裝束則是花布花髻，手中拿著大隻的燭火，就算是白天也會點亮這些燭火。這種情況一來或許顯示眞臘的婦女地位較高，得以在國主出巡時，與軍馬同行，二來呈現東南亞特有的風情，充滿花卉的國度，較不具純粹的陽剛性，而有陰柔美麗的特色。

此外，周達觀還提到部分宮女手中會分別持著各種金銀器皿，周達觀感受這些器物應該有制度或等級的分別，但因爲研究資料不足，周達觀也不知道每項器物分別的用途爲何？今日，我們也難以一一辨識它們的用途。

周達觀顯然特別著重於出巡時的宮女隊伍，除上述特色外，部分宮女還在手中持有摽槍、盾牌等，並屬於一個部隊，而且是較爲貼近國主的「內兵」。從中來看，可能眞臘有女性軍人或部隊，而這些部隊的主要用途，應不是對外作戰，而是保衛內廷安全，有特別的作用或需求。

此外就是文武百官了，他們也在隨從的行列，與國主一樣，也會乘坐大象一類的座騎，因此，這種出巡畫面顯然極爲壯觀。周達觀特別強調出巡的隊伍中，因爲東南亞天氣炎熱，座騎上都有傘蓋，而這些傘具是「遠望紅傘不計其數」，可以知道眞臘國主出巡時，隨從的場面盛大。至於國主的妻妾等，更是「銷金涼傘何止百餘」，百餘的數字應不是誇大之辭，那麼，這更說明眞臘國主宮廷妻妾的眾多，比之中國可謂有過之無不及。

至於國主則是這種盛大場面之最，單是圍繞在國主旁邊的傘數就有二十餘柄，而且傘柄的部分都以黃金，或是包以黃金片，金碧輝煌。另外，國主乘坐的大象座騎，象牙部分也是以黃金片包覆，至於國主本人，也身佩金劍

一把，一切都是以黃金製作，無非凸出國主的權勢，以及眞臘宮廷富庶繁榮的模樣。當時，類似的場景都被吳哥時期的工匠記錄在吳哥寺、巴戎寺等廟宇中。從早於蘇耳因陀羅跋摩之前的吳哥寺建造者蘇利耶跋摩二世、巴戎寺建造者闍耶跋摩七世的迴廊浮雕，我們可知周達觀所記應爲屬實。蘇耳因陀羅跋摩在位年代雖已晚於闍耶跋摩七世二十餘年，但國家富庶風貌仍在，出巡時的氣勢仍維繫不變，甚至更加大陣容，看在周達觀眼中，自然覺得氣勢非凡。

以上所提是較爲盛大的出巡場面，但並非每次都如此勞師動眾，遇到較近程的出遊時，只是以簡單的轎子擡乘，而擡乘者則爲宮女，再次說明眞臘宮女所擔任職責的重要性，在這點上，女性相較於男性有更重要的地位。

另外，當國主出入時，因爲眞臘最多人信奉印度教與佛教，所以在國主隊伍前，也會先以印度教或佛教的金塔，以及印度教的神祇或佛教的佛菩薩，作爲前導，接受百姓的信仰膜拜，隨後才是國主的隊伍。從周達觀的記錄來看，當時甚至要百姓在迎接神祇及國主隊伍時，必須跪地，並頂禮膜拜，否則，國主宮廷主事者便會擒捉這些百姓，也會有相當的處罰。周達觀爲後世留下這個跪地頂禮的用詞，叫作「三罷」，讓今人可以很清楚知道當時眞臘的風俗，甚爲可貴。

其次，本則中略爲提及眞臘國主治理國事的狀況，據周達觀的記錄，眞臘國主一天會有兩次赴治所處理政務，但從「亦無定文」來看，其中制度顯然並不完備，尤其相較中國已發展成熟繁複的各種制度而言，顯然不成熟許多。因此，當國中有事，諸臣子或是百姓想要上陳國主問題者，會坐在皇宮前面，等待國主接見。這種情況，充滿異國風情，雖然制度並不完備，但從另方面來看，百姓可以直接坐在地上，向國主陳情，未嘗也不是一種頗爲開明的做風。

身爲眞臘國主，出宮接受百姓的陳述時，具有相當派頭，例如出宮前的吹螺聲、乘坐的金車子、爲金車子捲簾的宮女、國主手中所持的金劍、官僚百姓都必須合掌扣頭等，極其生動地描述眞臘國主視事時，眞臘宮廷中的氣勢模樣。周達觀也描述等一切都就緒了，國主便隨之就坐，國主的位置，是一張獅子皮，這張獅子皮乃爲傳國之寶。其實，獅子皮不見得難得，但此時國主所坐這張應是歷代傳承，象徵王權，意義也類似中國清朝紫禁城中的「金鑾寶座」的意味。

　　最後，待處理的事情完畢後，則先前國主出宮的程序，再轉而重演一遍，宮女捲簾、吹螺之聲，再次重來。如此，每次情況大略相同。從中，周達觀得出《眞臘風土記》中最末的感受心得：「雖蠻貊之邦，未嘗不知有君也。」其意是說，在周達觀眼中，眞臘仍爲蠻貊之邦，這是相對於中國爲禮儀之邦來說的，多少透露了中國爲上，而眞臘爲下的心態；第二，雖然是蠻貊之邦，但周達觀認爲眞臘已經脫離更爲原始的部落形式，而進入到「有君」的社會現象，雖然在制度面上不足與中國相提並論，卻仍可看出眞臘是一個有領導人的社會，而這個領導人也在相當程度上，受到百姓的認知與服從，並經由較爲簡單的官僚體系，得以讓眞臘維持相當的政治運作。

　　事實上，眞臘在十三世紀末時，官僚體系制度面顯然無法和中國的嚴密相比，但眞臘雖停留在較爲粗糙的模式中，卻也能在某些層面發展令人驚訝的成就，例如吳哥寺等偉大的建築等。或許在行政、監察等更爲細部的地方，眞臘難以企及中國成就，但仍無妨其爲一個偉大的文明，這是我們在解讀周達觀《眞臘風土記》，進而認識眞臘這個國家時，必須留意的地方。

第三節　其　它

　　《眞臘風土記》一書並非嚴謹的理論著作，文中所記四十則，也非爲系統性的編排，應只是當日周達觀憑印象所記，較屬中國傳統筆記式的書寫方法。本章前節已大致區分四十則中的歸屬，但本書亦有不易歸入上述各節討論者，均置於本節討論，約爲第十五則「病癩」、第十六則「死亡」、第三十三則「屬郡」、第三十四則「村落」、第三十八則「流寓」、第三十五則「取膽」、第三十六則「異事」、三十七則「澡浴」等數則，此數則間沒有必然關係，但都屬周達觀在眞臘所見的風俗民情，別具異國風情，以下分別梳理之。

一、病　癩

　　首先梳理第十五則「病癩」，全文如下：

> 國人尋常有病，多是入水浸浴，及頻頻洗頭，便自痊可。然多病癩者，比比道途間。土人雖與之同臥同食亦不校。或謂彼中風土有此疾。又云曾有國主患此疾，故人不之嫌。以愚意觀之，往往好色之餘，便入水澡洗，故成此疾。聞土人色慾纏畢，皆入水澡洗。其患痢者十死八九。亦有貨藥於市者，與中國之藥不類，不知其爲何物。

更有一等師巫之屬，與人行持，尤爲可笑。〔註98〕

本則講到眞臘常見的疾病，即癩病，以及遇到癩病時的治療之道，從中，周達觀並透露《眞臘風土記》書中較少見到的個人批判觀點。

首先提到一般疾病。本則中，周達觀並沒有記錄這些一般性疾病的名稱或是症狀，卻提到在眞臘的習俗爲：遇病時，便進入水中浸浴，以及頻頻的洗頭，就文字來看，這種方法也可以治癒一般性的疾病，頗爲奇妙。按，這種治療方法，大約接近醫學上所謂的「水療法」，在許多國家或地方都有類似的治療方法，一般來說，水療法大約是利用水，依其溫度不同，而產生消腫或是舒暢筋骨的功用，確實在某種非特定性的疾病中，有一定的舒緩功能。因此，周達觀此則開始所敍，倒不見得只爲傳奇，而可能有部分眞實性。

其實，今天的吳哥遺址中有一處名爲「龍盤宮（Neak Pean）」的建築，便被認爲當初可能具有一定的水療作用功能。傅利曼、賈克斯在《吳哥深度旅遊聖經》中說：

> 龍盤宮是一座奇特的小型古蹟，以五個正方形池塘構成十字形，中央圓形小島上有一座聖殿，充滿了宗教象徵意涵。主池（昔爲一座小島）設在闍耶塔塔迦湖的中央，可能象徵喜馬拉雅山的聖湖阿耨達池，往昔湖水以具有神奇的療效著稱。〔註99〕

這種說法一直延續到今日，筆者前往龍盤宮時，仍會見到當地人以龍盤宮的池水洗頭。或許我們今日可以質疑它在科學上的實際療效，但類似的傳統風俗，可能自古即有，從周達觀的記錄來看，當時應也具有一定的療效。

其次，周達觀本則提到另一重點，即眞臘似乎有許多的癩病者，所謂癩病，即是由病毒或細菌感染皮膚，而導致皮膚長出類似癬或是疥瘡一類的疾病，這種疾病會導致皮膚發癢，進而潰破，而形成傳染性的疾病。通常，癩病必須保持乾燥，但在東南亞一帶，因爲氣候潮濕，容易產生汗水，又對癩病產生更嚴重的後果，這是東南亞一帶常見的疾病。

眞臘常見這種傳染病，所以周達觀說「比比道途間」，情況應該頗爲嚴重，當眞臘人患有疾病時，往往會進入河流或池塘中洗浴，而這正好導致癩病的傳染，更形嚴重。當時，眞臘未必具有一定的醫療水準或觀念，因此癩病也無法得到有效的控制，狀況愈形嚴重。

〔註98〕〔元〕周達觀著，夏鼐校注：《眞臘風土記校注》，頁132。
〔註99〕〔法〕傅利曼、賈克斯著，邱春煌譯：：《吳哥深度旅遊聖經》，頁178。

　　甚至連真臘的某個國君也曾罹患這種癩病，所以周達觀說「曾有國主患此疾。」關於這個說法，直到今天都有相關的傳說記載，夏鼐先生《真臘風土記校注》中引艾莫涅、布里格斯（L. P. Briggs）等人說法，認為這位國君可能是耶輸跋摩一世（889～910），也可能是耶輸跋摩二世（1160～1165），但都只是傳說，無法實證。不過，民間傳說中，真臘的確認為曾有國主罹患這種疾病，今天的吳哥遺址中，大吳哥城中心有一座名為「癩王臺（Terrace of The Leper King）」的遺址，即是紀念吳哥傳說認為曾患癩病的國主。今天至癩王臺時，臺上有一尊水泥複製的男子雕像，一般傳說便認為是癩王，然而，夏鼐先生引布里格斯的說法，認為這尊雕像並非癩王：

> 在皇宮東端台基（即所謂"象羣台階"）之北，有一"癩王台階"，曾于其上發現一所謂"癩王像"，上書14～15世紀字體之銘文，乃一"法王"（Dharamarāja）像，艾氏輕信俗傳，以為癩王者，誤也。
> 〔註100〕

按這種說法較諸傳說，更為可信，這座雕像應不是癩王，而另有其意。傅利曼、賈克斯也有類似的說法：

> 在中央發現過一尊達摩或閻摩（地獄判官）的裸身男神像（但沒有顯示性器官），以坐姿呈現，右膝向上彎曲，手持釘槌靠在右肩上。可能是因為這尊雕像長相怪異而且外表有苔蘚侵蝕塊斑，因此後來被為為「癩王」；此名稱係源自一位吳哥國王患痲瘋病的民間傳說。
> 〔註101〕

這種說法也是可取的，說明這尊雕像並非患有癩病的國主，而是因為某種原因，導致民間認為雕像即是癩王。其實，癩王臺的主要結構及浮雕表現，仍為印度教的神話、國主與民間的民俗活動等主題，雕刻飽滿精美，但卻無法找到與癩王直接相關的地方，可證臺上的雕刻確實與癩王無關。至於吳哥有一位國主曾患癩病，則是十三世末以前就已經有的傳說，因此周達觀得以聽聞。

　　周達觀並從真臘因為有國主患癩病的現象，說真臘人並不會以患有癩病的人為嫌的看法，所以，真臘人也都習以為常地和患癩病的人在一起生活，甚至是入水洗浴，也都不以為意。

〔註100〕〔元〕周達觀著，夏鼐校注：《真臘風土記校注》，頁133。
〔註101〕〔法〕傅利曼、賈克斯著，邱春煌譯：《吳哥深度旅遊聖經》，頁110。

　　然而，周達觀在此又提出另一種看法，他認爲事實並非如此，眞臘人並不是因爲有國主也患癩病而不忌諱與癩病者一同入水洗浴，而是眞臘人好色，在好色之餘便入水洗浴，最後許多人都感染了癩病。所謂好色，指的大約是性方面的行爲，周達觀認爲眞臘人是性慾需求強烈的，他們往往在性行爲之後，又入水澡洗，因此不可避免傳染愈形嚴重，周達觀也記錄了患這種癩病的人，最後死亡的竟有百分之八、九十之多，不可謂少。

　　這種講法不知是眞是假？首先，患有傳染病而入水洗浴，自然會加速感染，或是使潰瘍程度擴大，甚至導致死亡，這點應爲可信。然而，眞臘人是否特別重視色慾，則頗有商榷的餘地，或許周達觀以中土傳統儒士觀念來看待東南亞此一民風較爲原始的地區，而因產生這種略帶貶意的評價說詞也不一定。

　　至於染病後，眞臘自然也有水療之外的相應醫藥，從周達觀的記錄來看，這是一個與中國醫藥系統不類的治療藥物，大致上是從自然界取得材料，以自然界物質中的某種特性，對治部分的疾病。本來，中國醫藥系統的概念也本於此，但因爲地理條件不同，取得材料不盡相同，所以周達觀說「與中國之藥不類。」

　　最後，周達觀記錄在眞臘也有類似巫師一類的人，爲人治病，在周達觀的眼中，他認爲這是極爲可笑的行爲，今日的說法即是沒有科學根據。在周達觀的年代，認爲治療疾病自應以藥物爲主，但眞臘卻因民俗風情之故，產生了許多以巫治病的行徑，所以周達觀認爲可笑。然而，類似巫師治病的行爲，在許多較爲古老，或是較未開化的地區，其實是普遍的行爲。今日在非洲等地，仍存在許多以巫師治病的例子，也具有某種難以解釋的療效。因此，我們雖不得而知在眞臘的這種以巫治病的行爲，是否也能取得一定的療效？但從周達觀的記錄來看，卻反映周達觀對這種行爲的否定，或許也過於武斷。其中可以見出周達觀在書寫此段文字時，帶有某種批判的意味，而這種批判是否公允？實屬見仁見智，並不能因此以爲周達觀的看法即屬正確。

　　總之，本則記錄眞臘特殊且眾多疾病之一，即爲癩病，其中還牽涉眞臘一則流行頗爲普遍的傳說。其次，眞臘人習慣入水洗浴，且作爲治病的方法之一，也頗能見出東南亞國家的特殊風情。最後，周達觀在本則中，兩次流露出較爲主觀的個人價值觀判斷，在《眞臘風土記》其餘則中是較爲少見的。

二、死　亡

其次梳理第十六則「死亡」，全文如下：

> 人死無棺，止貯以簀席之類，蓋之以布。其出喪也，前亦用旗幟鼓
> 樂之屬。又以兩杵，盛以炒米，繞路拋撒。擡至城外僻遠無人之地，
> 棄擲而去。俟有鷹鴉犬畜來食，頃刻而盡，則謂父母有福，故獲此
> 報。若不食，或食而不盡，反謂父母獲罪而至此。今亦漸有焚者，
> 往往皆是唐人之遺種也。父母死，別無服制，男子則盡髡其髮，女
> 子則於顖門翦髮如錢大，以此爲孝耳。國主亦有塔葬埋，但不知葬
> 身與葬骨耳。〔註102〕

本則雖名「死亡」，但其實是記錄眞臘的喪葬法，並略爲提及中國唐人在眞臘
的影響等。大致來說，眞臘的喪葬法主要有「天葬」及「火葬」兩種，本則
中，在前半部分即是講天葬。此一喪葬法，在今日的中國西藏一帶仍然施行，
法國學者石泰安在其名著《西藏的文明》書中即說：

> 在近代西藏，死者不能埋葬，而是將屍體切碎陳列在一個地方以候禿
> 鷹（和犬）來撕啃吞啄（天葬）……在13世紀時仍實行土葬。那種
> 把死屍交給鳥類吞啄的習慣似乎可以肯定是自伊朗傳入的。大家都知
> 道祆教徒們"泊默的塔"，禿鷹要飛到那裡去啄食死屍。〔註103〕

石泰安講到了近代西藏天葬的習俗，但說明了在十三世紀時仍爲土葬，並說
西藏的天葬是由伊朗傳入，其實可爲參考。然而，關於天葬的習俗，亦有可
能源於印度佛教觀念的呈現。佛教的布施，其中之一便是將死後肉身置於林
中，供鳥獸食用。另外，在《隋書・眞臘傳》中已見眞臘天葬的緣由：

> 其喪葬，兒女皆七日不食，別髮而哭，僧尼、道士、親故皆來聚會，
> 音樂送之。以五香木燒屍，收灰以金銀瓶盛，送于大水之內。貧者
> 或用瓦，而以彩色畫之。亦有不焚，送屍山中，任野獸食者。〔註104〕

從這段記載來看，眞臘應從中國隋朝時便可能開始發展天葬，原因則與部分
人家無法付出較高的火葬費用有關。六百年後，到了周達觀所屬的吳哥晚期
文明，天葬顯然已得到較大的認同發展，成爲一種百姓間根深蒂固的葬喪法。

〔註102〕 〔元〕周達觀著，夏鼐校注：《眞臘風土記校注》，頁133～134。
〔註103〕 〔法〕石泰安著，耿昇譯：《西藏的文明》（北京：中國藏學出版社，2005年），
頁224。
〔註104〕 〔唐〕魏徵等撰：《隋書》，頁468。

　　天葬法即是將逝去者的屍體帶至郊外由野鳥分食，在離家到郊外時，可能有某種儀式，例如《眞臘風土記》所記的「其出喪也，前亦用旗幟鼓樂之屬。又以兩桿，盛以炒米，繞路拋撒。擡至城外僻遠無人之地，棄擲而去。」因爲天葬主要由野鳥分食，所以又稱爲「鳥葬」。

　　其實，中國宋朝人李昉在《太平廣記》中引唐焦璐《窮神秘苑》一書，也有鳥葬的現象：

　　　　頓遜國……其國在海島上，地方千里，屬扶南北三千里。其俗，人
　　　　死後鳥葬。將死，親賓歌舞送於郭外，有鳥如鵝而色紅，飛來萬萬，
　　　　家人避之，鳥啄肉盡，乃去，即燒骨而沉海中也。〔註105〕

這段文字和《眞臘風土記》極爲雷同，大約是鳥葬的共通方式。其中也記錄飛鳥食畢後，要將所剩骨頭焚燒，並沉於大海中，所以又包含部分的「火葬」概念。不過，從《隋書・眞臘傳》中提到眞臘「亦有不焚」，說明眞臘在天葬同時，也有火葬的習俗，而且在隋朝時，火葬的習俗比天葬的習俗更爲普遍。

　　然而，到了周達觀的時代，雖然眞臘有一定人口施行天葬，但似乎又漸漸開始施行火葬，周達觀認爲這是受到中國唐人的影響。其實，眞臘本來就以火葬爲主，而在周達觀的時代，更是地位較高者施行的喪葬法。夏鼐先生《眞臘風土記校注》引伯希和等人也支持這一說法：

　　　　伯氏注云：”按國王死則焚其屍，以其餘骨盛於金瓶，由其諸子藏
　　　　於宮內，後由諸孫置於制底（caiti）之中。”

　　　　今按：據戈岱司之研究，眞臘國王及其親屬火葬後，骨灰盛於罐中，
　　　　骨灰罐（即金瓶）則置於塔式寺廟中。此種塔寺專爲此而建，即皇陵
　　　　也。今日金邊及曼谷之皇室仍然如此，蓋繼續眞臘之傳統也。〔註106〕

除了伯希和等人的說法外，今日吳哥遺址中有座名爲「變身塔（Pre Rup）」的寺廟，也呼應眞臘有火葬習俗的說法，傅利曼、賈克斯如此說：

　　　　「變身」是一種焚化屍體的儀式，由於金字塔正東方有一個石池，
　　　　因此國王被種甜醬瓜的園丁錯手殺害的傳說不脛而走（傳說某國王
　　　　在入夜後摘取甜醬瓜時被看守的園丁誤認爲竊賊而遭殺害，後於變
　　　　身塔舉行火化儀式。屍體在火葬塔焚化後，即於石池清洗骨灰）。其
　　　　實，這間古刹所供奉的主神爲羅貞陀羅跋陀羅史跋羅，昔日以亦此

〔註105〕〔宋〕李昉等編：《太平廣記》第十冊（北京：中華書局，1995年），頁3972。
〔註106〕〔元〕周達觀著，夏鼐校注：《眞臘風土記校注》，頁135。

爲廟名。〔註107〕

這種說法都說明眞臘確有火葬，而且比天葬或鳥葬來得重要。因此，眞臘火葬的說法，不見得是受到中國人的影響，周達觀在此應該出現誤判。另一種可能是，周達觀在中國曾經看過火葬，所以認爲眞臘的火葬是受到中國人的影響。夏鼐先生《眞臘風土記校注》引伯希和即如此說明：

> 惟周達觀所記，謂「今亦漸有焚者，往往皆唐人遺種也」，似不以此爲異。證以中國土葬之俗，似乎難解，殊未知火葬雖未盛行於中國，然當唐宋之時，中國已曾用之。故馬可波羅謂中國異俗有三，即拜偶像、用紙幣、焚屍三者是也。則周達觀之謂唐人火葬，已無足異矣。〔註108〕

因此，周達觀應是在中國看過火葬的習俗，所以才如此說。然而，當周達觀抵達眞臘時，對天葬的印象更爲深刻，而且天葬當時也是眞臘的主要喪葬儀式之一，較之火葬，周達觀印象更爲深刻，記錄相對較爲清楚。

最後，周達觀補充眞臘人在父母去世後，主要表現在身體上爲「髡髮」，即剃除頭髮，男子與女子都一樣，只是剃除的程度不一，男子全剃，而女子則在額前剪髮成錢狀。這種習俗也是眞臘傳統既有的，《隋書·眞臘傳》中即如此記載：

> 其喪葬，兒女皆七日不食，剔髮而哭，僧尼、道士、親故皆來聚會，音樂送之。〔註109〕

伯希和也說：

> 今按柬埔寨人之服制，則在髡髮衣白。〔註110〕

筆者於公元2007年至吳哥遺址考察時，正逢當地百姓至寺廟祭拜逝者，他們的服制與髮制，仍如伯希和所說，會剃髮、穿白衣，可以知道這個習俗流傳極爲久遠，從中國隋唐即已開始，中間歷經最輝煌的吳哥時期，乃至吳哥文明滅亡，直到今日的柬埔寨，這個習俗並沒有太大的變異。

總之，本則記錄眞臘的死亡，主要是喪葬習俗的說明，其中周達觀印象最深爲天葬，但也見到類似中國的火葬。至於出喪時的送行及音樂、服制等，

〔註107〕〔法〕傅利曼、賈克斯著，邱春煌譯：《吳哥深度旅遊聖經》，頁158。
〔註108〕〔元〕周達觀著，夏鼐校注：《眞臘風土記校注》，頁136。
〔註109〕〔唐〕魏徵等撰：《隋書》，頁468。
〔註110〕〔元〕周達觀著，夏鼐校注：《眞臘風土記校注》，頁134。

則大致與中國差異不大。

三、屬　郡

其次梳理第三十三則「屬郡」，全文如下：

> 屬郡九十餘，曰眞蒲、曰查南、曰巴澗、曰莫良、曰八薛、曰蒲買、
> 曰雉棍、曰木津波、曰賴敢坑、曰八廝里。其餘不能悉記。各置官
> 屬，皆以木排柵爲城。〔註111〕

本則記錄眞臘的屬郡，也就是行政單位的畫分，以眞臘國土並不大，所以郡
的概念約爲中國的縣。周達觀記錄眞臘有九十餘個屬郡，並記錄其中十個屬
郡的名稱，官屬之間，以簡易的木排柵爲區隔。

此中引生的問題是：以當時眞臘而言，除吳哥爲皇城，並擁有偉大的建
築遺跡外，照理來說，眞臘其餘地方應仍未發展出較高的文明。因此，七百
年前的眞臘是否可以將國家畫分成九十餘個屬郡這麼精密的行政單位，在制
度面上實有疑問。夏鼐先生《眞臘風土記校注》即提出如此看法：

> 文中列舉十郡之名，又謂"其餘不能悉記"，留有餘地，則"九十
> 餘"郡與《郭》甲本之"凡十餘"郡，似皆可通。〔註112〕

而陳正祥先生《眞臘風土記研究》即是引用「屬郡凡十餘」的版本，但也注
說：「多數版本作『屬郡九十餘』。」〔註113〕是較不恰當的。陳文以理校爲出
發點，認爲當時眞臘境內畫爲十餘郡要比九十餘郡來得合理。考之今日柬埔
寨國土行政區域畫分，爲二十四個區域，因此七百年前的眞臘行政區域畫分，
仍以十餘處來得更接近實況，周達觀在這十餘郡中，大約記錄了一半，也較
爲合理。

不論如何，周達觀爲我們留下當時眞臘十個屬郡的名稱，頗足珍貴。問
題在於，因資料不全，這些屬郡名稱到底是指何處？實在難有正確的答案，
夏鼐先生引許多學者的考證，印證今日柬埔寨的地名，但也只能參考，不見
得即是正確答案。今略引學者考證如下：

> 眞蒲：今日之頭頓或巴地一帶。
> 查南：今日之磅清揚一帶。

〔註111〕〔元〕周達觀著，夏鼐校注：《眞臘風土記校注》，頁172。
〔註112〕〔元〕周達觀著，夏鼐校注：《眞臘風土記校注》，頁172。
〔註113〕陳正祥：《眞臘風土記研究》，頁63。

巴潤：今日之北柳或湄公河三角洲一帶。

莫良：今日之洞里薩湖西岸，馬德望省南部，或拜林。

八薛：未考。

蒲買：今日接近泰國之披邁一帶。

雉棍：今日接近越南西貢一帶。

木津波：今日之馬德望。

賴敢坑：未考。

八廝里：今日之磅遜灣，或今日之貢布省班塞拉。〔註114〕

以上說法可備參考，印證今日柬埔寨國土，也能有部分相應，而其餘未提的地方，或許就是周達觀所說的「其餘不能悉記」。因此，即使上述考證並非全面正確，但也能爲我們大致勾勒當時眞臘的行政畫分情形。

四、村 落

其次梳理第三十四則「村落」，全文如下：

每一村，或有寺，或有塔。人家稍密，亦自有鎮守之官，名爲買節。

大路上自有歇腳去處，如郵亭之類，其名爲森木。因屢與暹人交兵，

遂至皆成曠地。〔註115〕

本則記錄眞臘村落的大致狀況，並保留了「買節」與「森木」兩個當時眞臘語詞，以及日後因眞臘與暹人交戰後的情景。

周達觀首先記錄村落中較爲顯眼的建築，即是寺廟建築，這裡所謂「塔」，其實也就是寺廟的形式，與中國的「塔」在建築或意義上並不一樣，而比較接近「塔廟」或「廟塔」的概念，例如前文所說的「變身塔」即是。這種塔廟的造型，一般爲以磚石造成尖錐狀，外觀上約略類似中國的塔，因有此稱。這種塔廟，在吳哥遺址中現存甚多，詳細數字不得而知，但至少超過五百座，反映當時眞臘宗教文明的興盛，因此周達觀說每個村落都有這種寺或塔。

其次，周達觀抵達眞臘時期，仍爲眞臘輝煌盛世的末期，所以人口較多，因此周達觀在文中強調了村落人口的密集。這麼密集的人口，自然必須發展一套管理的系統與職務，類似村長或是鎮守官員等，周達觀並留下當時這類官員的稱呼爲「買節」，夏鼐先生《眞臘風土記校注》注引買節的意義如下：

〔註114〕〔元〕周達觀著，夏鼐校注：《眞臘風土記校注》，頁 29，31，161，173，174。

〔註115〕〔元〕周達觀著，夏鼐校注：《眞臘風土記校注》，頁 174。

伯氏初注云：＂按村長名號曰 Me sork。＂（馮譯本 167 頁）伯氏新
注云：買節之古音爲 Mai-tsiet，爲柬語 Me sork 之對音。＂買＂字
爲 Me（長官）之對音，自無問題，但以＂節＂字爲 srok 之對音，
殊爲費解。

許肇琳以爲＂節＂乃柬語 tsir（jat）之對音，爲族或民族之意。古代
柬國之村長常以最有威望之族長充任，故族長即村長。今日柬人稱
村長爲 Me-sork，其中 sork 爲行政單位，可指鄉村，亦可指縣一級，
甚至于指國家。〔註116〕

其說可印證周達觀所記錄大體無誤。

　　另外，「森木」指的是大路上的歇腳處，並說有點像是中國的郵亭。所謂
郵亭指的是中國古代傳遞長途郵件時，供信差中途休息的地方，有時建成亭
舍的樣子，也有些是臨時所搭建。然而，真臘的森木，應不是中國的郵亭，
而是供給朝聖者至寺廟時的途中休息處。這種森木，在今日吳哥遺址中的寶
劍塔仍然可見，傅利曼與賈克斯在《吳哥深度旅遊聖經》中說：

步抵露台前，在你的右手邊可望見一棟巨大的客舍，結構特殊：坐
東朝西，西端有一座塔樓，僅南邊有窗戶，與塔普倫寺及柬埔寨西
北的班特清麻寺的客舍相仿，擁有極厚的牆壁和兩列欄杆柱型窗。
闍耶跋摩七世沿帝國主要幹道，共興建了一百二十一間同類型的建
築。根據在碑銘內記載的名稱（即 house of fire），客舍的用途最可
能和聖火方舟有關，作爲某種宗教儀式巡迴的驛站。〔註117〕

這一百二十一間的客舍或驛站建築，應就是周達觀提到的森木，它並不是郵
亭，但作爲歇腳處則是肯定的。關於「森木」的對音，夏鼐先生《真臘風土
記校注》注引如下：

柬語 samrak 乃休息之意，其音義皆與＂森木＂相合。〔註118〕

其說也印證周達觀所記錄的語音大體無誤。

　　此外，在本則中，周達觀也提到真臘與暹人之間的爭戰，有愈來愈頻繁的
趨勢，並且因爲征戰的結果，讓真臘原本人口較多、可能也頗爲繁榮的村落，
逐漸成爲曠地，可以見出戰爭的可怕後果。周達觀在文中提及「屢與暹人交兵」，

〔註116〕〔元〕周達觀著，夏鼐校注：《真臘風土記校注》，頁 174～175。
〔註117〕〔法〕傅利曼、賈克斯著，邱春煌譯：《吳哥深度旅遊聖經》，頁 172。
〔註118〕〔元〕周達觀著，夏鼐校注：《真臘風土記校注》，頁 176。

顯然戰事頻繁，而且周達觀到眞臘時，眞臘國力已開始走下坡，最後則被暹人所滅，從吳哥都城遷往金邊，在《眞臘風土記》中，其實已透露一些端倪。

五、取　膽

其次梳理第三十五則「取膽」，全文如下：

> 前於此八月內取膽，蓋占城主每年來索人膽一甕，可千餘枚。遇夜則多方令人於城中及村落去處，遇有夜行者，以繩兜住其頭，用小刀於右脅下取去其膽，俟數足，以饋占城王。獨不取唐人之膽，蓋因一年取唐人一膽雜於其中，遂致甕中之膽俱臭腐而不可用故也。
> 近年已除取膽之事。另置取膽官屬，居北門之裏。〔註119〕

本則記載眞臘有「取膽」的風俗，顯然是奇異的風俗，對中國傳統知識分子來說確實是難以理解。

所謂取膽即取人類的膽器官。膽這種器官，原是作爲人體的消化系統之一，即肝藏在進行化學作用時，會分泌一些副物質，包含膽汁在內，而膽汁便會流入膽囊之中，其後，當小腸在進行消化作用時，便會釋放膽汁供給利用。就這方面來說，膽只是一種消化器官，並沒有特殊之處，難以解釋爲何眞臘人要取人膽？況且古代醫學並不發達，取人膽的同時極有可能也會奪取人的性命。因此，之所以取膽，必然是認爲膽在消化功能外，有其餘的功能。

這種功能應和中國認爲膽是勇氣的來源類似。從周達觀本則記錄中，可以知道眞臘人之所以取膽，主要是爲了供應占城國主的需求，一年的需求量約需千餘枚，不可謂少。而據《明史·占城傳》所記，占城也確實有這種風俗：

> 王，瑣里人，崇釋教。歲時采生人膽入酒中，與家人同飲，且以浴身，曰「通身是膽。」其國人採以獻王，又以洗象目。每伺人於道，出不意急殺之，取膽以去。若其人驚覺，則膽已先裂，不足用矣。置眾膽於器，華人膽輒居上，故尤貴之。五六月間，商人出，必戒備。〔註120〕

從中來看，占城人的觀念與中國類似，認爲膽之爲物可以增加自己的勇氣，尤其配合酒來服用，效果更佳，這都與中國觀念類似，且今日仍有不少人相信此說。

〔註119〕〔元〕周達觀著，夏鼐校注：《眞臘風土記校注》，頁177。
〔註120〕〔清〕張廷玉等撰：《明史》，頁2148～2149。

　　然而《明史》中提到華人的膽，是所有膽中最爲珍貴的，說明當時觀念理應如此。但《明史》的說法卻與周達觀所記有異，周達觀引述在眞臘人的膽中，如果摻雜華人的膽，甕中的膽將腐臭不能用。這兩種說法明顯不同，但不能考證何者爲正確？

　　其次，《明史》提到膽的另一個功用，是用來洗象目，大概可以讓象目更爲清明，而使大象的功能更加發揮。如果是這樣，那麼取膽有其實用性的功能。然而，《明史》又說人類驚駭時，會嚇破膽，顯然也沒有科學的根據。從中知道，著作《明史》的階段，中國人對膽的瞭解或記錄，多半也是傳說參半，只能存疑，不可盡信。

　　從《眞臘風土記》我們僅能得知，眞臘這些膽的獲得，主要是供給占城國主所需，但爲何占城國主需求那麼多的人膽？則未見補充說明。其次，從《眞臘風土記》也可以知道取膽的方式，通常在夜裡進行，下手的對象則是夜行的人，但看不出取得人膽後，受害者是否生命保全下來？

　　最後，周達觀提到「近年已除取膽之事」，說明周達觀抵眞臘時，這種取夜行者的膽的情事已被禁止。然而，周達觀又說「另置取膽官屬，居北門之裏」，說明取膽應該不只是一種純粹的蠻俗，而可能有實際的需要，所以必須設置官屬辦理。

　　總之，本則記錄眞臘與占城之間有取膽這一風俗，就今日角度來看自然可視爲蠻俗，但在當時或許有某種政治或經濟考量也說不定，而在來自中國受傳統儒士教育的周達觀看來，當然覺得不可思議。本則提供的思考是，藉由取膽這件事，側面反映了眞臘人對中國華人在生理構造上的一種不信任感，而與自我的文化有異。

六、異　事

　　其次梳理第三十六則「異事」，全文如下：

> 東門之裏，有蠻人淫其妹者，皮肉相粘不開，歷三日不食而俱死。
> 余鄉人薛氏，居番三十五年矣，渠謂兩見此事。蓋其國聖佛之靈，
> 所以如此。〔註121〕

本則記錄一則民間兄妹相淫之事，可能是周達觀所聽說的，也可能是周達觀所親見的。後來的發展是，這對兄妹相淫之後，身體無法分開，最後經過三

〔註121〕〔元〕周達觀著，夏鼐校注：《眞臘風土記校注》，頁178。

日，因沒有進食而致死亡。就奇風異俗而言，自然是周達觀感到特異的，因此記錄下來。並且，周達觀還說他有一鄉人薛氏，住在真臘期間已經三十五年，曾經兩度看過這種事情。

其實，現代醫學或許還無法解釋相淫而不能分開的現象，但它顯然與宗教無關。在中國，自來儒家教育的傳統思維，認為性慾是不潔的，應予克止。元朝觀念也是如此，他們甚至認為稍動慾念便是犯過的行為。因此，周達觀也以類似的角度看待真臘這件異事，但他又無法解釋為何如此？只好以更為道德的說法，用「蓋其國聖佛之靈，所以如此」來解釋。周達觀的意思是，真臘是一個佛教興盛的國度，在此國度中做出兄妹相淫的情事，必然不容於佛教聖靈，所以得到死亡的處罰。這種說法毫無科學根據性，只是周達觀自認如此，從中透露周達觀的某種迂腐觀念，缺乏實證或科學經驗，自然是不足為取的說法。最後，周達觀為了加強自己的觀點，引了鄉人薛氏的兩次所見經驗，然而，這種實見經驗也只能以生理現象來解釋，但不宜以聖佛之靈的懲罰作為支撐自我的理論。

七、澡　浴

其次梳理第三十七則「澡浴」，全文如下：

> 地苦炎熱，每日非數次澡洗則不可過，入夜亦不免一二次。初無浴室盂桶之類，但每家須有一池；否則亦兩三家合一池。不分男女，皆裸體入池。惟父母尊年者在池，則子女卑幼不敢入。或卑幼先在池，則尊年者亦須迴避之。如行輩則無拘也，但以左手遮其牝門入水而已。

> 或三四日，或五六日，城中婦女三三五五咸至城外河中澡洗。至河邊脫去所纏之布而入水。會聚於河者，動以千數，雖府第婦女亦預焉，略不以為恥。自踵至頂，皆可得而見之。城外大河，無日無之。唐人暇日頗以此為遊觀之樂。聞亦有就水中偷期者。水常溫如湯，惟五更則微涼，至日出則復溫矣。〔註122〕

本則記錄真臘民間百姓入水澡浴的情況，很能反映當時百姓的日常生活情況。其次，本則也反映中國華人在真臘所見奇風異俗時，流露的想法與行為。

周達觀首先記錄真臘是「地苦炎熱」，很真實反映出真臘的地理風貌，以

〔註122〕〔元〕周達觀著，夏鼐校注：《真臘風土記校注》，頁179。

及氣候溫度。今日的柬埔寨位處東南亞，赤道穿越其中，以當時周達觀抵達的吳哥一地來說，大約位於北緯十三度左右的位置，正是典型的熱帶氣候，所以周達觀用地苦炎熱來形容，是自然正確的觀察。在這種地形與氣候溫度下，洗澡成爲散熱的最佳方式，也是取得舒適感的最好方法，所以眞臘百姓每日都會洗幾次澡，有時晚上也不免再洗一、兩次，周達觀很眞實地記錄了當時所見的情景。

　　其次，當時眞臘許多人家都備有自己的澡池，或是兩、三戶人家合用一個池子，可以知道眞臘百姓普遍狀況如此。夏鼐先生《眞臘風土記校注》也引到考古發現了許多類似的小池子：

> 布里格斯云：1932 年以來發掘工作，知吳哥古城之水池，當年千數以上。大者闊十四米，長數百米，以水管互相溝通，且與城濠相通以引水及排水。爲數更多之小池，（在吳哥一處即超過千數）則與河濠不相通，端賴雨水。全城各處，皆有散布。〔註123〕

從中可知當時眞臘大小池子無數，其中有些當做爲貯水用途，有些當做爲灌溉用途，但應也不乏做爲洗浴用途者，接近周達觀所記錄的民間風情。

　　因爲地理氣候炎熱，加以民風較爲原始，所以眞臘百姓入池時，通常都是裸體入池，男女都是如此。今天到吳哥一帶鄉下，仍然可見到許多路邊的水畦地，或是河流中，都有裸體入池洗浴的男女，從小孩至老年者都有。在當地，民眾並不以爲意，只有較爲年輕的成年人另有少許的遮蔽衣物，從中推測七百年前的眞臘，確實應是像周達觀所說男女都裸體入浴，當時人並不以爲意，所以周達觀說「略不以爲恥」。其實，眞臘民風純樸，羞恥觀念在眞臘不如中國強烈，但作爲中國傳統知識分子的周達觀看來，自然覺得其中應有羞恥之心，反映了中國人士在面對這種較爲原始的社會型態時，流露出來一種不自在的感受。這也可以補充說明前則的「異事」，周達觀尚且以裸體入浴爲羞恥，何況「蠻人淫其妹者，皮肉相粘不開」這等事情，周達觀無論如何不能接受，而要以道德的角度論之。

　　應補充說明的是，雖然眞臘男女都略不以爲恥的裸體入浴，但從周達觀記錄可知，眞臘人還是有著一定的規矩，即年長者與年幼者不能合池入浴，從中透露長幼之分，表現社會秩序，不能視爲純粹的原始蠻俗。至於同輩之間就沒有太多顧忌，顯得頗爲自然。其實，因爲眞臘氣溫常高達攝氏三十七

〔註123〕〔元〕周達觀著，夏鼐校注：《眞臘風土記校注》，頁 180。

度以上，這種溫度確實令人不舒服，因此每日澡洗變成是必要的活動，如果
顧慮過多的話，顯然對生活造成不便，自然影響日常活動甚至工作的效能。
因此，面對這種狀況，假如眞要用中國道德觀念來看待的話，不免顯得過於
迂腐。

當然，周達觀受中國傳統道德教育，當他看到這種場景，不免好奇驚訝，
自然也在書中多記一筆，頗爲詳細，尤其說這些入池澡洗的婦女「自踵至頂，
皆可得而見之」，寫得極爲仔細。然而，周達觀也提到當中國華人來到眞臘後，
看到此一情景，不免視爲奇異，而且也帶著異色的眼光，看待這種在眞臘本
屬尋常，但在中國較屬異常的景象。甚至有些中國人士，還會在其中進行類
似今日性騷擾的行爲，在周達觀的行文中，也可以見出這種味道。

最後，周達觀補充說明眞臘因爲地處熱帶，所以水溫在日照之下，溫度
也較高，只有在入夜五更時分才涼爽一些，但到了隔日又回復較高的溫度。
今日至柬埔寨，情況仍然未變。因此，周達觀在本則中所記錄的景象，七百
年前如此，七百年後的差異也不大，從中可見詳實之處。

八、流　寓

其次梳理第三十八則「流寓」，全文如下：

> 唐人之爲水手者，利其國中不著衣裳，且米糧易求，婦女易得，屋
> 室易辦，器用易足，買賣易爲，往往皆逃逸於彼。〔註124〕

本則記錄中國人流寓至眞臘的情形，所謂「水手」指的是水兵，即今日所謂
的海軍。這類海軍的任務，負責對中土外的國家的海上軍事行動。前文已說
明，蒙古主政的元朝政府積極展開對海外的征伐行動，這類行動非成功即是
失敗，但不可避免地，部分水手在作戰行動中，會產生脫離部隊，或是逃逸
的情景。《元史‧外夷傳‧日本傳》中便記載：

> 至日本……水手總管陸文政等不聽節制，輒逃去。〔註125〕

從中來看，當時中國水手逃逸至國外的情事，應不在少數，其中逃逸至眞臘
者應也不少。因此，夏鼐先生《眞臘風土記校注》中推論說：

> 按據 1971 年人口統計，柬埔寨有七百萬人口，其中華僑約三十萬
> 人。據本書則元代（十三世紀末），唐人逃逸於彼者即不少。明代張

〔註124〕〔元〕周達觀著，夏鼐校注：《眞臘風土記校注》，頁 181。
〔註125〕〔明〕宋濂等撰：《元史》，頁 1186。

變《東西洋考》東埔寨條（卷三），謂真臘國籬木州以木爲城，是唐
人客寓處。則當時且有華僑聚居之城。可見歷來真臘境內華僑之多。
〔註126〕

夏鼐先生所提資料爲 1971 年統計數字，若以今日而言，東埔寨人口約有一千
四百餘萬人，其中華人人口成長至六十萬人，〔註127〕 大約增至兩倍。

因此，當時中國水手逃逸至國外的情事，恐怕不在少數，從周達觀的記
錄來看，逃逸至真臘的水手人數，想必不少。周達觀歸納其中因素，其一在
於真臘國人往往因爲天氣炎熱，所以穿著較少的衣裳，而這正符合水手的特
性，所以中國水手喜歡逃逸到真臘。

其次是經濟的因素，真臘雖然整體文明不及中國，但在食物取得方面，
因爲地理條件豐厚緣故，比起中國反而更加容易獲得，至少在溫飽上沒有太
大的問題，成爲中國逃逸水手喜歡避居的地方。

其次是在真臘娶妻，比起中國來得容易。在真臘比較沒有嚴格的婚姻制
度及相關的法令問題，在民風上也比起以儒教社會爲主要思考的中國來得自
由，再加上真臘婦女對中國華人有較大的好感，所以中國水手在真臘娶妻往
往比在中國來得方便容易。

其次是在真臘建造屋室容易許多。在中國，建築經費較高，周達觀所處
的元朝時期，京城大都及許多較繁榮的城市，都已經發展出頗爲成熟的四合
院格局建築，建造這種房屋顯然需要較大的資金。雖然一般百姓或水手居住
的房舍還不到四合院的程度，但相較真臘來說，建造一棟屬於自己的房舍還
是需要更多的經費。但在真臘，一般屋舍只用木頭、棕櫚葉、竹葉即可搭建
完成，這種屋舍仍常見於今日的東埔寨鄉間，因爲取材容易，並不需要太多
花費，而且工作人力與天數都遠低於中國。因此，對於中國水手來說，在此
造屋自然易辦。

其次是在真臘這種較多原始風俗的地方來說，所需的器用物品相對較爲
簡單，不像中國文明已發展至精緻程度，器用需求往往爲非必要的浪費。今
日至東埔寨鄉間，仍可以發現東埔寨人日常的生活器用，極爲簡單，就只是
基本的吃喝睡眠等需用物品，今日許多人家仍不用電，更遑論五花八門的電

〔註126〕〔元〕周達觀著，夏鼐校注：《真臘風土記校注》，頁 181。
〔註127〕此爲中華人民共和國外交部 2009 年 7 月統計數字，見
　　　　http://www.fmprc.gov.cn/。

器用品或奢侈品了，今天仍有許多華人移民柬埔寨，考慮因素之一便是生活消費比國內爲低。同樣的情況，對七百年前的中國水手來說，在眞臘的基本消費較無問題，比中國容易許多。

另外，周達觀認爲在眞臘作生意，也較在中國來得容易。這大約也與中國在整體文明程度上超越眞臘，所以在經濟交易的狀況上，自然較爲複雜，例如中國會訂定較爲嚴格的契約制度等，而在人心的設計利害上也遠爲複雜。但在眞臘，經濟制度應還未發展到嚴密的情形，在民風上也較爲保守，較少爾虞我詐的心機。今日至柬埔寨仍然可以感受當地民風的純樸，當地消費較爲低廉，並且相對許多國家而言，也較少欺騙的情事發生。因此，周達觀說在眞臘貿易買賣較爲容易，文中或多或少也透露出中國華人在眞臘，多半有欺騙眞臘人的狀況，所以說是較爲容易的。

總之，從本則記錄可知至少在十三世紀時，眞臘已經有不少中國人移民至此，其中部分的比例則是逃逸的中國水手，從周達觀的記錄中，也可以知道兩國在文明程度上的差異，以及中國人到眞臘時的心態想法。本則雖然缺少詳細的數據資料，但也爲日後中國人移民海外時，歸納出某種移民者的心態與想法，仍然頗爲珍貴。

第六章　以周達觀為典型的華人域外
觀察與交流

　　經由前面數章的討論與梳理，我們已可瞭解十三世紀末時，真臘的風俗民情大致狀況，也得以從周達觀的觀點與《真臘風土記》透露的訊息，大致瞭解當時中國與真臘之間的交流情況，進而補充《元史》一書不載〈真臘傳〉的可能理由。大體上，十三世紀末時的真臘，在文明發展上呈現兩端現象，即於建築文明上雄偉崇高，置之世界建築文明史乃為首屈一指，但在整體文明上則保留許多原始遺風，顯得樸實，尤其相較中國發展的精緻、文人化文明而言，相對樸素，周達觀因緣機遇至真臘，對兩個文明之間的交流、衝撞，留下他的記錄，也呈現了他的觀點。下文，將整體藉由周達觀對真臘的詮釋觀點，說明十三世紀末時中國華人對域外的認知態度，分從三節討論。

第一節　對次文明的觀察

　　整體而言，周達觀的《真臘風土記》一書，基本上是一種較高文明或文化對一種較低文明或文化的觀察考察記錄。因此，《真臘風土記》書中雖然大致上是客觀性的、平等性的書寫手法，卻也不可避免部分主觀性的、非平等性的判斷描述。整體的心態上，周達觀來自中國，這個國家從周朝以來，便以中原正統文化自居，漸漸地衍生出中國以外地區即為夷狄之邦的觀念。周達觀長期受到這種環境及思維影響，因此就算周達觀未嘗將真臘視為蠻夷之邦，仍不可避免流露出以中國為上、真臘為下的觀點。

　　十三世紀末，周達觀隨行出使至眞臘，雖然我們已經難以確定當日的主要任務或動機，但從當時的時空背景來看，主要可從兩個方向思考，其一是兩國之間的互訪行動，其二是某種偵測性的行為。關於後者，因為資料不足，目前難以證實當初周達觀的出訪團是否帶有此項任務？關於前者，則得到較多學者的認同，例如陳顯泗先生在《失落的文明——吳哥》一書中提到：

> 中國人的到達不是偶然的。從公元 1 世紀開始，中柬兩國便開始了
> 友好的交往。中國的漢王朝就與當時的扶南王國有使者往來，並互
> 贈禮品。從那以後，1 千多年來，兩國交往連續保持下去。
> 元貞元年（1295 年），元成宗決定派遣一個使團訪問眞臘，協商解
> 決兩國關係中的一些問題。〔註1〕

周達觀所著的《眞臘風土記》一書中，並看不到非常強而有力地是為了協商解決兩國關係中的一些問題，而在其它資料如《元史》等，也沒有提到類似的出發點或行為動機。然而，陳顯泗先生認為周達觀奉命出使的訪問團，應是較為良善的互訪關係，而非軍事性的偵測目的，說法大致可信。

　　其次，夏鼐先生的《眞臘風土記校注》也持類似的看法：

> 書中也記載了柬埔寨人民與我國人民的通商友好關係，是研究元朝
> 同眞臘交通的重要參考資料。〔註2〕

類似的看法，大都是對《眞臘風土記》一書採取正面性的看法，尤其著墨於兩國之間的貿易活動，認為是兩國間交通的重要參考資料。夏鼐先生與陳顯泗先生的說法可取，藉由《眞臘風土記》一書，確實可以讓後人得以瞭解七百年前的中、眞交流情況。

　　不過，夏鼐先生卻也提到周達觀在書寫《眞臘風土記》時所透露出來的部分缺點：

> 由于時代的局限，作者也帶著大國主義的思想；書中對于所謂"奇
> 風異俗"的記述，有時誇大了他們落後的一面，並摻雜一些荒誕無
> 稽的傳聞。但這些敍述，只占本書的極小部分。〔註3〕

夏鼐先生所謂「大國主義的思想」，指的即是中國傳統由「華夷之辯」延伸而來的，一切以中國為中心的思想，這種思想，在世界許多較古老而文明的國

〔註 1〕陳顯泗：《失落的文明——吳哥》（香港：三聯書店，2004 年），頁 74。
〔註 2〕〔元〕周達觀著，夏鼐校注：《眞臘風土記校注》，頁 2。
〔註 3〕〔元〕周達觀著，夏鼐校注：《眞臘風土記校注》，頁 2。

家或種族都經常出現，法國歷史學家費爾南‧布勞岱爾即說：

> 希臘人把異己民族都當作蠻族；中國人也是如此。把「文明」帶給
> 蠻族和原始人種，過去曾是歐洲人從事殖民征服的重要理由。蠻族
> 的名聲當然是文明人製造的，其中至少有一半名不副實。〔註4〕

這種觀點對於我們從事中國文明與其它國家或種族之間的交往，提供極佳的
反省，而在周達觀的思維中，可能也犯了這個毛病而不自知。

一、華夷之辯

就中國而言，最基本、原始的「華夷之辯」問題即在於「華」與「夷」
的分別。「華」有兩義，一是開花的華，二是華麗的華，以民族來講，通常指
的是與「夏」連文的種族，即華夏種族，而這個種族最早指的即是周人。相
對來講，周人之外的其它種族，普遍義上即可歸為非華夏種族。因此，華夷
之辯的問題，主要也從周朝及周朝時留下的典籍著作看出，例如《禮記‧王
制》說：

> 中國戎夷五方之民，皆有性也，不可推移。東方曰夷，被髮文身，
> 有不火食者矣；南方曰蠻，雕題交趾，有不火食者矣；西方曰戎，
> 被髮衣皮，有不粒食者矣；北方曰狄，衣羽毛穴居，有不粒食者矣。
> 中國夷蠻戎狄，皆有安居，和味，宜服，利用，備器，五方之民，
> 語言不通，嗜欲不同。〔註5〕

這段文字簡單，卻又全面地將中國以外的四方民族，都歸入蠻族的行列，指
出他們在生活習性上與中國的不同處，例如紋身、生食、穿著動物毛皮、不
吃米粒食物、穴居等，基本上都是較為原始的人類生活方式。然而，《禮記‧
王制》卻也說明這些蠻族的生活方式雖然與中國不同，但在居住、飲食、器
用、語言上卻也有自己的模式，文字中對中國高於夷狄的態度是較不明顯的。

《左傳》襄公十四年也有類似的說法：

> 今官之師旅，無乃實有所闕，以攜諸侯，而罪我諸戎。我諸戎飲食
> 衣服，不與華同，贄幣不通，語言不達。〔註6〕

〔註4〕　〔法〕費爾南‧布勞岱爾著，施康強、顧良譯：《15至18世紀的物質文明、
　　　　經濟和資本主義》第壹卷（臺北：左岸文化出版社，2006年），頁126。

〔註5〕　〔周〕：《禮記》，頁247～248。

〔註6〕　〔周〕：《左傳》（臺北：藝文印書館，1955年，重刊宋本十三經注疏），頁
　　　　558。

和《禮記・王制》類似，這裡指出的是中國與諸戎的不同之處，但較不具有優劣高下的判斷。然而，隨著人類人口數量的成長，相對必須爭取物質資源的情況下，四方的種族，不可避免會移動、擴充至其它地區，以取得更豐富的資源。因此，以北方民族「犬戎」爲主要的種族與西周展開不斷的戰爭，最後逼迫周平王將原本位於西邊的國都鎬京遷往東邊的洛邑，說明周族外的其它種族對中國構成的干擾，這種干擾也逐漸導引、加重「華夷之辯」的問題，而至少到了孔子的時代，爲了維繫、強調西周那種穩定的政治社會狀態，已經出現以維護華夏爲主的觀念了，所以《論語・八佾》中說：

夷狄之有君，不如諸夏之亡也。〔註7〕

這句話講得明瞭而清楚，認爲夷狄雖然有君，但還是不如諸夏沒有，顯然是從制度、文化的判斷來說的，華夷之辯的意識已經出現。後來孔子作《春秋》，也在這方面有所彰顯，而《公羊傳》的詮釋，更主要彰顯孔子在華夷之辯的看法，例如孔子記載成公十五年時：

冬，十有一月，叔孫僑如會晉士燮、齊高無咎、宋華元、衛孫林父、

鄭公子鰍、邾婁人，會吳于鍾離。〔註8〕

之所以特別「會吳于鍾離」，《公羊傳》認爲是：

春秋内其國而外諸夏，内諸夏而外夷狄。〔註9〕

當時，吳國尚且還被認爲是在夷狄之列，而這段話也被認爲是用來解釋孔子所謂的「夷狄入中國，則中國之。中國入夷狄，則夷狄之」的看法。當然，若以文化或社會經濟發展的角度來看，孔子當時的華夏民族，在整體生活上，尤其是服飾、居住環境、政經制度上的發展，自然都比夷狄成熟許多，因此，就人類學的發展來看，「中國入夷狄，則夷狄之」的情況其實不會出現，然而，孔子的時代還沒辦法觀察到這點，所以孔子這樣的說法，主要仍是出於諸夏意識上的維護問題。

這種維護的意識到了孟子時，因爲他的思想直承孔子而來，讓問題顯得更加深化，他甚至認爲幾個聖王原本都是出自夷狄，但最後卻繼承、延續了華夏的文化：

〔註7〕 〔周〕：《論語》，頁26。
〔註8〕 〔周〕：《公羊傳》（臺北：藝文印書館，1955年，重刊宋本十三經注疏），頁231。
〔註9〕 〔周〕：《公羊傳》，頁231。

> 舜生于諸馮，遷於負夏，卒於鳴條，東夷之人也。文王生於歧周，
>
> 卒於畢郢，西夷之人也。〔註10〕

這也是從文化的認同與較優越性來說的，凡此都認爲華夏的生活方式是比夷狄要來得優越。事實上，正如前文所說，華夏文明確實較爲成熟，因此，就人類文明的演變來看，孟子這樣的說法是可以接納的，也就是說，「歧異」的觀念尚未明顯。

因此，在孔子、孟子所處的春秋戰國時代，基本上已區分了華、夷的不同，這點是肯定的。區分的原則，主要以文化現象爲主，就孔孟來看，他們自是應該維護自我的文化。就現象來看，因爲文化或文明的勢必傾向優質性，當時已經有較外圍的民族逐漸向華夏靠攏，成爲華夏民族，其中最明顯的大概就是楚國了。《公羊傳》僖公二十一年記：

> 宋公與楚子期以乘車之會，公子目夷諫曰：楚，夷國也，彊而無義，
>
> 請君以兵車之會往。〔註11〕

說明當時的楚國還被列爲夷國之列。逐漸地，楚國開始產生對華夏的認同，在《韓詩外傳》中有一段文字，說明相對吳、越之國來講，部分的楚國人已漸漸有了華夏的認同感，而認爲越國爲夷狄了：

> 越王勾踐使廉稽獻民於荊王，荊王使者曰：「越、夷狄之國也，臣請
>
> 欺其使者。」〔註12〕

這種現象說明中原華夏的範圍有愈來愈擴大的趨勢，逐漸形成後世所謂「中國」的區域概念。到了秦朝時，秦始皇正式統一這塊區域，建立一個類似歷史學上的「帝國」標準，而後代中國也以此爲基準，將這塊疆域或統治權外的地方畫爲非中國，並且在觀念上，因爲秦朝已奠定郡縣制等具備現代國家雛型的制度，後來的朝代基本也延續這些制度，更確立中國爲具有高級文明的正統國家，其它地區因爲在制度上不及中國嚴密，更被理所當然畫爲夷狄或蠻族。

漢朝之後，在政策上獨尊儒術，而儒士本來就是中國傳統知識最高的掌握者，人數也最多，當這些儒士更進一步強調華夷之辯的課題時，以華夏爲

〔註10〕　〔周〕：《孟子》（臺北：藝文印書館，1955年，重刊宋本十三經注疏），頁141。

〔註11〕　〔周〕：《公羊傳》，頁143。

〔註12〕　〔漢〕韓嬰著，賴炎元註譯：《韓詩外傳今註今譯》（臺北：臺灣商務印書館，1986年），卷八，頁317。

優異、以夷狄爲蠻後的概念，成爲中國人確立、不爭的事實，正符應費爾南・布勞岱爾所說的「希臘人把異己民族都當作蠻族；中國人也是如此」的現象。因爲華夷觀念深入普及每個統治者及人民心目中，因此，當後世中國政權的領導者並非是中原漢族的民族時，便被認爲是異族統治的時代。其中，元朝和清朝最爲明顯，這兩個朝代的中原士大夫階層，絕大多數是無法承認元、清正統的，他們認爲由夷狄統治中國，是可恥而不能接受的，甚至，許多人在在心情低落之外，還出現反抗、或擬以武力推翻異族的行動。

　　中國歷史中，這種例子不可勝數。周達觀所處的元朝時代，亦是如此。民間無法接納蒙古統治，許多文人只好藉由文學、藝術，抒發退穩山林之志。蒙古統治者也看到這個現象，因此，基於種族先天具有對抗的特色下，他們在有意無意之間，貶抑了中國傳統儒士的身分，所以當時民間各階層的地位有類似「九儒十丐」的說法，說明當中國儒士反對異族統治時，反而得到某種令人排擠的下場。當然，我們認爲儒士在當時社會的地位應不致於與乞丐差不多，但元朝儒士要進入政治領域的機會，相較昔日由漢人主政的朝代，機會確實減少許多。元朝文學普遍反映因時局改異而產生的對人生的痛苦、元朝繪畫中反映的因無法仕進而萌生的山水隱逸等，都和這個時代儒士仕途受阻有關。

　　有趣的是，元朝儒士雖在當時較難得到仕進的發展，但在思想中，他們仍將元朝政府或蒙古人視爲夷狄，在統治權上雖受制於蒙古人，但在文化意識上則輕視蒙古人。其實，當時蒙古人不見得均爲無文好武之輩，元朝政府也已採取某種程度的漢化措施、重用部分儒士，但這樣的措施仍無法得到傳統儒士的肯定。這說明中國的儒士實在難以出現進步的觀點，長久以來，他們始終被傳統的華夷之辯觀念所拘限。

　　最明顯的例子是前文提到的鄭思肖，他稱蒙古人爲「韃」，語帶歧義。而在他的著作中，更四處可見對蒙古人的不信任與反抗，例如他的〈久久書〉便是此中觀點代表：

> 上而天，下而地，中天地之中，立人極焉。聖人也，爲正統，爲中國，彼夷狄，犬羊也，非人類，非正統，非中國。曾謂長江天險，莫掩陽九之厄，元兇忤天，篡中國正統，欲以夷一之。人力不勝，有天理在。……今犬羊愈恣橫逆，畢力南人，吾指吾在此，賊決滅

於吾手，苟容夷狄大亂，當不復生。〔註13〕

當然，就一個南宋遺民的角度，鄭思肖所言自然令人敬佩，他充滿愛國心，充滿民族正義的言論，也確實激勵人心，讓人察覺其品格的高貴。然而，這種不容夷狄的思想，經常出現盲點，似乎蒙古人一無是處，而近於禽獸了：

元賊南破中國，至於犬亦殺食幾於盡。今之犬續續而有，皆元賊南破中國後漸生者也。〔註14〕

鄭思肖拿「犬」來與「蒙古人」相提並論，其實已接近人身攻擊，已失掉理性成分，而純是爲反元而反元了。

同樣的情況也發生在清朝，當滿人於公元1644年入關，接收中國正統政權時，絕大部分漢人都無法接受這個事實，當時出現許多「反清復明」的行動，說明中原漢人對於非漢族統治中國的不信任與情感上的反抗。單純的民族情感躍居其上，許多人只持反抗心態，甚至近於不可理喻，他們忽略了文化演進的客觀現象，種族之間本來就會互有融合，也不必強分優劣，而應彼此尊重對待。然而，元朝、清朝的漢人仍有相當堅持，終歸無法接受夷在華上的事實。

本文所探討的周達觀，正是生長於元朝時代的中國漢人，從他留下不多的詩文表現來看，足以說明周達觀正是傳統的儒士教育下的人物。華夷之辯的概念必然也是周達觀所熟悉，或是認同的。當周達觀抵達、居住眞臘一年的時光中，他對待眞臘文明的態度，隱約具有某種華優夷劣的觀念。其實，當時中國仍普遍存在這種觀念，元人汪大淵的《島夷志略》一書，書以夷名，已根本透露書中所記的對象正是相較於中國華人的外夷種族。周達觀應也不例外。

二、次文明觀察

那麼，周達觀《眞臘風土記》中表現出何種對較次文明的觀察呢？

最明顯的是，周達觀表現出對一個中國人之外的偉大文明的缺乏興趣，前文屢次提及周達觀對於眞臘的偉大建築「吳哥寺」只有「魯般墓在南門外一里許，周圍可十里，石屋數百間。」二十個字的記載，是《眞臘風土記》一書極大的疏漏之處。我們也引述陳正祥先生《眞臘風土記研究》中「(魯般

〔註13〕〔宋〕鄭思肖著，陳福康校點：《鄭思肖集》，頁103～104。
〔註14〕〔宋〕鄭思肖著，陳福康校點：《鄭思肖集》，頁152。

墓）實無其它建築可以相當。由於這石頭大廟非常雄偉，故土人相傳爲神工 Visnukarman 所造。周達觀大概對印度教混沌的神話不感興趣，又鑑於此廟建築的奇異，才聯想到建築界的祖師魯般（魯班）來，于是象徵式的稱之爲魯般墓。」的說法，但這種說法仍不能滿足我們對周達觀疏漏之處的疑問。陳正祥先生的說法給我們三個反省，第一是周達觀對印度教不感興趣，第二是周達觀明顯看到吳哥寺的雄偉，卻幾乎不記載，第三是周達觀腦海中聯想到中國的魯般。將這三種說法結合在一起，我們很容易就可以將周達觀的心態和中國的「華夷之辯」聯想在一起，周達觀顯然還無法謙虛地承認真臘優越中國的現象，因此只用魯般墓來稱呼吳哥寺，而不去探求吳哥寺在當時應有的實際名稱。

　　論者可說周達觀《真臘風土記》本來只是風土記錄，不在考古研究，並無必要對吳哥寺多所著墨。然而，吳哥寺建築實在太過雄偉，令人難以想像它竟然無法提起一個外國人士的興趣？吳哥寺外，再加上當時的吳哥城，那麼這裡將是一個超過十萬人口以上的大城市，當時歐洲巴黎與倫敦等主要城市，都還未超過這個數字。〔註15〕

　　當然，周達觀所來自的中國，以人口數來講是超過吳哥的，當時的中國人口，據《元史・世祖本紀》來看，則在元世祖至元二十八年，即公元 1291 年時，全國人口數爲：

> 戶部上天下戶數，內郡百九十九萬九千四百四十四，江淮、四川一千一百四十三萬八百七十八，口五千九百八十四萬八千九百六十四，游食者四十二萬九千一百一十八。〔註16〕

亡宋之後，又增加一千一百八十四萬八百餘戶。這些人口又以江南一帶，及大都（北京）爲多。因此，周達觀在中國所見的城市人口規模，應比吳哥還多，而這或許是造成周達觀並不認爲吳哥是人口眾多、繁盛的大城市的原因之一。

　　即使如此，吳哥的人口數仍然驚人，當時，船商們已稱真臘爲「富貴眞

〔註15〕陳顯泗、楊海軍的《神塔夕照──驚艷吳哥文明》甚至說：「據估算，這座城市鼎盛時擁有人口上百萬，經濟發達，商業繁榮，生機盎然。在整個東南亞，她首屈一指。」頁84。這個估算顯然過於誇大，但吳哥在當時東南亞爲首屈一指的都市，應無可疑。如果我們將比例縮減爲十分之一，那麼吳哥擁有十萬人口是一個較合理的數字。

〔註16〕〔明〕宋濂等撰：《元史》，頁110。

臘」，讓我們有理由相信吳哥在十三世紀時絕對可以稱爲一個文明的大城市。這個大城市中，最雄偉的建築就是吳哥寺，對一個域外的考察者而言，無論如何應該吸引他的目光。

我們可以比較當時中國的京城大都，這是一個怎樣的城市呢？樓慶西先生在《中國古建築二十講》中說：

> 1264 年，元世祖登基做了蒙古國的皇帝，年號爲至元，他決心在金中都這塊地方重新建設一座新城。他任命曾經主持過上都城（即開平）規劃建設的漢人劉秉忠主持這座新城的規劃。……元大都的城址選在以金代離宮爲中心的平地上，平面呈長方形，東西長 6635 米，南北長 7400 米，城的南牆緊貼金中都的北城牆。整座大都有裡外三層城垣，即外城、皇城與宮城。……元大都于 1267 年開始建造城垣，至 1284 年在城內已經建成了官府、衙署、市肆等，第二年朝廷頒布了舊城（金中都）居民遷居新城的法令，展開建造街坊和住宅的活動。〔註17〕

這顯然是一座大城的規劃，若與吳哥城每邊周長約爲三公里相較起來，總面積約大四倍左右。然而，如果以單一建築來看，則吳哥寺東西長一千五百米，南北長一千三百米，則當時大都的單一建築恐怕仍爲未及。再以建築材料來看，中國建築以木造原料爲主，吳哥寺以石造爲主，就搬動、建築的人力、工程的難度，吳哥寺顯然要超過元大都。那麼，這就更讓我們對周達觀對吳哥寺不感興趣產生更明確的疑問了。

因此，除了周達觀對印度教不感興趣的理由外（我們甚至不確定周達觀是否真的對印度教不感興趣），從他對這座宏偉建築幾乎視而不見的結果來看，其中原因不免令人質疑，但我們以爲華夷之辯爲最可能理由之一。也就是說，即使眼前的文明已臻至輝煌成就，但中國人仍對之不感興趣，無法從中生起與之看齊、比較、效法，甚至超越的心，這種心態，往往也造成中國人在許多方面無法精進成長。

這種情況自然不是周達觀一人如此罷了！在華夷之辯的原則下，中國人或漢民族在許多領域的表現往往如此，例如和周達觀約略同期的幾個藝術家，黃公望、吳鎭、倪瓚、王蒙等人，後世合稱他們爲「元四大家」，他們活動的年代和周達觀約略重疊，活動地點也以江南爲主，但他們習畫的共通歷

〔註17〕樓慶西：《中國古建築二十講》（北京：三聯書店，2002 年），頁 20～23。

程都是一樣的,即從師法古人入手,師法的對象均爲晉、唐、宋等畫家。然而,我們卻難以見出他們對非華夏藝術之外的領域學習,尤甚是蒙古藝術,漢人在這方面出現明顯的排斥,王伯敏先生在他的《中國繪畫通史》中總結地說:

> 元四家的爲人,講求"清高"。他們在既得利益的前提下,竭力擺脫世事對他們的約束。他們在思想意識上的共同之處,以儒學爲本,既學道又參禪。他們所交往的詩人、居士、高僧、道人,都是對世事採取消極的態度,是"超然於物外"者。在生活上,願與"深山野水爲友",對於臥青山、望白雲,有著極大興趣。……當他們感到"塵土雖云樂,不堪冷熱情"的時候,也就取幽寂的山谷、蕭條的景色或者是飄忽的雲煙爲題材,來抒發自己的諸多感觸。……他們的作品,儘管都有眞山眞水爲依據,但是,不論寫春景、秋意,或夏景、冬景,寫崇山峻嶺或淺汀平波,總是給人以冷落、清淡或荒寒之感,追求一種"無人間煙火"的境界,多少寄有一種"自鳴清高"的思想。〔註18〕

這種說法呈現出元朝主要藝術家的創作活動,是一種接近封閉式的精進提昇,帶有消極意味,不太接納自己理想外的其它事物,因此也就難以藉由外力新血的注入,提昇自我的創作成績,這些現象在元朝是極爲普遍的情形。

相對來看,蒙古人對漢人的文化則有包容能力。有趣的是,當他們已擁有某種漢化的程度後,卻也對中國以外的文化興趣不高。這種情形在清朝也是如此,當乾隆皇帝已具有相當的漢化程度後,他對從歐西而來的文化興趣依然不高,只將它們視爲某種奇特新鮮的事物,卻缺乏向歐西學習的謙卑心態。〔註19〕以上這麼多的案例,反映中國長期以來的華夷之辯傳統,就中國漢族士大夫階層而言,實在是一道難以突破的基本概念。雖然中國文化界人物在表面行爲及言語上沒有明顯流露出來,但他們的深層意識中總是不時流貫華夷之辯的想法。

〔註18〕 王伯敏:《中國繪畫通史》(北京:三聯書店,2002 年),頁 589。

〔註19〕 著名的例子是在乾隆朝服務的義大利傳教士郎世寧,當郎世寧來到中國後,乾隆皇帝令其學習中國畫,而郎世寧也創造了一種風格甚爲特殊,結合西方油畫、透視的筆法,創作不少佳作。但在乾隆心目中,仍以郎世寧的繪畫風格近於工匠,不符中國文人品味。乾隆本身也從未思考如何參考郎世寧或油畫的技巧,藉以改善中國的繪畫,如此,自然造成中國繪畫技巧的局限。

　　我們甚至可以說中國將外邦視爲蠻夷的角度，其實已經阻礙自我本身的更高度發展，甚至流露了人類可能喪失的高貴本性。在人類文明史中，西方文明發展至今，已被認爲是臻至理想的狀況，但西方學者卻也不免在這種發展過程中，思考了對蠻族拆斥的不智反省，例如巴森的名著《從黎明到衰頹──五百年來的西方文化生活》中說：

> 文化一旦精進，就變得過度複雜，遂生起渴望之心，想盡去這些繁複的安排設置，類此心態一再出現。……野蠻人信念單純，身心健康，具有高度道德，靜謐祥和，比文明人高貴多了；後者爲求發達，非得用盡心機，欺瞞狡詐不可。〔註20〕

這種說法足可作爲觀察元朝，甚至是觀察整個中國文化的參考方向。從中我們可以得知，包含周達觀在內的元朝人士或中國人士，如文化學者、藝術家、地理學家等，他們可以歸入爲「文明人」的範疇，而眞臘人在某方面則可以歸入「野蠻人」的範疇。因此，周達觀等人對眞臘的看法，仍視之爲夷狄之邦，華夷之辯的意識揮之不去。也因此，對於周達觀只以二十字記錄吳哥寺的情況，我們已能推知其背後心態，當周達觀在眞臘一年的時光中，他必然經常見到這座宏偉的建築，但周達觀認爲這只是夷狄之邦所堆積而成的墓寺，雖然外觀雄偉，但並沒有記錄的必要，進一步來說，也沒有對夷狄之邦學習的必要。

　　瞭解周達觀的心態及想法，便不難理解《眞臘風土記》只將重點置於對一種非華夏文明、風俗的觀察記錄，並在似有似無之中，流露出上國知識分子對一個次文明國度的評價態度。幸而，我們從《眞臘風土記》中，尚看不到周達觀表現出巴森所提的「後者爲求發達，非得用盡心機，欺瞞狡詐不可。」的現象，然而，如果當日周達觀等人隨團出使眞臘，並非只是友善的兩國互訪活動，而帶有政治或經貿任務時，那麼，我們仍可質疑周達觀一行的眞實動機。

　　周達觀書寫《眞臘風土記》一書時，不難看出周達觀對眞臘風俗的興趣，尤其是異俗部分，周達觀往往記之較詳，例如第十一則「野人」的記載，周達觀似乎想強調這個國度，有這等人。其實，「野人」記載，與風土民俗關聯較小，即便有之，野人的記錄也只是蒐奇角度，它無法產生以此而來的文明

〔註20〕〔美〕巴森著，鄭明萱譯：《從黎明到衰頹──五百年來的西方文化生活》（臺北：貓頭鷹出版社，2004 年），頁 28。

學習，只能算是一個文人的好奇筆記了！

周達觀自然不會向野人學習。不僅如此，周達觀也認為真臘成就應不及中國，不必對之學習。隨舉第三則「服飾」來看，周達觀主要記錄真臘人的穿著大致為：以布圍腰、頭上戴冠或戴花、手足戴金鐲、跣足、染手足掌等。這種服飾明顯與中國不同。今天，我們從《元史》的文字記載，及現存元朝繪畫或壁畫中，可知元朝服飾極其複雜，不論是傳統漢人服飾或蒙古人服飾，在服制的規定、布料的等級、配件的多樣性，都比真臘繁複許多，從中自然反映「中國文明整體高於真臘」的現象。然而，就另一方面來看，真臘服飾的樸質，不也反映巴森所說較次文明是信念單純、身心健康的現象嗎？

例如周達觀說真臘人「其下跣足」，即不穿鞋，反映較野蠻民族的特色。但在中國，以男性而言，鞋類的多樣令人眼花撩亂：朝靴、花靴、旱靴、釘靴、蠟靴、球頭直尖靴、勒靴、絲鞋、棕鞋、麻鞋等，另有各式襪子，實在比真臘複雜許多，說明文化發展至元朝所呈現的複雜面與精緻面。然而，我們不免要思考巴森所說「文化一旦精進，就變得過度複雜」現象，以中國文明來說，在腳下衍生的問題即是對婦女足部纏裹的喜愛，這種纏足風氣，約從五代時候開始，到了元朝時已蔚成風尚，元人陶宗儀在他的《南村輟耕錄》記載：

> 唐鎬詩曰：蓮中花更好，雲裏月長新，因窅娘作也。由是人皆效之，以纖弓為妙。以此知札腳自五代以來方為之，如熙寧元豐以前人猶為者少。近年則人人相效，以不為者為恥也。〔註21〕

元人散曲作品中也常見類似記載：

> 湘裙半露金蓮剪，翠袖輕舒玉筍纖。花鈿宜點黛眉尖，可喜臉，爭忍立謙謙。（無名氏《春喜來·四節》）〔註22〕
>
> 料想人如畫，三寸玉無瑕。底樣幾分明印在沙，半折些娘大，著眼柳條兒比下，實實不耍，陰乾時刻兩個桃牙。（無名氏《醉中天·詠鞋》）〔註23〕

今天，纏足之風已被視為中國文明發展史上對婦女的絕大傷害，然而，在中國至少有數百年的歷史時光，有為數頗多的中國文人對這種三寸金蓮抱有極

〔註21〕〔元〕陶宗儀：《南村輟耕錄》，頁127。

〔註22〕隋樹森編：《全元散曲》（臺北：漢京出版社，1983年），頁1703。

〔註23〕隋樹森編：《全元散曲》，頁1672～73。

大的好感，他們從不認為這是對女性的傷害，而視為一種美感。那麼，這不正反映巴森所說，當文化精進時，當時人們並未察覺到的弊病嗎？今天，如果我們拿中國的纏足與真臘的跣足相較，那麼何者健康？何者病態？已相當明顯。但正如前文所說，當周達觀來到真臘看到婦女跣足時，他的心態仍如絕大多數中國人一樣，只認為是奇風異俗，但絕不會參考、引進這種風俗，尤其是用在對婦女的態度上。〔註24〕

再舉儒士的服飾，從元朝保存下來的繪畫作品中，例如山西右玉縣寶寧寺的壁畫，可知元朝儒士的服飾大致和唐、宋時期差不多，只有小改易。簡而言之，全身除臉部外，其餘部分皆為為冠、衣、鞋等布料或材料所遮蓋，因為這才是合乎禮的。此外，如果是一般漁農市井階層，則部分會祖露肩膀或小腹，說明他們與儒士的不同。因此，當周達觀抵達真臘，看到當地民眾，從國主以下，不論男女都「椎髻祖裼，止以布圍腰」時，很明顯地，周達觀馬上聯想到這是與中國儒士不同的服飾，甚至比中國漁農市井裸露更多，認為他們是較為接近次等文明的國度民族了。

既然周達觀在心態上已經流露對次文明的認知與對待，因此當他寫作《真臘風土記》一書時，自然也較容易忽略真臘的偉大文明成就，而較偏重於真臘的風土民俗記錄。當我們整理《真臘風土記》一書時，四十則中明顯透露對次文明的記錄用語，大致如下：

第二則「宮室」時，周達觀會注意到「百姓之家，止用草蓋，瓦片不敢上屋。」

第三則「服飾」時，說「椎髻祖裼，止以布圍腰。」

第六則「人物」時，說「人但知蠻俗，人物粗醜而甚黑。」

第七則「產婦」時，說「番婦多淫，產後一兩日，即與夫合。」

第九則「奴婢」時，說「人家奴婢皆買野人以充其役。」

第十一則「野人」時，說「其性甚狠。」

第十二則「文字」時，說「初無印信，人家告狀，亦無書舖書寫。」

第十五則「病癩」時，說「以愚意觀之，往往好色之餘，便入水澡洗，故成此疾。」

〔註24〕當然，中國因地理條件不同，並非熱帶氣候，因此鞋子的需求是必然的，加以文化的深層及階級制度分明，各色的鞋子的出現也是必然的，這必須予以說明。

第十六則「死亡」時，說「今亦漸有焚者，往往皆是唐人之遺種也。」

第十七則「耕種」時，說「婦女亦有立而溺者，可笑可笑。」

第二十則「貿易」時，說「往年土人最朴。」

第三十則「器用」時，說「蓋飯只用手拿。」

第三十二則「舟楫」時，說「匠者無鋸，但以斧鑿之，開成版；既費木，且費工，甚拙也。」

第三十六則「異事」時，說「東門之裏，有蠻人淫其妹者。」

第三十七則「澡浴」時，說「會聚於河者，動以千數，雖府第婦女亦預焉，略不以爲恥。」

第三十九則「軍馬」時，說「軍馬亦是裸體跣足。」

第四十則「國主出入」時，說「以此觀之，則雖蠻貊之邦，未嘗不知有君也。」

以上引述周達觀《眞臘風土記》文中所透露的用語，顯然以次文明的角度對待眞臘，因有此語。

三、心態與想法

從以上這些記錄來看，周達觀表現了幾個心態與想法：

（一）周達觀認爲眞臘仍屬「蠻貊之邦」。在第六則、第三十六則、第四十則，都有明顯的記錄，說明周達觀抵達眞臘一年時間中，雖然眼見許多如吳哥寺般的偉大建築，但周達觀回國後，仍認爲眞臘整體而言是蠻貊之邦，反映出中國儒士不可避免的華夷之辯觀點。

（二）周達觀常以中國已發展至較精緻的文明角度，看待眞臘較粗糙的文明現象，這點在屋舍、服飾等都明顯可見。因爲周達觀並非考古學家或人類學家，當時尚不能察覺因地理條件、氣候因素的差異，自然會導致屋舍或服飾等的發展樣貌。其實，東南亞多處雨林地帶，很自然會發展出高腳屋的建築形式，這種房舍的形式及優點，陳序經先生說：

> 編一種樹葉以覆屋，在今日的柬埔寨與東南亞各地，還是常見。馬來語叫這種屋爲亞搭（Atap）屋。至說國王居重閣，人民亦爲閣居，似乎就是今日的干闌，這種房屋又叫浮腳屋。普通距離地面五、六尺，地板之下的四面及中間用木柱支持，上下用扶梯。這種房屋一方面可

以避免毒蛇猛獸的侵害，一方面也可以避免潮濕與水患。〔註25〕

真臘吳哥附近的洞里薩湖，因爲潮漲潮退的現象，導致居民必須發展容易搬遷移動的簡易木板屋，這現象至今依然。〔註26〕

服飾也是一樣，天氣炎熱的關係，袒露上身無疑是較舒適的，而且便於工作，若像中國人士的服裝，在這個區域反而不便。

周達觀未能思考這些現象，因而只以中國的現象延伸出標準，用以看待真臘，自然不免出現輕微程度的次文明觀察想法了。在中國的服飾方面，我們自然想到孔子那段有名的話：

> 管仲相桓公，霸諸侯，一匡天下，民到于今受其賜。微管仲，吾其
> 被髮左衽矣。〔註27〕

這段文字以披髮及衣飾左右衽來判別華夷之辯，在周達觀的《真臘風土記》中，也隱約具有這種意味。

（三）周達觀認爲自己的文明程度是高於真臘人的。周達觀大致屬於元朝的儒士身分，以當時的地位來說，即使不像俗言所說的「九儒十丐」，但應該也非當時的上層階級人物，且以周達觀此行職務只是隨團副使來看，在當時的政府官級自然也不高。然而，當他抵達真臘時，仍是以優越民族的身分看待真臘，所以有粗醜、多淫、性狠、好色、可笑等負面性評價語。

這種情形不免讓我們想起今天的種族歧視問題，此問題不斷地出現在歷史上，十六世紀初西班牙人攻占中南美洲的阿茲特克即爲顯著的例子。今天，在考古學上，阿茲特克早已被認爲具有高度文明，但在當時的西班牙人看來則屬落後的野蠻民族，認爲阿茲特克不是信仰基督教而是偶像崇拜，所以是非文明國家。Serge Gruzinski 的《阿茲特克——太陽與血的民族》引述當時的征服者科爾斯特呈給西班牙國王查理五世的文書中說：

> 這座神廟內有三間大殿，殿裡供奉主要偶像；大殿巍峨壯觀，裡面
> 許多神像浮雕，有木頭做的，也有石頭做的。……我叫人掀翻祭台
> 台面，把最大的，他們最信的偶像從梯上推下去，並且叫人清洗沾
> 滿人牲鮮血的祈禱室。我還在偶像的位子上，安放我們的聖母和聖

〔註25〕陳序經：《陳序經東南亞古史研究合集》，頁 566。

〔註26〕洞里薩湖爲東南亞最大淡水湖，雨季時因湄公河水倒灌，湖面面積可達一萬
　　　　平方公里。旱季時，湖水注入湄公河，湖面面積僅剩二千五百平方公里。筆
　　　　者 2006 年及 2007 年抵達洞里薩湖時，湖旁建物即因搬遷而有所改易。

〔註27〕〔周〕：《論語》，頁 127。

徒的圖像。

我透過翻譯對他們說，他們眞是盲目，這些偶像不過是他們自己用
不潔之物塑成的。我告訴他們，上帝只有一位，那就是創造了天地
萬物的天主，這位上帝才是永世長存的。

我聽了這樣的回答，就先放他回去，要他們作好準備，我們即將進
攻，將他們殺光。

陛下明察諸臣子在這些日子裡付出的辛勞，遇到的艱險。後人將從
他們的功績中看到，他們都是些出類拔萃的人物。〔註28〕

這段文字今日讀來令人怵目驚心。今天，我們應不會贊同當初西班牙人的行
爲，但在十六世紀時，這種行爲不僅被視爲合理，更是正義的行爲，從中得
知，當初中國人對蠻貊之邦的態度，在當時也無人認爲不妥。從科爾斯特呈
給西班牙國王的文書反映了幾個現象：其一，西班牙人承認阿茲特克文明的
建築偉大，大殿巍峨壯觀；其二，西班牙人認爲阿茲特克人的信仰是盲目的，
理由在於上帝只有一個，即西班牙人所信仰的那一位；其三，阿茲特克人的
偶像是製造出來的，且是用不潔的事物製造的；其四，爲了西班牙人堅持的
正義，是不惜殺死全部的阿茲特克人的；其五，當初屠殺阿茲特克人的那批
西班牙臣子，實是在執行正義的任務，應被後人表揚。

這種情況和周達觀的看法，其實有部分相似處。其一，周達觀也承認眞
臘的建築是偉大的，雖然他對此著墨並不多；其二，周達觀對印度教的興趣
並不大，幸而周達觀不似科爾斯特，對印度教採取毀滅性看法；其三，眞臘
就某種意義來看，實屬蠻貊之邦，幸而因周達觀的身分是出使團員而非征服
將領，否則後果未知如何？然而，從當初蒙古政府的征伐行動，及對東南亞
某些國家的用兵行動看來，並不能保證不會發生類似西班牙人屠殺阿茲特克
的行爲。幸而地，在周達觀的年代，中國與眞臘之間並未產生這種屠殺或戰
爭。

經由上述說明，可以歸納周達觀對眞臘次文明的觀察，主要表現在與「人」
及與人類生活所創造的事物上，在書寫《眞臘風土記》時，周達觀或許嘗試
客觀記錄，但民族的較優越性，使他不免寫下主觀甚至批判的字眼。相對來
看，當周達觀記錄與「人」較無關，而屬於眞臘的物產等記錄時，便顯得較

〔註28〕〔法〕Serge Gruzinski 著，馬振聘譯：《阿茲特克——太陽與血的民族》（臺北：
時報出版社，1996 年），頁 165～168。

爲平淡自然，是以客觀的觀察者角度記錄下來。這些章則在「草木」、「飛鳥」、「走獸」、「蔬菜」、「魚龍」、「醞釀」、「鹽醋醬」即爲如此，例如第二十二則「草木」全文爲：「惟石榴、甘蔗、荷花、蓮藕、羊桃、蕉芎與中國同。荔枝、橘子，狀雖同而味酸，其餘皆中國所未曾見。樹木亦甚各別，草花更多，且香而艷。水中之花，更有多品，皆不知其名。至若桃、李、杏、梅、松、柏、杉、檜、梨、棗、楊、柳、桂、蘭、菊、芷之類，皆所無也。其中正月亦有荷花。」類似的記錄就看不到主觀用語，而是選擇客觀用語。類似這種用語，反而呈現了《眞臘風土記》在地理學或博物學的價值，具有珍貴的記錄價值。

　　總而言之，本節認爲《眞臘風土記》就當時而言是保存眞臘風土民情的唯一書面著作，價值不言可論。然而，因爲周達觀來自一個原本就存在「華夷之辯」思想的中國，在心態上不可避免對眞臘產生歧視味道，雖然周達觀已盡量不在文字出現批判的意味，但偶爾仍不自覺流露出來，說明當時人們尚未具備今日種族平等、包容對待的觀念。由此進一步的思考是，所幸當日元朝並未對眞臘用兵，否則一場導致生靈塗炭的戰爭將不可避免，這說明對一種不同文明的觀察與包容對待實有其必要。今日我們研究《眞臘風土記》，可將之視爲這種觀察的起步之一，經由後代對此類著作的研究與整理，文明之間平等對待的情況才得出現。

第二節　儒士的出發角度

　　延續前節的討論，與之相關的問題是：就周達觀或當時中國儒士的心態而言，他們看到了什麼？他們在想什麼？前節所提的對次文明的觀察，它的主要觀念引導者，自然是社會中堅力量的知識分子，經由知識分子導引，再傳遞、擴散至民間，最後形成普遍概念。其次，由膚色問題帶出的分別心，也是造成中國視眞臘等國爲蠻貊之邦的原因之一。雖然陳序經先生對眞臘人的膚色問題有開明的看法：「我們知道扶南人色黑固是事實，醜黑卻是我國人的主觀主義，對於外族人民一種鄙視的看法。這完全是用我們自己的標準去衡量他人。其實，有的民族並不以色白爲好看，而卻以色黑爲好看。」〔註29〕但這種觀念在中國古代畢竟難以出現。以今日而言，白種民族一般瞧不起黃種民族，而黃種民族又一般瞧不起黑種民族，這現象普遍存在，說明要解決

〔註29〕陳序經：《陳序經東南亞古史研究合集》，頁 556。

種族歧視的問題並不容易，因爲它確實屬於人類天生具來的存在現象。今天，想要彌平種族歧視的問題，實難以靠一般百姓達成，而必須藉重知識分子或學者的開導，而他們也應負有對這個問題的相當詮釋責任與公理開導職責。

那麼，我們必須引出一個問題，即中國或元朝的知識分子，尤其是儒士，他們在對待異域民族，尤其當真臘人的膚色又較中國人爲深時，中國人採取怎樣的觀點？

以周達觀而言，從他所留下來的著作及詩文，以及隨團副使出使真臘等僅有的資料來看，可以確定他是較接近中國儒士的知識分子，而較不接近道家人物或佛家人物。因此，在中國最主要的三大知識分子或主流思想來看，我們主要討論儒士，原因在此。

一、儒士觀點

關於「儒」，在中國最早是指擁有技術的人，東漢許愼的《說文解字》簡單稱爲「儒，柔也，術士之稱。」〔註30〕之後，這群擁有技術的人逐漸發展了有別於工匠技術的流派，形成思想，其中最關鍵的人物當然是孔子，他是儒家的創始人，也影響此後中國行爲模式二千多年。儒家或孔子的重要性，牟宗三先生在《中國哲學十九講》中有簡要概括的說明：

> 儒家的思想開闢價值之源，挺立道德主體，這方面沒有能超過儒家者。開闢價值之源，所謂價值就是道德價值、人生價值。儒家對人類的貢獻，就在他對夏商周三代的文化，開始作一個反省，反省就提出了仁的觀念。〔註31〕

這段文字清楚揭示儒家或孔子的偉大貢獻，即是對道德主體的價值反省與實踐，此後成爲中國人普遍的價值意義。後來以孔子之學爲業的知識分子，便普遍被稱爲儒者或儒士，而做爲一個社會上擁有知識力量或技術的這群人，他們的價值，荀子認爲應該是：

> 儒者在本朝則美政，在下位則美俗。〔註32〕

其基本功能在於兩者，第一，儒者在朝廷時，應以習得的知識及價值判斷，

〔註30〕〔漢〕許愼著，〔清〕段玉裁注：《說文解字注》（臺北：漢京出版社，1983年），頁366。

〔註31〕牟宗三：《中國哲學十九講》（臺北：學生書局，1986年），頁62。

〔註32〕〔周〕荀子著，李滌生集釋：《荀子集釋》（臺北：學生書局，1988年），頁129。

協助朝政，使朝政清明；第二，儒者在社會時，也應使社會成爲善良的風俗，不使混亂駁雜。從孔子到荀子，基本已畫出中國儒士應有的概念及處世原則。

那麼，道德價值在那裡呈現呢？牟宗三先生提及孔子所反省的周朝時說：

> 周公制定的禮雖然有那麼多，它主要是分成兩系，一個是親親，一個是尊尊。所謂親親之殺、尊尊之等，親親是就著家庭骨肉的關係說。親其所親，子女最親的是父母，父母最親的是子女，往橫的看，就是兄弟，這是屬於親親的。……另外還有一系是尊尊，尊其所應該尊的。爲什麼我要尊他呢？因爲他有客觀的地位。尊尊是屬於政治的，它也有等級。〔註33〕

周朝的重要性，正在它是從夏、商兩朝的反省而來的。夏、商兩朝基本上還是部落的型態，因此周朝初年在中國文明的發展上，展現重要關鍵地位，由於周公制禮作樂定出親親與尊尊的價值原則，這種原則擺脫了較原始的文明構成，而進入以人文化成的社會狀態。因此，孔子尊奉周公的原則而開展發揚，其後儒者又得到歷代的傳承及開展，終於在道德價值意義上，成爲中國普世的標準。

這種處世原則或價值觀念，貫串中國每個朝代，自然包含元朝在內。以元朝而言，因爲朝代歷史較短，元儒基本思想以繼承宋儒而開展，著名的儒者以許衡、吳澄、郝經等人爲著。其中許衡、吳澄等人，亦受詔入宮提供主政者施政參考，例如忽必烈曾於至元二十二年召許衡至京師，命議事中書省，許衡也因此而上了一道奏疏表達治國的理念與原則，例如不雜小人、不責近效、不恤流言、民生有欲、無主乃亂、以公爲心、以愛爲心、不爲利回、不爲勢屈、以誠愛下等，而最終總結其要爲「修德、用賢、愛民」三者。〔註34〕這道奏疏並得到忽必烈的讚許，從中可以知道忽必烈對儒士的尊重，也得以推知中國傳統儒士的處世原則及治國方針，在元朝的儒士身上仍爲普遍的原則。

周達觀身處元朝，他的儒士價值仍與中國傳統是一致的，一千多年的價值意義發展，始終貫串在元朝的儒士身上。這種儒士的價值意義難以全面形容，但它的基本意義原則不變，史衛民先生《元代社會生活史》一書中說：

> 理學肇始於北宋時期，到南宋時由朱熹集大成，成爲儒學的主流派。

〔註33〕牟宗三：《中國哲學十九講》，頁57～58。
〔註34〕〔明〕宋濂等撰：《元史》，頁956～958。

> 金元之際，理學在北方亦廣爲傳播並有所發展。……儘管派別不同，
> 理學家們詮釋的道德觀念，大多還是以尊聖賢、褒忠義、獎孝悌、
> 重貞節、愼行止、恤黎民爲基本內容。〔註35〕

因此，當周達觀來到眞臘，對眞臘的觀察及記錄活動時，在出發角度上自難以避免儒士的心態。例如提到第七則「產婦」時，說「番婦多淫，產後一兩日，即與夫合。」第十五則「病癩」時，說「以愚意觀之，往往好色之餘，便入水澡洗，故成此疾。」第十七則「耕種」時，說「婦女亦有立而溺者，可笑可笑。」第三十六則「異事」時，說「東門之裏，有蠻人淫其妹者。」第三十七則「澡浴」時，說「會聚於河者，動以千數，雖府第婦女亦預焉，略不以爲恥。」這些例子，說明周達觀對某些眞臘婦女有一定的成見，這種成見顯然來自受儒家教育的人所擁有。

傳統儒家觀念不僅只於文人、士大夫階層，因其影響力也及於民間凡夫俗子，倫理道德觀點的通俗性說法，即社會不能產生傷風敗俗的行爲。然而，就人類自性的發展來看，傷風敗俗本來就是人類劣根性之一，它雖非好事，卻必然會在某些人物身上出現。元人孔齊在他的《至正直記》書中，記錄了不少相關的記載，例如提到當時人喜歡納妾的行爲，就今日來看，正屬傷風敗俗行爲：

> 尋常婢妾之多，尤費防閑，久而稍怠，未有不爲不美之事，其大患有三：壞亂家法，一也；誘陷子弟，二也；玩人喪德，三也。士大夫無見識者，往往蹈此。人之買妾者，欲其侍奉之樂也。妾之多者，其居處縱使能制御，亦未免荒于淫佚矣，何樂之有。或正室之妒忌，必致爭喧，則家不治。苟正室之不妒，則妾自相傾危，適足爲身家之重累，未見其可樂也，宜深戒之。〔註36〕

孔齊的觀點即是傳統儒士的觀點，他基本上是反對納妾的，認爲納妾將會混亂一個原本和諧的家庭，並使人家子弟墮入情慾的陷阱中，最後，人將喪失德性。一個讀書人，假如自持能力不足的話，都將陷入其中，爲所傷害。孔齊推論，納妾只會帶來荒淫的行徑，它所導致的後果，危險多於快樂，因此人人必須戒愼。這些觀點正是典型的儒家或理學家觀點，當時，周達觀作爲

〔註35〕 史衛民：《元代社會生活史》（北京：中國社會科學出版社，2005年），頁278。
〔註36〕 〔元〕孔齊：《至正直記》，（臺北：藝文印書館，1966年，《百部叢書集成初編》第六十四輯，卷一），頁34。

一個讀書人，其觀點應和孔齊沒有太大的差異。

當然，七百年前的舊時代，孔齊等人有這種看法是很容易理解的，當時人們對性慾尚未能取得健康的概念，世上許多宗教均不約而同地採取禁慾的告誡。約與周達觀相當時代的十三世紀的聖多瑪斯‧阿奎納（St. Thomas Aquinas，約公元 1225 年至 1274 年）便將色慾列為人類的罪惡之一，凡此都說明當時人們認為對這種本能慾望的抑制，是較有效制止人性墮落、維持社會秩序的方法。阿奎納觀點如此，元朝理學家或文人的觀點也都如此。因此，當孔齊發現社會出現由納妾而來的混亂情形時，不免發出感嘆與批評之聲，而當周達觀在真臘見到某些婦女的行為舉止仍停留在較原始、本能，近於色慾的情況時，也不免發出感嘆與批評之聲。

就一個中國儒士或知識分子的角度而言，他所希冀的社會現象，應是和諧、有秩序、安居樂業的狀態。然而，人性卻無可避免存在無賴、劣性，理想的社會畢竟難以實現。當無賴與劣性造成混亂的情形時，政府的立場只能採取禁制的手段。元治中國後，參酌漢法、漢制，加以蒙古人本身既有的草原紀律與法度，他們都希望能將國家或社會導入理想的規範，然而，導正畢竟不易，當時社會仍存在不少亂象，令執政者或士大夫階層頭痛不已。當時，一部名為《大元聖政國朝典章》的元朝法令文書彙編，保留許多元朝的原始資料狀況，其中的「刑部」卷，實在不乏當初的各種社會犯罪事件，例如提到大德十年時的狀況：

> 杭州城寬地濶，人煙稠集，風俗澆薄，民心巧詐。有一等不畏公法、游手好閒破落惡少，結籍經斷警跡並釋放賊徒，與公吏人等以為朋黨，更變服色，游翫街市，乘便生事，搶掠客人笠帽，強奪婦人首飾，奸騙良人妻女，及於娼優构欄、酒肆之家，乞取酒食錢鈔，而因鬥毆，致傷人命。或公然結攬諸物，於稅司、酒務、倉庫投托計囑，故將官吏欺凌攪擾。或詐稱巡捕人員，攔截往來客旅，奪要鈔物，非止一端。〔註37〕

《大元聖政國朝典章》的記載，讓我們聯想到周達觀《真臘風土記》所記載的真臘社會風俗現象，兩者差異不大，正因他們都是人性本有的劣根行為，不論在中國，或在真臘，並無差別。較不同的是，中國因典章制度行之久遠，

〔註37〕祖生利、李崇興點校：《大元聖政國朝典章‧刑部》（太原：山西古籍出版社，2004 年），頁 447～448。

政府有相當的法令措施，但從《真臘風土記》看來，真臘於此並不完備。因此，就一個來自中國的知識分子而言，他對真臘的觀察角度不免著墨於較原始的土風，這種土風是較缺乏制度的，所以周達觀的觀察是：

> 民間爭訟，雖小事亦必上聞國主。初無笞杖之責，但聞罰金而已。其人大逆重事，亦無絞斬之事。止於城西門外掘地成坑，納罪人於內，實以土石，堅築而罷。其次有斬手足指者，有去鼻者。但姦與賭無禁。姦婦之夫或知之，則以兩柴絞姦夫之足，痛不可忍。竭其資而與之，方可獲免。然裝局欺騙者亦有之。人或有死於門首者，則自用繩拖置城外野地，初無所謂體究檢驗之事。
>
> 人家若獲盜，亦可自施監禁拷掠之刑。却有一項可取。且如人家失物，疑此人為盜，不肯招認，遂以鍋煎油極熱，令此人伸手於其中；若果偷物，則手腐爛，否則皮肉如故。云番人有異法如此。
>
> 又兩家爭訟，莫辨曲直。國宮之對岸有小石塔十二座，令二人各坐一塔中。其外，兩家自以親屬互相隄防。或坐一二日，或坐三四日。其無理者，必獲證候而出，或身上生瘡癬，或咳嗽發熱之類。有理者略無纖事。以此剖判曲直，謂之天獄。蓋其土神之靈，有如此也。
> 〔註38〕

從中來看，真臘確實較缺乏中國的法律或典章制度，以致爭訟事件發生時，常以較原始的刑罰判罪，甚至藉由土神之靈斷案，明顯是不同中國的。那麼，在缺乏儒士教化下的真臘，社會將呈現怎樣的狀態呢？

二、真臘的美俗

相較中國，真臘典章制度並不完備，然而，當時真臘社會，和中國儒家認為的境界，距離有多遠？周達觀居住真臘一年，他所見到的真臘社會現象或風俗，和中國相較來說，是更混亂？還是更理想？

或許，我們可以從保存在今日吳哥城的巴戎寺迴廊浮雕中，觀察當時百姓的真實生活場景，這段總長一千一百公尺，高四公尺左右的浮雕壁面，描繪當時真臘人的戰爭與生活場景，鉅細靡遺，很真實地留下七百年前的真臘人日常生活。傅利曼、賈克斯在《吳哥深度旅遊聖經》描繪了其中幾段：

> 士兵們大都手持長矛，蓄長髮、圍腰布，並將粗繩盤過胸前，形成

〔註38〕〔元〕周達觀著，夏鼐校注：《真臘風土記校注》，頁 128～129。

獨特的配飾。下層有一隊士兵留長髮、紮頂髻、披戰袍，明顯爲中國人。指揮軍騎乘戰象，涼傘數顯示其軍階。

小鳥停歇在建物的屋頂上，屋頂邊緣有些裝飾性山形牆與尖頂飾，涼傘及其他物品則繫在椽樑存放。有些居民，從其外表和行爲來看，可能是生意人；他們大都是高棉人，但有些很明顯是中國人，包括建物內的一群男人：他們正在鍋子上烹煮食物，而羔羊屍體掛在一根柱子頂端。

一艘大平底船載著一群中國水手，船長坐著發號施令。在船尾，一名水手操作長舵，同時在船首另一名水手起（或拋）錨，船錨像綁有繩索的大石頭。在上方，漁夫撒網，鱷魚趁機咬到一條魚。

城鄉的日常生活繼續過著。女人賣水果；更遠處是雕刻精美的鬥雞活動，開始時兩個雞主人將鬥雞交予對方，然後下注。接著，市場裡有女人賣雞，兩名女子稱貨物重量，兩個中國男子在一旁議論著。

在一個不相干的場面中，兩名隱士爬到樹上躲避老虎的攻擊。上層則爲寺廟興建的場面：工人們（可能是奴隸）拖動一塊大砂岩，工頭手持棍棒站在砂岩上吆喝他們前進；有些人搬運建材，有些人則磨著吊掛在框架上的石塊。

兩層都是娛樂節目：上層有劍術師、走鋼索表演人員；下層有樂隊、特技演員頂著三個小孩、雜耍演員用腳旋轉輪子等。盛會由國王親自主持，他就坐在皇宮裡的王位上。

有許多小型場面呈現隱士的生活，諸如取水、唸經，森林裡的動物在他們的周圍活蹦亂跳。

朝東的三層呈現皇宮場景：統治者、后妃及宮廷其他人等，正在欣賞舞者、樂師和吟唱者上演的娛樂節目。朝北的三層呈現另一個皇宮場景：統治者與下方男子談論或辯論。

還有一個臥病在床的男子被兩個人照顧著，其中一人摸著病人的頭。在更左邊，一位女士坐在一艘小船裡別有雅致地採著蓮花，船由隨侍划著，其他女人則在上方花園裡悠閒的散步。

國王赤手空拳和巨蟒大戰，下方爲觀眾。接著，國王坐下，命僕役

們離開，他們即走下階梯；數個女人關心查看國王手上的傷勢。後
來國王病倒了，根據傳說，他因蛇毒感染了麻瘋病；最後幾個場面
呈現病情的進展。〔註39〕

以上所引，不過是巴戎寺迴廊浮雕其中極小部分罷了！但僅從上敘記錄來
看，已反映頗多訊息：

（一）真臘整體呈現富庶的景象，許多場面呈現了豐饒、百姓富足的畫
面，印證中國船商所謂「富貴真臘」的情況；

（二）當時在位的闍耶跋摩七世，展開對周圍國家的征戰，在浮雕上自
然要呈現真臘戰勝的場面，但以當時而言，這與事實的情況相去
不遠；

（三）當時已有中國傭兵，而且部分是屬於水兵；

（四）中國人除從事水兵外，也在當地從事貿易活動；

（五）吳哥建有大型的石造寺廟，在建築工人來源上可能是奴隸，而整
個工程是頗有組織的系統；

（六）宗教上的僧侶、隱士，呈現了優雅從容的生命情態，而一些女性
也有同樣的從容；

（七）在慶典活動上，國主親自主持，與民同樂；

（八）當時的國主闍耶跋摩七世，呈現了英勇的形象，但他後來則得到
傳染病，也就是真臘民間俗稱的「癲王」。

從這些訊息來看，至少在吳哥一帶，我們絕不能再以蠻俗的角度看待，
因為其中呈現國家化的組織、強大的軍事能力、工程與經濟的良好運作、宗
教或生活的從容態度、君民之間的互動和諧等，即使在今天看來，都已經具
備了發展良好的國家型態。周達觀在真臘一年之中，顯然，也必然會看到這
種健全的國家型態。然而，問題仍未解決，即周達觀為何不將真臘的更完整
風貌，出以更詳實的記錄？真是費人猜疑。

周達觀抵達真臘時，巴戎寺建造者闍耶跋摩七世已去世數十年，留下這
座壯觀的建築與美麗的雕刻，照理說，周達觀應該看過巴戎寺的浮雕，而這
些豐富的浮雕群像，對於周達觀寫作《真臘風土記》，其實可以補充許多更為
完整、真實的記錄，但周達觀完全沒有參考。

不僅如此，從巴戎寺浮雕呈現的國家或社會風貌，我們甚至可以更樂觀

〔註39〕〔法〕傅利曼、賈克斯著，邱春煌譯：《吳哥深度旅遊聖經》，頁 85～101。

地說，它在某些面向的成就上，已經接近中國儒家或傳統政治要求，乃至是廣大的民間需求所要達致的成就，即「風調雨順，國泰民安」。周達觀本身爲儒士者流，對中國的政治理想應不陌生，那麼，他對眞臘的整體表現，應該有極大的讚賞才是。

周達觀畢竟沒有表現出來，一者缺乏對眞臘的深刻觀察與反省，二者缺乏對眞臘的欣賞與欽敬，原因除華夷之辯外，也在於周達觀本身具有中國傳統知識分子那種較爲高傲的心態有關。在這種知識分子爲優的心態下，周達觀只片面、單一選擇他所要觀察的對象，即一種屬於較低階層的、風土的、原始的生活方式，以獵奇的角度對之記錄。但對眞臘表現出來的國家化組織、強大軍事力量、社會安居樂業景象等，周達觀卻表示一定程度的漠視態度。因此，當周達觀記軍馬時謂「軍馬亦是裸體跣足，右手執摽槍，左手執戰牌，別無所謂弓箭、砲石、甲胄之屬。傳聞與暹人相攻，皆驅百姓使戰，往往亦別無智略謀畫。」記舟楫時謂「匠者無鋸，但以斧鑿之，開成版；既費木，且費工，甚拙也。」都反映出敘述的簡略與負面的批評。

同樣地，對於富貴眞臘已然擁有的經濟能力，周達觀也敘述不清，只揀選較屬皮毛的層面對之說明，較無法充分體現眞臘政經，乃至民生狀態的實貌。因此，周達觀記文字時謂「初無印信，人家告狀，亦無書舖書寫。」記器用時謂「蓋飯只用手拿。」這些記錄或許有其眞實性，但仍不免忽略其它未見之處。平實而論，就傳達眞臘風土狀況而言，以周達觀的《眞臘風土記》而言，它作爲一個中國知識分子的著述成就，卻比不上眞臘那些無名字留傳的浮雕工匠。

我們的意思是，周達觀身爲一個具有中國儒士身分的出使者，他的觀察角度不免受到傳統儒士性格的影響，即道德價值意識高於一切。在此前提下，當眞臘表現了許多不符的價值觀時，周達觀便會對之做出較爲負面的評判。我們的反思是，就眞臘所表現的風土景象，雖尚存較不文明之處，卻未嘗不是一個祥和、敦厚的社會型態，與儒家的理想差異不大。從巴戎寺迴廊浮雕來看，在儒家或儒士「美俗」的要求下，眞臘可謂大體具備；在「美政」的要求下，眞臘雖未產生一套嚴密的政經制度，但就國家的穩定來說，大體也不差。

最後，周達觀雖然較爲忽略眞臘的「美俗」，但他已留意眞臘的「美政」，在《眞臘風土記》最後一則「國主出入」，周達觀有較大的反省，本則相較全

書而言也較具學術或理論意義，全文結束時，周達觀用「以此觀之，則雖蠻貊之邦，未嘗不知有君也。」總結本則或《眞臘風土記》的感想。這幾句感想字眼，透露出周達觀已經觀察到眞臘的殊勝之處，發現這個蠻貊之邦仍有君臣百姓的分野與上下階級的觀念，仍存在類似中國的制度層面的事物。周達觀最後這幾句話，從心理的層面來看，他隱隱覺得眞臘在政治體系或朝廷百姓之間，實有可取之處，也就是眞臘具備某種程度的「美政」現象。

可惜的是，周達觀畢竟沒有將眞臘的美政、美俗，以更完整，更欣賞的態度記載下來，後來吳哥文明滅亡，爲叢林所吞，所有書面資料全部佚失，今日，除少數碑文得以佐證外，我們已無法還原七百年前眞臘的實際政治、經濟、社會制度等細部原則與規定。周達觀以其較爲高傲、局限的儒士思維留下的《眞臘風土記》一書，記載呈現一定的盲點與遺漏，也不免令人遺憾。但歷史已無法追溯、改變，文明的發展與資料的呈現，亦本來有得有失，責任並不在周達觀身上，這是必須說明的。

第三節　海外貿易的風土考察

前面兩節主要說明周達觀以中國儒士身分對眞臘次文明的觀察，對周達觀《眞臘風土記》有某種負面評價，但這是時代問題，七百前年的人們尚難以產生各種文明的平等對待觀念，因此我們並不能苛責周達觀。加以儒士觀點本爲中國傳統根深蒂固觀念，周達觀並未在思想觀點有獨到的發明或反省，加以他年紀尚輕，只能用較爲普遍性的角度來看待眞臘的狀況，自然會以自己觀點流露批判他者的現象，本屬正常。

然而，就現存《眞臘風土記》一書，因爲它的唯一性、開創性，肯定義早已超越否定義。《眞臘風土記》雖然不免出現部分的片面主觀，但周達觀對該國的物產及中國、眞臘間的貿易狀況，其詳實的記錄卻足以補《元史》及其它資料的不足。《眞臘風土記》最大的功勞，應是對當時中國與眞臘間的貿易環境，提供更多的資料，有助於中國人士前往眞臘的參考，進而地，中國人士由此出發，得以展開更活絡、充足的國際關係。當初周達觀隨團副使，最可能的任務即在於貿易考察與觀點分析，而就一個隨團副使的角色而言，周達觀實已盡到自己的職責。

周達觀《眞臘風土記》之所以未能在許多細節或制度上，完整陳述眞臘

的全貌，以致未臻理想，原因之一除了華夷之辯及知識分子的主觀認定外，另一原因在於周達觀當時身分只是隨團副使，只能參與幕僚角色，當他遇到國與國之間的重要場合，例如簽訂合作協定等事務，他並非主事或決策者，這些都造成周達觀書寫《眞臘風土記》時，不可避免產生局限性。然而，當周達觀將重點置於對眞臘風土的大致輪廓描述，尤其是與元朝對外貿易相關的輔助資料時，《眞臘風土記》大致已足以提供中國人到眞臘發展的參考。

一、元朝對外貿易與周達觀出使

　　元朝的對外貿易情況大致爲何？周達觀《眞臘風土記》又給予怎樣的思考？

　　大致說來，一個朝代在發展的歷程中，最常出現的狀況是：（一）開始時通常以延續前朝的制度爲主，以求穩定。（二）其次，因爲政治逐漸穩固，權貴之士興起，他們控管大部分的利益，並且出現利益集團，壟斷更大的利益，進而造成政府的困擾。（三）最後，隨著利益集團的擴大與腐敗，朝廷不免對他們採取行動，但在國力耗費的情況下，最後導致朝代的滅亡。就元朝來看，元世祖忽必略統一中國後，就可以看成是第一個階段時期，此時，忽必略用漢人，行漢制，就是這個現象的反映。在這個時期，以對外貿易而言，忽必略承宋制設立市舶司，也就是專管對外貿易、行政課稅的機構。《元史・食貨志・市舶》記載：

> 元自世祖定江南，凡瀕海諸郡與蕃國往還互易舶貨者，其貨以十分取一，粗者十五分取一，以市舶官主之。其發舶迴帆，必著其所至之地，驗其所易之物，給以公文，爲之期日，大抵皆因宋舊制而爲之法焉。於是至元十四年，立市舶司一於泉州，令忙古觮領之。立市舶司三於慶元、上海、澉浦，令福建安撫使楊發督之。每歲招集舶商，於蕃邦博易珠翠香貨等物。及次年迴帆，依例抽解，然後聽其貨賣。〔註40〕

這大概是忽必略滅宋初期的基本狀況，稱不上較大的建設與突破性，但就舊制承續而言卻有一定的穩定度。其後，忽必略晚期逐漸進入第二個階段，而當元成宗繼位後，國政已採溫和保守路線，可以看成是對第二階段的繼承。此時，權利既得者必然以維持、擴大自己的利益爲務，形成某些特定人士把

〔註40〕〔明〕宋濂等撰：《元史》，頁 625。

持貿易利益，一般經營者往往成爲犧牲的對象，這種現象，則往往形成走私的風氣。本文討論的《眞臘風土記》寫作時期，正是元成宗繼位後不久，可視爲這種現象的發展期。

先看《元史·食貨志·市舶》的記載：

> 二十一年，設市舶都轉運司於杭州、泉二州，官自具船、給本，選人入蕃，貿易諸貨。其所獲之息，以十分爲率，官取其七，所易人得其三。凡權勢之家，皆不得用己錢入蕃爲賈，犯者罪之，仍籍其家產之半。〔註41〕

至正二十一年時，政府勢力已大量介入海外貿易，以官方的資本打造更優良的船隻、給予更多的資金，而且也出現選人入蕃的政策，反映出對私人海外貿易的限制，其主要目的是爲了增加國庫收入。周達觀隨行出使眞臘，他對當時「選人入蕃」的政策應是瞭解的，此行目的或許也有一定的關聯。

值得注意的是，至正二十一年時，雖明文規定權勢之家不得用己錢入蕃爲賈，但這就實際的政治操作是難以執行的。至正二十一年，中書右丞盧世榮提出官商七三方法，不免讓人猜疑他的圖利觀點，因爲在《元史》中，盧世榮被歸入〈姦臣傳〉，顯然對國家有傷害行爲，《元史》說他「所行不符所言，錢穀出者多於所入，引用憸人，紊亂選法。」〔註42〕從中可知，當時這種禁止私商海外貿易的政策，除了官方抽取較多的利潤外，在某種層面上仍是圖利權勢之家。人類政經活動史上，古今中外都是如此，元朝也不能避免。

因此，元政府後來數年雖然仍實施海禁的行爲，但主要仍是對普通的商人構成禁制，但對握有權勢的階級卻反而提供更大的資源。這種措施，最後則不免遭致權勢之家坐大，形成政府與社會的困擾。最後，政府又不得不對這種現象作調整，在削減權勢上，藉由部分理由免除某些權勢或富豪的利益所得，例如著名的商人朱清、張瑄，他們雖藉由元政府的海外貿易而獲致龐大利益，但他們後來的命運卻頗爲悲慘，元成宗大德七年時，政府對朱清、張瑄的處置如下：

> 命御史臺、宗正府委官遣發朱清、張瑄妻子來京師，仍封籍其家貲，拘收其軍器、海舶等。〔註43〕

〔註41〕〔明〕宋濂等撰：《元史》，頁625。
〔註42〕〔明〕宋濂等撰：《元史》，頁1171。
〔註43〕〔明〕宋濂等撰：《元史》，頁134。

可知下場的淒慘。

　　以上所述，從元政府設立市舶司政策，或是隨後實施海禁政策，進而對某些大商人的處置行爲等，大約都發生在周達觀寫作《眞臘風土記》前後時期，周達觀作爲出使眞臘的隨團副使，對這些政策或事件應是較爲熟悉的，在這種情況下，《眞臘風土記》作爲一本出使考察後的返國記錄，讓我們推知其最大的實用功能，即是對海外貿易的考察行爲。

　　進一步說，周達觀《眞臘風土記》在十三世紀末時以風土記或地理志的形式寫成，其實有著時代的必然意義。首先，中國在歷朝歷代向外發展、進行外貿活動時，十三世紀可視爲一個較大的轉變時期，在此之前，中國較重要的對外交流活動，主要集中於陸路，著名的絲路即反映這個狀況，從西漢開始到東漢，主要經由長安或洛陽等地，經過甘肅一帶而與中亞或西亞進行商貿交接。隋唐以後，持續沿著這條以西北方向爲主的經貿路線，仍然活絡。直到中唐以後，西北非漢人民族勢力漸增，加以唐人經濟消費能力逐漸往南發展，這條西北貿易路線出現較爲停頓的狀態，而改以東南沿海的貿易活動爲主。唐後宋興，更因造船工業的發達，在貿易上更主要集中在東南海岸，而有所謂「海上絲路」的通稱。最後，元繼宋興，西北絲路更已不被重視，重心南移，當時泉州成爲東南第一大港，整個國家對外貿易也以此爲出發點，朝向更爲國際化的貿易活動，此時，即約爲十二、三世紀左右。周達觀《眞臘風土記》在這個階段寫成，正反映出中國在對外交流或貿易活動時一個關鍵的現象。

　　當時，中國政府與海外進行理解、交流或貿易活動的國家，爲數已不少，如果計及對許多類似部落型態區域的觀察，更可能超過兩百個，〔註44〕那麼，這便引起我們對這個問題的重視，這些域外國家爲什麼會引起中國的興趣？

　　就人類的貿易活動行爲來討論，人類的需求最基本反映在兩點：一是基於自我利益，尤其是金錢利益的提昇；二是對另一種優於己方的物品的需求程度。以第一點而言，中國政府自來國力強大，從商周起算到元朝，大部分時期都是東亞最強大的國家，因此，拓展海外貿易自然也將更有利於中國整體經濟的持續強大，前文敘述的幾個因爲海上貿易而形成的權貴之家，正是這方面的得利者。

　　以第二點而言，人類自來有一種「物以稀爲貴」，喜歡珍禽異獸、奇玩珍賞的慾求，這在貿易行爲上也占有許多分量。汪大淵的《島夷志略》等書，

───────────────
〔註44〕元人汪大淵所著的《島夷志略》，即記有超過兩百個以上的國家。

大量地記載這些奇異物品，有時甚至誇大想像，說明在元朝時中國人對海外珍異的好奇心。此外，元人楊翮在他的《佩玉齋類稿》中也說：

> 世傳嶺南諸郡近南海，海外真臘、占城、流求諸國蕃舶歲至，象犀、珠璣、金貝、名香、寶布，諸凡瑰奇珍異之物，寶於中州者，咸萃於是。然其地多瘴癘，又猺獠出沒，爲生人患。〔註45〕

凡此都說明類似象犀一類的瑰奇珍異物寶，實在是元人在對外貿易活動時交易的重點。周達觀的《真臘風土記》也不乏對此類物品的記載，例如第十九則「出產」中所記的「犀、象、翠毛、象牙、犀角、黃臘、降真、荳蔻、畫黃、紫梗、大風子油、翡翠」等，都是中國元人貿易交換的重要物品。這些書籍記載，證明在中國元朝時，已對東南海外諸國產生繁忙的貿易活動，經由奇珍物品的貿易，相對帶來可觀利益，亦可令人想見當時國際之間的貿易互動情形。

二、貿易現象背後的本質考察

值得注意的是，周達觀的《真臘風土記》全文雖只八千五百字左右，在某些細節部分未能深入詳述，但周達觀看待事物的觀點、以及國際貿易之間必須留意的重點，較諸汪大淵或楊翮等人，實有更深入的見解。也就是說，汪大淵等人敘述的重點在於表面現象，周達觀卻已經觀察到現象外更爲本質的問題，所以難得。

例如第十九則「出產」之後，周達觀記錄第二十則爲「貿易」，第二十一則爲「欲得唐貨」，這三則已具備國際貿易的邏輯關係，在「出產」則中，所述的是真臘的奇珍物產，而這些物產自然是中國所欲求得的。接下的「貿易」則，就講到中國人到真臘進行貿易活動時，必須留意的重點，如「必先納一婦人者，兼亦利其能買賣故也」、「近亦有脫騙欺負唐人者矣。」這種敘述法，已不是單純說明真臘有生產象牙之類珍物而已，而在說明要順利取得象牙乃至進一步從中獲得利潤，中國商人最好入境隨俗，例如能娶一當地婦女爲佳，而且必須留意真臘人在與中國人接觸久後，常有欺騙之事發生。因此，做爲一個貿易商，如不留意這些細節，自然在商業進行中處於劣勢，無法順利獲潤。

接下來的「欲得唐貨」則相對提及兩國之間的貿易交換現象，中國元人

〔註45〕〔元〕楊翮：《佩玉齋類稿》（臺北：臺灣商務印書館，1970 年，《四庫全書珍本》初集三五五），頁 13。

有對眞臘物品感興趣者，眞臘也有對中國物品感興趣者，這本是國際貿易的常態現象。舉例來看，中國對眞臘的「犀、象、翠毛、象牙、犀角、黃臘、降眞、荳蔻、畫黃、紫梗、大風子油、翡翠」等感到興趣，而眞臘則對中國的「金銀、五色輕縑帛、錫鑞、漆盤、青瓷器、水銀、銀硃、紙箚、硫黃、焰硝、檀香、草芎、白芷、麝香、麻布、黃草布、雨傘、鐵鍋、銅盤、水珠、桐油、篦箕、木梳、針、明州之蓆、菽麥」等感到興趣，說明當時兩國之間的貿易活動，大約即以上述貨品為主進行交易。從中也可以察覺兩國因為地理條件不同，文明發展現象有異，而在物品的成色與品味上也有所差別。然而，因為自己並未出產、或是產量稀少的緣故，自然也就向擁有較多出產的對方國進行交易，從中讓人感受當時交易的活絡狀況，早已呈現極其國際化的程度，這點即是我們所說的，周達觀的《眞臘風土記》已經觀察到現象外的更為本質的問題。

在這種已隱約察覺貿易活動的本質性觀察時，周達觀自然注意到另一個重點，即風土民情的觀察，在這點上也已有現代國際貿易的重點想法。我們從今日的貿易學觀察得知，貿易最後的決策重點，往往與產業之間的差距現象、貿易雙方的文化背景、貿易對象的主管出身、貿易對象的員工或人民文化程度等等有關，這些層面，乍看屬於心理或文化的層面，但如果能更拉近心理或更理解文化層面的話，將有助於決策的判斷，也更有助於貿易的成功。在周達觀的《眞臘風土記》中，不正以風土記錄的方式，呈現了這些近於現代的觀點嗎？從中可以推知，《眞臘風土記》一書除風土志或地理志的功能外，最主要的用途即在於對貿易活動的觀察，在這點上，周達觀呼應了他的職責任務，亦即，當日周達觀隨行的這個出使團，最主要的任務即在進行商業貿易的考察。

這種以風土記錄佐證貿易行為的影響力的例子，見於《眞臘風土記》多處，如上文所引中國華人到眞臘後，往往先納一個當地婦女為妻，才能進行較為順遂的商業活動，原因在於眞臘仍保有部分母系社會色彩，商業交易往往以婦人為主導。以父系社會為主的中國人，往往不理解這點，於眞臘進行交易時必然扞格不入，自然影響貿易進行。表面上，中國人娶眞臘婦女似乎沒有與貿易的直接關係，但忽略這點卻會影響貿易的順暢進行。周達觀在《眞臘風土記》中為中國元人指出這點現象，日後若有中國商人前往眞臘貿易，便可作為參考，得以更快進入商業的活動。

其它例子如第二十則「貿易」中，提到「每日一墟，自卯至午即罷。」這點很容易理解，因為真臘位於東南亞熱帶區域，至中午時氣溫往往高達攝氏三十七度以上，超過人體常溫，自然不利於戶外活動的進行，在商業活動上也盡量在中午以前完成，所以每日僅一墟，且至午即罷。這個現象反映地理條件對貿易活動的限制，《真臘風土記》貼切地記錄真臘地理環境與當地人的坐息狀態等，對中國元人在真臘從事商業活動時，可謂重要參考。

關於《真臘風土記》所記風土可作為貿易或商業活動參考的記錄，書中所在多有，詳細分析均已見於上文，不再重述。總之，若就貿易觀點來看《真臘風土記》，書中所記大略可分成幾個層面，這些都對貿易活動時，理解貿易對方的狀況、進而作出貿易手段的評估，乃至提供貿易商人決策或投資時的參考，有相當的價值：

（一）、地理條件：進行貿易活動前，必先瞭解貿易對方的地理條件、城市布局等資料，從中掌握人口分布、市場客源等資訊，才能作為投資時的參考。關於這點，《真臘風土記》中的「城郭」、「宮室」、「屬郡」、「村落」、「流寓」等則大約屬之。例如「城郭」中提到的城市格局已能反映當時城市大小，並推知約略的人口數字，這些都是進行商業活動時重要的數據資料。附帶一提，前文已對周達觀為何對吳哥寺此一偉大奇跡建築，只以「魯般墓在南門外一里許，周圍可十里，石屋數百間」等二十個字帶過有所質疑？但若以商業資訊來說明的話，那麼，這二十字已可推算出當時吳哥寺的大略活動人口數，足以提供貿易商的參考。相對貿易來看，吳哥寺豐富的藝術或宗教意涵就顯得沒那麼重要了。

（二）、政治條件：很明顯地，政治影響貿易至鉅，周達觀自然不可避免在這方面有所記錄，因為愈能瞭解真臘的政治生態，也就愈能掌握經貿的方向球。關於這點，《真臘風土記》中的「官屬」、「軍馬」、「國主出入」等則大約屬之。尤其最後一則「國主出入」保存了真臘的政治鬥爭資料，這不僅對於貿易商顯得重要，對於中國元朝政府作出國家決策時，也是參考的重要資具。

（三）、宗教條件：宗教是人類信仰反映在文化的呈現，不同的宗教具有不同的價值觀，相對也有不同的禁忌，對一個外貿商來說，若不能掌握宗教禁忌的話，往往做出得罪對方的行為，而導致貿易行為的失敗，甚至更為嚴重的後果。尤其真臘擁有明顯的宗教屬性，周達觀雖以儒士角度，對宗教較缺乏研究與興趣，但仍不免記錄部分資料。關於這點，《真臘風土記》中的「三

教」等則大約屬之。

（四）、人民條件：貿易活動交易的對象自然是各行各業、各種階層的人民百姓，它牽涉的細節範圍也最廣，包含生活習俗、心理思維等，至爲多樣。在這點上，周達觀也是記錄最多者，廣義來看，《眞臘風土記》中的「服飾」、「人物」、「產婦」、「室女」、「奴婢」、「語言」、「野人」、「文字」、「正朔時序」、「爭訟」、「病癩」、「死亡」等則大約屬之。從《眞臘風土記》的記錄來看，眞臘相較中國而言顯然具有奇風異俗，在生活習俗上與中國人士差距頗大，在心理思維亦是如此。一個貿易商如何掌握這些全然不同中國人的生活與思維，確實是經貿成敗的關鍵。

（五）、生產條件：物產自然是貿易活動的直接載體，它牽涉貿易商的所需，也表現雙方貿易國對貨品出產的精緻或粗糙程度的比較，從而提供兩國貿易商人在進行交易活動時，擇取與放棄的條件。關於這點，《眞臘風土記》中的「耕種」、「山川」、「出產」、「貿易」、「欲得唐貨」、「草木」、「飛鳥」、「走獸」、「蔬菜」、「魚龍」、「醞釀」、「鹽醋醬麴」、「蠶桑」等則大約屬之。從這幾則記錄中，說明周達觀所考察的重點，除象牙一類珍奇貨品外，也不乏一般民生的蔬菜漁獲等，說明周達觀的考察心態是較爲多元的，並不只設定在某種特定階層的貨品需求。

（六）、其它條件：此外，牽涉貿易活動的層面仍所在多有，周達觀自然無法全面記載，但在《眞臘風土記》中的「器用」、「車轎」、「舟楫」、「取膽」、「異事」、「澡浴」等則，顯然也會對貿易行爲產生或重或輕的影響。例如「取膽」中提及的「獨不取唐人之膽，蓋因一年取唐人一膽雜於其中，遂致甕中之膽俱臭腐而不可用故也。」間接地說明交易時的判斷問題，判斷出錯自然影響交易失敗，不可不察。

以上從幾個方面簡單歸納《眞臘風土記》所記章則及其風土文化可能對貿易活動產生的影響，然而，這並非意指《眞臘風土記》一書的原始出發點只是針對貿易考察。但話說回來，假如我們要在《眞臘風土記》一書中尋出幾條頗爲重要的撰寫原因的話，那麼，經由前述章節的分析，以及本節進一步的說明，我們可以說《眞臘風土記》作爲一本出使外國的團員的返國撰寫著作，其中必然包含相當成分的對於貿易國的產業條件分析，而可以作爲中國商人，乃至政府在投資或決策時的參考。從這點來看，本文前曾提到當初周達觀等人的出使團有可能是作爲軍事偵測的任務，這種疑慮置於經貿活動

來看，就顯得較爲薄弱。於此，文化性的互訪，或是促進兩國經貿關係的活絡，無疑是出訪團最大的動機或目的。

第七章　結　論

　　本文從幾個面向分析中國元人周達觀的《眞臘風土記》及其圍繞的史實及文化現象：第一、十三世紀末時中國對域外的觀察與拓展；第二，十三世紀末時中國以蒙古人爲主要政治領導所展開的對外活動關係；第三，做爲中國元朝政府出使眞臘的隨團副使周達觀在眞臘的考察活動；第四、《眞臘風土記》所記錄的眞臘風土情形；第五、周達觀及《眞臘風土記》反映的漢華觀點及其對貿易活動的參考資料。

　　從以上分析可知，周達觀及其《眞臘風土記》在當時寫成後直到今日，它所呈現的價值在於：當初乃以考察記錄爲主要的出發點價值，但日後卻意外形成在考古學上的其它價值。

　　首先是考察記錄的價值。

　　顯然地，周達觀於公元 1296 年至 1297 年間至眞臘的這趟活動，乃是屬於中國元朝政府正式派遣的出使團活動。這個出使團在眞臘停留約一年時間，但因爲日後缺乏正式的返國報告，因此我們不得而知當日出使團的團長爲何人？也不能確定出使團的主要目的爲何？是政治性互訪？或是軍事性探測？或是一般文化交流？或是進行貿易談判？然而，從出使團的隨團副使周達觀返國後所撰寫的《眞臘風土記》一書，可以得知上述目的行爲中，這個出使團的最可能任務，乃在進行貿易性的訪問活動與交流。

　　然而，此中尚有問題需待釐清，即以蒙古人爲主要中國政權領導者的現象來看，蒙古人性格主要以軍事外拓爲主，照說出訪團應具有某種政治或軍事動機，然而，從《眞臘風土記》反映的狀況來看，這個出使團的動機或目的，在這點上卻顯得較爲薄弱。這反映出一個現象：即中央政府最大的意圖

雖呈現於軍事外拓，但在地方則更爲注重經濟或商貿活動。

其實，這也是元朝歷史文化上一個有趣的現象，《劍橋中國遼西夏金元史》中說：

> 事實上，在 13 世紀最後幾十年，在忽必略的元朝統治制度化了的新條件下，同時存在著兩個精英集團：一個是法律上的，另一個是事實上的。一開始，前者得勢，後者心理上受到極大壓抑，物質上也遭受不同程度的剝奪。〔註1〕

我們的思考是，周達觀所在的溫州乃屬地方政府，而蒙古中央對這個區域的干涉，其實應力有未迨，因此溫州一帶政府對經濟利益的考量將要超出政治或軍事的考量。

事實上，不論中外，這也是共同的現象，以今日而言，政治或軍事雖是國家主政者所最關切的事務，但在地方政府或民間，經貿活動才是最多人關切的重點。經由分析得知，周達觀出使真臘時出發的溫州港，十三世紀時已經是中國東南方最大的城市之一，貿易繁榮，反映經濟活動占據的重要性。這個時期，也已經是中國對外通商的成熟期，周達觀等人的出使團，正是在上方政治的條件或協助下，進行下方經貿的活動，反映了時代的需求。

第二，《真臘風土記》除了爲我們保留當日中國出使真臘進行交流活動的資料外，因爲周達觀的漢人身分，進而影響《真臘風土記》的書寫方式，書中保留許多漢華觀點，反而較不接近蒙古人的觀點，這點也是當時著作中頗具趣味的現象。其次，《真臘風土記》除了表現風土記錄、對比價值外，最值得重視的地方在於《真臘風土記》一書保留許多當時的真臘用語，全書約有六十餘個，實屬難能可貴。後世學者如伯希和、夏鼐先生等人，在研究或註解《真臘風土記》時，許多側重點就在語言學的考證分析，從中還原真臘當時風土或文化景象，這說明周達觀書寫《真臘風土記》時，他可能當初沒有想到，後來卻意外保存下來的價值。

《真臘風土記》關於真臘語的保留與考證，經由前人研究與本文整理，意義大致如下：

一、真臘：意思約爲「當時的國家名」；

二、甘孛智：意思約爲「當時與『柬埔寨』音近的國家名」；

〔註 1〕〔德〕傅海波、〔英〕崔瑞德編：《劍橋中國遼西夏金元史》，頁 636。原撰文者爲普林斯頓大學名譽教授牟復禮先生。

三、占城：意思約爲「當時的國家名」；

四、眞蒲：意思約爲「當時的城市名」；

五、査南：意思約爲「當時的城市名」；

六、干傍：意思約爲「當時的城市名」；

七、桄榔：意思約爲「棕櫚植物名」；

八、茉莉：意思約爲「植物名」；

九、暗丁八殺：意思約爲「不識體例」；

十、巴丁：意思約爲「貴族或官員」；

十一、暗丁：意思約爲「貴族或官員」；

十二、廝辣的：意思約爲「階級首領」；

十三、班詰：意思約爲「婆羅門僧侶」；

十四、苧姑：意思約爲「佛教僧人」；

十五、八思維：意思約爲「印度教別派」；

十六、孛賴：意思約爲「佛」；

十七、南棚：意思約爲「貴族或富家」；

十八、陳家蘭：意思約爲「宮女」；

十九、陣毬：意思約爲「女性成年禮習俗」；

二十、撞賊：意思約爲「野蠻之人」；

二一、巴馳：意思約爲「父親、叔伯」；

二二、米：意思約爲「母親、姑、姨、嬭姆、鄰人尊年者」；

二三、梅：意思約爲「一」；

二四、別：意思約爲「二」；

二五、卑：意思約爲「三」；

二六、般：意思約爲「四」；

二七、孛藍：意思約爲「五」；

二八、孛藍梅：意思約爲「六」；

二九、孛藍別：意思約爲「七」；

三十、孛藍卑：意思約爲「八」；

三一、孛藍般：意思約爲「九」；

三二、答：意思約爲「十」；

三三、邦：意思約爲「兄、姊」；

三四、補溫：意思約爲「弟」；

三五、吃賴：意思約爲「舅、姑夫、姊夫、妹夫」；

三六、備世：意思約爲「中國或官員」；

三七、班詰：意思約爲「秀才」；

三八、梭：意思約爲「石粉筆」；

三九、佳得：意思約爲「月分名」；

四十、壓獵：意思約爲「校閱戰士」；

四一、挨藍：意思約爲「跳舞」；

四二、卜賽：意思約爲「馬」；

四三、蠻：意思約爲「雞」；

四四、直盧：意思約爲「豬」；

四五、箇：意思約爲「牛」；

四六、朋牙四：意思約爲「可釀酒的樹葉」；

四七、包稜角：意思約爲「米」；

四八、巴澗：意思約爲「當時的城市名」；

四九、咸平：意思約爲「當時的植物名」；

五十、恰：意思約爲「盛酒器」；

五一、新拿：意思約爲「大船」；

五二、皮蘭：意思約爲「小船」；

五三、莫良：意思約爲「當時的城市名」；

五四、八薛：意思約爲「當時的城市名」；

五五、蒲買：意思約爲「當時的城市名」；

五六、雉棍：意思約爲「當時的城市名」；

五七、木津波：意思約爲「當時的城市名」；

五八、賴敢坑：意思約爲「當時的城市名」；

五九、八廝里：意思約爲「當時的城市名」；

六十、買節：意思約爲「鄉村之長」；

六一、森木：意思約爲「休息站」；

六二、三罷：意思約爲「頂禮」。

上述周達觀保留下來的詞語，部分在《眞臘風土記》中已自有註解，所以大致沒什麼疑義。其餘部分，則後人如伯希和等人以語音比對法更進一步

補充解釋、分析周達觀的用字，或有程度上的差異，但大致意義應和上文的歸納近似。總之，經由周達觀《眞臘風土記》保留的語彙，提供後世學者還原當日語言現象，許多詞條均足資參證，至爲可貴。

最後，周達觀《眞臘風土記》也意外保留許多當時眞臘的城市佈置、建築格局等資料，提供後世考古學家對吳哥文明的整理與印證，其價值性已於前文略爲提及。這些遺跡，包含周達觀從中國至眞臘所經過的港口、山脈、河川或城市等，其中，《眞臘風土記》最引起現代考古學側重的地方，爲第一則「城郭」所提的建築物，大致如下：

一、州城：即今日「大吳哥城（Angkor Thom）」；

二、通衢大橋：即今日「大吳哥城前石橋」；

三、九頭蛇、五十四石神、大石佛頭五、石象：即今日「大吳哥城前石雕」；

四、金塔：即今日「巴戎寺（Bayon）」；

五、金橋：今日考古尚未發現；

六、銅塔：即今日「巴普昂寺（Baphuon）」；

七、國主之廬金塔：即今日「國王宮殿（The Royal Palace）」；

八、石塔山：即今日「巴肯山，巴肯寺（Bakheng）」；

九、魯般墓：即今日「吳哥寺（Angkor Wat）」；

十、東池：即今日「湄本池，上有東湄本寺（East Mebon）」；

十一、北池：即今日「尼奔寺（Neak Pean）一帶水池」。

上述周達觀所留下的城郭及寺廟建築等資料，除一座位於巴戎寺外的「金橋」尚未被考古學家發現外，其餘記載均與今日吳哥城無異，從中可推知「金橋」應是存在的，但七百年來，因爲某種原因，今日已遭毀不見。其次，周達觀所勾勒的吳哥城也具體而微，足以呈現當時輪廓。較可惜的是，可能因爲周達觀對宗教的興趣缺乏，因此對今日考古學家在吳哥城所挖掘、整理的許多當時重要建築，並未提及，例如塔普倫寺、鬥象臺、塔瑪儂寺、斑蒂絲蕾寺、變身塔、寶劍塔、巴孔寺等，是令人遺憾之處。周達觀在眞臘停留一年，他必然時常經過、看過這些建築物，但周達觀畢竟都沒有記錄，由此我們得知周達觀的意趣所在，本不在這些與印度教或佛教相關的寺廟。當然，即使周達觀只提及上述爲數不多的建築物，卻早已引發、提供後世考古學家注意、研究，《眞臘風土記》一書價值已見。

　　總之，經由本文論述，我們已得以通盤理解《真臘風土記》一書的價值，及其延伸的漢華觀點或思維。其次，經由本文的推論，我們也得以論斷《真臘風土記》成書以來，歷代學者給予的評價與研究心得。在這方面，《四庫全書總目提要》自然是最初步的肯定文字之一，但因《四庫全書總目提要》只是提要性質，自也缺乏詳細深入的研究，這個學術上的空缺，仍有待近人的補足。

　　值得品味的是，對這一部原本屬於中國的、古老的著作，它在近代獲得的較早重視與研究卻來自歐西，例如法國人亨利・穆奧因《真臘風土記》而引起對柬埔寨吳哥文明的考古研究，又如伯希和等人從語言學的角度分析、詮釋《真臘風土記》一書，在時間先後上，也在研究成果上，都已經超越中國的學者，這點不免值得我們深思。

　　至於中國學者的研究，對《真臘風土記》有較全面的研究著述者，主要約為三人：其一是陳正祥先生的《真臘風土記研究》，成書於 1975 年；其二是金榮華先生的《真臘風土記校注》，成書於 1976 年；其三是夏鼐先生的《真臘風土記校注》，成書於 1980 年。這三位研究者分別從傳統校釋法、實地考察法，並參考了伯希和等人的著作，對《真臘風土記》有較為完整的校釋成績，可以補充、釐正周達觀的不足。

　　簡約言之，陳正祥先生的貢獻在於實地考察，得以具說服力地印證周達觀書中大部分所言為真，並在理校層面上訂正《真臘風土記》版本文字；金榮華先生的貢獻在於採傳統校釋法，資料詳實嚴謹而可信；夏鼐先生的貢獻在於成書較晚，更能全面參考、引證伯希和等人說法，在注釋《真臘風土記》一書上可謂最完整詳實，並且，夏鼐先生所撰《真臘風土記版本考》，也有助後人研究《真臘風土記》時的參考。

　　較為可惜的是，上述三位研究者校釋及考據之功雖豐，但仍缺乏從更全面的角度研究《真臘風土記》。這方面的缺憾主要表現在幾個方面：其一是周達觀《真臘風土記》成書時，當時中國的整體政治氛圍；其二是周達觀《真臘風土記》涉及的有關真臘考古，以及書中呈現的思維觀點，乃至與中國相關資料的印證等；其三是周達觀《真臘風土記》的寫作動機，尤其是周達觀當時奉使出行的動機等，其背後必然有以國家力量為考量、推動的因素，必須為我們所察明。

　　本書的研究價值即在補足上述諸點缺漏。我們首先提出當時中國的政治

氛圍，乃處於元朝忽必略末期，朝廷基本上仍具有向外拓展的性格，仍較多地從事向東或向南的征伐活動，而這點自然與當時的海軍能力增強有關，其所牽涉的影響自然也不僅於武力征伐活動，而勢必與經濟或利益的獲取有關。周達觀及其出使團在此階段出訪眞臘，就某種意義而言，乃是基於當時整體政、經氛圍下的呈現，這是須以留意的。

　　第二，周達觀《眞臘風土記》爲目前唯一一部保留七百年前眞臘風土的書面著述資料，價值不言可論。我們也在這點上有所論述，從近人的考古研究等資料進一步印證，或還原當時周達觀所處的環境。並且，研究過程發現，經由資料的搜集與澄清，我們除了漸漸得以理解周達觀當時的觀察外，更從中呈現了一種屬於中國華人的思維性格，這在周達觀《眞臘風土記》雖沒有被刻意呈現，但由各種文獻或資料印證，我們卻在這方面獲得許多隱藏的訊息，周達觀不知覺中便流露了中國上國對次文明的觀察評論。

　　第三，經由較全面的爬梳，我們可以確立當初周達觀等人出使眞臘，主要即圍繞在貿易的考察與訪問活動，這點不論從政治史、經濟史、文化史的角度來看，都是合理而必然的。因此，《眞臘風土記》書中雖然缺乏嚴謹的著述系統，但仍可清楚發現敘述的重點均圍繞在貿易或相關的主題上。縱使今日已無資料可供說明當初這個出使團的動機，但經由本文的研究，可以確立此動機應爲訪問性的貿易考察活動，應無疑慮。

　　總之，周達觀《眞臘風土記》雖非嚴謹著作，也容有錯漏之處，但就這方面幾乎是唯一文獻的觀察而言，《眞臘風土記》自有不可取代的重要性。本文認爲，前人研究《眞臘風土記》已在注釋取得理想成績，後續研究自應旁及相關文化、政經層面，而本文也認爲在這點已有所突破，足爲《眞臘風土記》提供更爲豐富的現代面貌。

參考文獻

（依徵引先後爲序）

1. 〔希臘〕阿里安著，李活譯，《亞歷山大遠征記》，臺北：臺灣商務印書館，2001 年。

2. 楊建新，《絲綢之路——歷史上的歐亞大陸橋》，臺南：復漢出版社，1993 年。

3. 〔明〕宋濂等撰，《元史》，北京：中華書局，1997 年。

4. 黃仁宇，《中國大歷史》，臺北：聯經出版社，1994 年。

5. 〔美〕Louise Levathes 著，邱仲麟譯，《當中國稱霸海上》，桂林：廣西師範大學出版社，2004 年。

6. 〔周〕，《周易》，重刊宋本十三經注疏，臺北：藝文印書館，1955 年。

7. 〔漢〕劉向著，左松超譯，《說苑讀本》，臺北：三民書局，1996 年。

8. 〔元〕周達觀著，夏鼐校注，《眞臘風土記校注》，北京：中華書局，2006 年。

9. 周少川，《元代史學思想研究》，北京：社會科學文獻出版社，2001 年。

10. 〔魏〕楊衒之著，周祖謨校釋，《洛陽伽藍記校釋》，上海：上海書店出版社，2000 年。

11. 陳序經，《陳序經東南亞古史研究合集》，深圳：海天出版社，1992 年。

12. 〔元〕汪大淵著，汪前進譯注，《島夷志略》，瀋陽：遼寧教育出版社，1996 年。

13. 〔清〕永瑢等撰，《四庫全書總目提要》，臺北：臺灣商務印書館，1965 年。

14. 陳正祥，《眞臘風土記研究》，香港：中文大學，1975 年。

15. 〔元〕耶律楚材著，向達校注，《西遊錄》，北京：中華書局，2006 年。

16. 〔元〕周致中著，陸峻嶺校注，《異域志》，北京：中華書局，2006 年。

17. 〔德〕傅海波、〔英〕崔瑞德編，《劍橋中國遼西夏金元史》，北京：中國

社會科學出版社，2006 年。

18. 王明蓀，〈13 世紀之蒙元帝國與漢文化〉，收於《元史論叢》第八輯，南昌：江西教育出版社，2001 年。

19.〔宋〕鄭思肖著，陳福康校點，《鄭思肖集》，上海：上海古籍出版社，1991年。

20.〔清〕趙翼，《陔餘叢考》，石家庄市：河北人民出版社，2003 年。

21. 錢穆，《國史大綱》，臺北：臺灣商務印書館，1978 年。

22. 費正清，《費正清論中國：中國新史》，臺北：正中書局，2003 年。

23. 梁漱溟，《中國文化要義》，臺北：正中書局，1989 年。

24.〔周〕，《論語》，重刊宋本十三經注疏，臺北：藝文印書館，1982 年。

25.〔周〕，《禮記》，重刊宋本十三經注疏，臺北：藝文印書館，1955 年。

26.〔法〕Bruno Dagens 著，馬向陽譯，《吳哥窟 失落的石頭之林》，臺北：時報出版社，2003 年。

27.〔元〕林坤，《誠齋雜記》，收於《叢書集成新編》第八十二冊，臺北：新文豐出版社，1985 年。

28.〔晉〕謝靈運著，魯迅編，《謝靈運集》，上海：古籍出版社，1986 年。

29.〔元〕吾邱衍，《竹素山房集》，收於《叢書集成三編》第十八輯，臺北：藝文印書館，1971 年。

30.〔元〕陶宗儀，《南村輟耕錄》，北京：中華書局，2008 年。

31.〔清〕錢曾，《讀書敏求記》，收於《百部叢書集成初編》第六十輯，臺北：藝文印書館，1966 年。

32.〔清〕孫詒讓著，潘猛補校補，《溫州經籍志》，上海：上海社會科學院出版社，2005 年。

33.〔清〕張廷玉等撰，《明史》，北京：中華書局，1997 年。

34. 陳高華、陳尚勝，《中國海外交通史》，臺北：文津出版社，1997 年。

35. 陳顯泗、楊海軍，《神塔夕照——驚艷吳哥文明》，臺北：世潮出版社，2002年。

36.〔宋〕趙汝适，《諸蕃志》，臺北：廣文書局，1969 年。

37. 譚其驤主編，《中國歷代地理學家評傳》，濟南：山東教育出版社，1990年。

38. 蕭啟慶，《元朝史新論》，臺北：允晨出版社，1999 年。

39.〔義〕馬可波羅原記，馮承鈞譯，《馬可波羅行記》，臺北：臺灣古籍出版社，2003 年。

40.〔法〕傅利曼、賈克斯著，邱春煌譯，《吳哥深度旅遊聖經》，臺北：貓頭

鷹出版社，2007年。

41. 金榮華，《真臘風土記校注》，臺北：正中書局，1976年。

42. 吳虛領，《東南亞美術》，北京：中國人民大學出版社，2004年。

43. 〔美〕葛瑞姆・漢卡克，《天之鏡Ⅱ》，臺北：臺灣先智出版社，2000年。

44. 〔唐〕房玄齡等撰，《晉書》，北京：中華書局，1997年。

45. 〔唐〕姚思廉撰，《梁書》，北京：中華書局，1997年。

46. 〔宋〕歐陽修、宋祁等撰，《新唐書》，北京：中華書局，1997年。

47. 梁世鐸，《婦人病自療法》，臺北：新文豐出版社，1977年。

48. 〔漢〕班固，《漢書》，北京：中華書局，1997年。

49. 〔元〕忽思慧，《飲膳正要》，北京：人民衛生出版社，1986年。

50. 朱雲影，《人類性生活史》，上海：上海社會科學院出版社，1988年。

51. 那木吉拉，《中國元代習俗史》，北京：人民出版社，1994年。

52. 褚贛生，《奴婢史》，上海：上海文藝出版社，1994年。

53. 〔宋〕李昉編，夏劍欽等校點，《太平御覽》，石家庄市：河北教育出版社，1994年。

54. 〔美〕Jean-Pierre Verdet 著，徐和瑾譯，《星空——諸神的花園》，臺北：時報出版社，1996年。

55. 〔梁〕沈約撰，《南齊書》，北京：中華書局，1997年。

56. 〔唐〕魏徵等撰，《隋書》，北京：中華書局，1997年。

57. 〔印度〕摩奴一世著，〔法〕迭朗善譯，馬香雪轉譯，《摩奴法典》第二卷，臺北：臺灣商務印書館，1998年。

58. 〔明〕李時珍，《本草綱目》，北京：人民衛生出版社，1982年。

59. 朱家溍主編，《國寶》，香港：商務印書館，2005年。

60. 〔周〕，《詩經》，重刊宋本十三經注疏，臺北：藝文印書館，1955年。

61. 〔宋〕蘇轍著，高海夫主編，《穎濱文鈔》，收於唐宋八大家文鈔校注集評，西安：三秦出版社，2004年。

62. 〔漢〕司馬遷，《史記》，北京：中華書局，1997年。

63. 〔宋〕樓鑰，《攻媿集》，收於《百部叢書集成》第二十七輯，臺北：藝文印書館，1966年。

64. 林柏亭主編，《千禧年宋代文物大展》，臺北：國立故宮博物院，2000年。

65. 〔明〕馬歡，《瀛涯勝覽》，收於《百部叢書集成初編》第十六輯，臺北：藝文印書館，1966年。

66. 〔美〕李約瑟著，陳立夫主譯，《中國之科學與文明》，臺北：臺灣商務印書館，1985年。

67. 〔法〕石泰安著，耿昇譯，《西藏的文明》，北京：中國藏學出版社，2005年。

68. 〔宋〕李昉等編，《太平廣記》，北京：中華書局，1995年。

69. 陳顯泗，《失落的文明——吳哥》，香港：三聯書店，2004年。

70. 〔法〕費爾南‧布勞岱爾著，施康強、顧良譯，《15至18世紀的物質文明、經濟和資本主義》第壹卷，臺北：左岸文化出版社，2006年。

71. 〔周〕，《左傳》，重刊宋本十三經注疏，臺北：藝文印書館，1955年。

72. 〔周〕，《公羊傳》，重刊宋本十三經注疏，臺北：藝文印書館，1955年。

73. 〔周〕，《孟子》，重刊宋本十三經注疏，臺北：藝文印書館，1955年。

74. 〔漢〕韓嬰著，賴炎元註譯，《韓詩外傳今註今譯》，臺北：臺灣商務印書館，1986年。

75. 樓慶西，《中國古建築二十講》，北京：三聯書店，2002年。

76. 王伯敏，《中國繪畫通史》，北京：三聯書店，2002年。

77. 〔美〕巴森著，鄭明萱譯，《從黎明到衰頹——五百年來的西方文化生活》，臺北：貓頭鷹出版社，2004年。

78. 隋樹森編，《全元散曲》，臺北：漢京出版社，1983年。

79. 〔法〕Serge Gruzinski著，馬振聘譯，《阿茲特克——太陽與血的民族》，臺北：時報出版社，1996年。

80. 〔漢〕許慎著，〔清〕段玉裁注，《說文解字注》，臺北：漢京出版社，1983年。

81. 牟宗三，《中國哲學十九講》，臺北：學生書局，1986年。

82. 〔周〕荀子著，李滌生集釋，《荀子集釋》，臺北：學生書局，1988年。

83. 史衛民，《元代社會生活史》，北京：中國社會科學出版社，2005年。

84. 〔元〕孔齊，《至正直記》，收於《百部叢書集成初編》第六十四輯，臺北：藝文印書館，1966年。

85. 祖生利、李崇興點校，《大元聖政國朝典章‧刑部》，太原：山西古籍出版社，2004年。

86. 〔元〕楊翮，《佩玉齋類稿》，收於《四庫全書珍本》初集三五五，臺北：臺灣商務印書館，1970年。